开放式配方课程

张云鹰 等 著

教育科学出版社

·北京·

出版人　　李　东

责任编辑　欧阳国焰

版式设计　杨玲玲

责任校对　贾静芳

责任印制　叶小峰

图书在版编目(CIP)数据

开放式配方课程 / 张云鹰等著. —北京：教育科
学出版社，2018.3(2019.7重印)
ISBN 978-7-5191-1306-3

Ⅰ.①开…　Ⅱ.①张…　Ⅲ.①课程—教学研究—小学
Ⅳ.①G622.3

中国版本图书馆 CIP 数据核字(2017)第 294291 号

开放式配方课程

KAIFANGSHI PEIFANG KECHENG

出版发行	教育科学出版社			
社　　址	北京·朝阳区安慧北里安园甲9号	**市场部电话**	010-64989009	
邮　　编	100101	**编辑部电话**	010-64989527	
传　　真	010-64891796	**网　　址**	http://www.esph.com.cn	
经　　销	各地新华书店			
制　　作	北京金奥都图文制作中心			
印　　刷	保定市中画美凯印刷有限公司			
开　　本	720 毫米×1020 毫米　1/16	**版　　次**	2018 年 3 月第 1 版	
印　　张	20.25	**印　　次**	2019 年 7 月第 4 次印刷	
字　　数	370 千	**定　　价**	59.80 元	

如有印装质量问题，请到所购图书销售部门联系调换。

序 一

课程，学校教育的中心

课程正居于学校教育的中心。深圳市坪洲小学张云鹰校长和学校的老师们经过多年充满教育智慧的探索，构建起了富有成效的"开放教育"和"多元课程"体系。他们将研究成果结集出版，一则为本校教师的实践反思和后续发展提供基础，一则为其他学校的志同道合者提供参照，"嘤其鸣矣，求其友声"。我有幸先睹为快。

坪洲小学的课程与教学体系建立在三个支柱之上，即开放教育、多元智能、核心素养。这使其丰富多彩的课程实践指向于先进的教育理念，建基于坚实的理论基础。

众所周知，"开放教育"（open education）起源于20世纪初的世界教育民主化运动，绵延发展至今。所谓"开放"，既包括学校向校外生活开放，与社区融为一体，又包括学校内部向儿童开放，鼓励学校以儿童为中心，允许儿童自由选择课程，并以儿童的个性自由发展为教育的根本目的。诚如英国当代著名的开放教育改革家、夏山学校的创办人尼尔（A. S. Neill）所言，教育的本质是人性、自由、快乐与选择。

"多元智能"（multiple intelligence）本质上倡导多元主义教育价值观，谋求个性自由发展。哈佛大学教授霍华德·加德纳于20世纪80年代提出的多元智能理论，主要不在于发现了别人未发现的新智能，而在于挑战了传统智能观：智能不只语言智能、逻辑—数学智能，还包括音乐智能、空间智能、身体—动觉智能；不只认知性智能，还包括非认知性智能——人际智能。天生我材必有用，每一个人都有其独特个性、独特智能。用小说家米兰·昆德拉的话说，没有人拥有真理，每一个人都有权利寻求被理解。我们倘若将加德纳的"多元智能"改造为"个性智能"——每一个人的独特价值、尊严与智能，它就为开放教育提供了坚实的心理学基础。

"核心素养"（key competences）是面向信息时代和知识社会的新特点与新需求，人们解决复杂问题和处理不可预测情境的高级能力与人性能力。由于信息技术的广泛使用，原先的常规认知工作和常规手工劳动正在被编程计算机（如人工智能）所代替，那人就必须具备计算机所不能拥有的能力才能在信息时代幸存。这些能力的核心是批判性思维、创造性思维与协作式思维。显然，加德纳的多元智能理论因其挑战了传统智能观而较早触及了今日倡导的核心素养。而开放教育所倡导的个性自由发展又为核心素养奠定了价值基础。

由此观之，坪洲小学的"多元课程"（即本书所称的"配方课程"）的三大支柱浑然一体，体现了信息时代学生的发展特点与需求、教育的基本内涵与趋势。

迄今为止，坪洲小学的"多元课程"已发展到 90 多门。这些丰富的课程可划分为下列类型："语言发展课程""数学逻辑课程""空间创意课程""运动健康课程""音乐艺术课程""生活交际课程""自然探究课程"与"内省存在课程"。这显然是对加德纳多元智能理论的创造性实践。这些名称本身不是最重要的，重要的是学生以及教师在课程创造、选择与实施中持续获得个性自由发展，真正体现了开放教育的宗旨。

我真诚地希望，坪洲小学能将开放教育、多元智能与核心素养的理念应用于小学各学科，让每一个学生和教师每时每刻都能浸润在个性自由的光辉中，经历多元而富有创造性的学校生活。

是为序。

张华

（南京师范大学课程与教学研究院院长、国际课程研究促进会荣誉主席）

序 二

实践，课程最美的语言

我特怕写序这桩子事，可能是内心发怵吧！我常常问自己：万一画蛇添足怎么办？更多的不安在于，我学问疏浅，怕驾驭不了。再说，我资历尚浅，没有资格呀！因此，每每有作序之请，我大多婉拒。

凡事皆有例外。我特别欣赏富有冲击力的观点，它总能与我的内心世界来一次对撞，让我在思想中美美地穿行。

还有，弥久的情谊，也是我特别看重的。十几年前，我与全国著名特级教师张云鹰相识于一次讲座。后来，我们多有联系。几年前，她从西乡中心小学调任坪洲小学。我也亲赴坪洲小学，感受学校别样的气息与活力。2016年，她在我召集的全国首届品质课程研讨会上的报告让1600多位与会者赞叹。我特别喜欢翻阅她邮寄来的学校内部印行报刊，我发现：她这人特讨人喜欢，办学总有自己的创意，经她管理的学校，总能焕发青春与活力，让人不得不佩服！

在她那儿，最重要的事只有一件：开放式教育。诚如她所言："'开放式教育'是深刻的、生动的，也是真实的，尽管它是一块难啃的骨头，但是我走在这条路上，执着追求，开拓创新……"她执着地追求"没有围墙的学校""没有边界的课程""没有灌输的教学"……那是一幅多么诱人的教育图景啊！

我以为，学校课程变革有三个层次。一是1.0层次。这个层次的课程变革，以课程门类的增减为标志，学校会开发一门一门的校本课程，并不断增减，这是"点状"水平的课程变革。二是2.0层次。处在这个层次，学校会围绕某一特定的办学特色或项目特色，开发相应的特色课程群。在一定意义上，这是围绕办学特色的"线性"水平的课程变革。三是3.0层次。此层次，学校课程发展呈"巢状"，以多维联动、有逻辑的课程体系为标志，将课程、教学、评价、管理以及师生发展融为一体，这是"文化创生"水平的课程变革。

根据我多年的观察与研究，3.0层次的课程有以下基本特征：一是倾听感，聚焦原点，关注学生的学习需求；二是逻辑感，是严密而非大杂烩或拼盘式的；三是统整感，更多地以嵌入的方式实施而非简单地做加减法；四是见识感，以丰富学生的学习经历而不以知识拓展或加深为取向；五是质地感，课程建设触及课堂教学变革，教学有效性的提升倚赖课程的丰富与精致。

如何实现迈向3.0层次的学校课程变革？经常有中小学校长与教师问我这个问题。问题的价值在于激发思考。细读《开放式配方课程》，你或许可以发现一个清晰的"理论"：学校课程深度变革最重要的五条原理——聚焦学习、情境慎思、文化融入、目标导引以及扎根过程。

1. 聚焦学习：让儿童站在课程的最高处

杜威曾说：儿童和课程仅仅是构成一个单一的过程的两极。他以一个全新的视角揭示了一个观点，即课程内容的逻辑顺序与儿童生长的心理顺序在本质上是一致的，它们都是儿童主动活动的结果。为此，他提出要研究儿童不同发展阶段的需要与可能性，给儿童提供有助于其"生长"的课程。

杜威还说过：儿童的世界是一个具有他们个人兴趣的人的世界，而不是一个事实和规律的世界。儿童世界的主要特征，不是什么与外界事物相符合这个意义上的真理，而是感情和同情。张校长提出的"配方"一词形象地表达了儿童的需求是课程的核心。孩子们需要什么、喜欢什么，就给他配什么样的课程。"开放式配方课程"是丰富的。光一本《坪洲小学课程指南》就能给你无穷的启益。它充分体现了儿童的"兴趣"和"感情"，融通了"科学世界"与"生活世界"，它让每一个孩子乐在其中，有所感，有所思，有所悟，有所得。

2. 情境慎思：清晰学校课程变革的起点

课程生成于特定的时代背景与文化架构之中，是文化选择的结果，我们不能脱离社会现实以及学校具体情境在"真空"中开发课程。只有在情境慎思的基础上，我们才能准确把握学校课程变革的宏观背景，深刻理解课程变革的文化架构，进而准确地揭示课程的本质，制定出立足于本地文化资源、基于学校发展实际的课程方案。

众所周知，深圳是一个开放的城市、创业的城市、活跃的城市。一批批来自五湖四海的人怀揣着梦想，用热血和青春浇灌着梦想之花。深圳也是一个赏心悦目、自由呼吸的城市。这里有山有海，无论四季，无论何处，都有着自然的美；这里可以自由地生活，只要你喜欢，可以爬完羊台山再爬大南山、排牙山、七娘山、梧桐山，可以走入红树林，穿越东西冲，骑行杨梅坑，偶尔出关去香港串门……深圳也是一个求知欲特别强的城市，图书馆简直到处都是，去的人很多，周末不去早点没有位置。随着城市的不断发展，深圳越来越绚丽多彩。地处深圳的坪洲小学，学校课程建设如何对接城市文化，如何凸显城市气质，如何汲取城市丰富的资源？"开放式配方课程"便是立足在深圳这座开放多元的城市独特资源基础之上的倾情建构。

学校课程建设还必须对学校微观情境进行分析，将关注的焦点放在具体学校和教师身上。作为一所办学时间不长的学校，坪洲小学环境优美、功能齐全，处处彰显出开放的特质，演绎着人文的情怀，有着中西合璧的完美。这里的教师有智慧，他们瞄准核心素养培育等大问题，创造了"开放式配方课程"别样的景象。他们的实践再一次证明：课程改变，学校改变。

3. 文化融入：让思想的光辉映照学校课程

在不少人的眼睛里，课程就是分门别类的"学习材料"。当我们走出这种视野，把课程理解为每一个人活生生体验到的存在的时候，课程就具有了全新的含义。它不再只是一堆材料，而是一种"复杂的会话"，一种可以进行多元解读的"文本"。通过"解读"，我们可以获得多元话语；通过"会话"，我们可以得到关于课程的独特理解。

"配方课程"理念，与张校长主张的"开放式教育"思想一脉相承。我特别钦佩张校长"以一驭多"的本领——从开放式阅读教学到开放式作文教学，从开放式语文到开放式教学，从开放式德育到开放式活动课程，再到开放式配方课程，一种理念激活了一所学校！如今，学校的"配方课程"已包含语言发展、自然探究、运动健康、音乐艺术、数学逻辑、空间创意等八大类 90 多门课程，做到了 100% 的教师有自己开发的课程项目，100% 的学生有自己选择学习的课程项目，了不起吧?!

"开放式配方课程"立足于解放儿童的心灵，丰富儿童的心智。通过提供丰富多元的"经验"，让儿童积极主动地体验自主学习的乐趣、开放学习的魅力。

4. 目标导引：让课程变革富有理性精神

1949 年，泰勒在他的专著《课程与教学的基本原理》一书中，提出了课程开发的基本问题：学校应该追求哪些教育目标？提供哪些教育经验才能实现这些目标？怎样才能有效地组织这些教育经验？我们怎样才能确定这些目标正在得到实现？这就是著名的"泰勒原理"。由此，他建立了课程研制活动的四个基本环节：确定基本目标，选择学习经验，组织学习经验，评价学习结果。

坪洲小学围绕自己的办学目标和育人目标，构建了一套符合"开放式教育"理念的、与育人目标相匹配的"配方课程"体系。如"孔子小学堂"等课程着眼培育"德行"；"智力七巧板"等课程属于"智慧"范畴；"茶之韵"等课程旨在培养"情趣"；"舞之韵"等课程旨在涵养"气质"。总之，学校课程变革不是漫无目的地"撒野"，而是基于目标牵引、课程匹配、课程实施、评价结果的过程，是让理性精神照耀学校课程变革的过程。

5. 扎根过程：激活学校课程变革图景

美国课程学者施瓦布认为：课程是一个相互作用的"生态系统"，它建立在对课程意义的"一致性解释"基础上，通过这个"生态系统"要素间的相互理解、相互作用，实现学生学习需求的满足和德性的生长。因此，课程变革必须激活包括教师和学生在内的课程实践过程，回归课程的实践旨趣。

张校长的团队深悟此道。学校开设的"开放式配方课程"，有些是教师根据自己的特长来开设的，有些是根据学生的个性需求来开设的，有些则是师生共同开发的。这些课程开设后，如何实现师生的双向"匹配"，如何激活教师的参与热情？学校让学生自主选课走班，给予学生充分的课程选择权、开放式学习自主权。如此，自由度大了，发展的空间也就大了。

实践，是课程最美的语言。让所有教师都动起来、跑起来，聪明才智蹦出来。多问几个为什么，多想几个做什么，多试几个怎么做，越过课程改革过程中的一切障碍。扎根过程，让所有的信息都流动起来，让所有的渠道都畅通起来，让所有的脑细胞都活跃起来，学校课程变革图景一定美妙绝伦！

中国社会正处于转型时期，有很多东西变化无常，有许多事情混沌无序。然而，变化中总蕴含着趋势，混沌中总透出光芒。能敏锐捕捉这种趋势与深刻理解这道光芒的，一定是"一生只做一件事"的人。

只因这些年我把研究重心放在"品质课程"上，张校长嘱我为其新作写上几句。张校长是一个智者，内心安宁且极富穿透力，表达简洁而又极为精准。对教育，对课程，她洞若观火。更可贵的是，她不显山不露水。与智者同行，心有灵犀不点也通。盖此，如不从命，那就是矫情了！

杨四耕

(2017 年 6 月 23 日于上海市教育科学研究院)

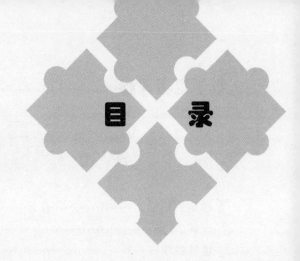

目　录

> 在开放式教育和多元智能理论根基上，我们的语言发展课程旨在让孩子通过真实而有意义的活动，发展听、说、读、写的技能，全面构建语言智能，促进语言能力发展与提高。

数学逻辑课程 ···················· 71

我们设计的数学活动课程，选材充分尊重学生的差异、本能与兴趣，赋予每个学生主体性发展的广阔天地。

空间创意课程 ···················· 113

根据多元智能理论，我们应树立多元化的评价观，通过多渠道、采用多种形式，在多种不同的学习情境下进行评价。要关注学生在学习过程中的参与意识、合作精神、审美情趣、学习态度、创新能力等。

开放式配方课程

运动健康课程 165

音乐艺术课程 199

生活交际课程 241

本部分课程全部源于生活，向生活开放，让学生学会在生活中发现问题、思考问题，从而解决问题。

自然探究课程 265

人类本是自然界的一环，只有了解并体会到自然界生生不息的力量，才会真正懂得重视生命、珍惜生命之美好。这里介绍的自然探究课程是想告诉儿童满足好奇、探究世界的方法是丰富多彩的。

内省存在课程 293

由于"内省智能""存在智能"皆属于二分之一的智能，且二者相互联系，故本书将其合二为一，运用在本章的课程中。

导　言

目前，我国的基础教育正在进行一场重大的改革，如何改革课程、改革传统的教与学的方式，更加全面、深入地推进以儿童发展为本的素质教育，如何帮助每个儿童实现其富有个性的发展，如何评价儿童的能力和学习效果……成为每一位教师、家长乃至全社会共同关心的问题。不难看到，建立在多元智能理论基础上的配方课程研究成果给了我们解答这些问题的一把钥匙。它所提倡的多元的、开放的、尊重文化差异及个体差异的、重视实践效果的智能观和教育理念给我们以深刻的启迪，其开发的活动和评估方法提供了大量有价值的、可操作的经验和策略。这些具体而实用的内容和方法不仅能够帮助广大教师更全面、更深刻地认识每个儿童的能力特征，提高发展性教学、个性化教学和综合性教学能力，还能让那些在传统的以"分数"为主的评价中没有优势可言的儿童得以发现自己的优势智能，重塑自尊和自信，大大减少学业失败的可能性。

一、配方课程：为幸福人生配方

长期以来，教育者最怕教育一规划就死，一规划就千篇一律。然而，在精细规划的课程体系下，我们看到的是孩子们在羽毛球运动中矫健的身姿，是孩子们在泡制功夫茶时的自信怡然，是孩子们在参加手工撕纸活动中表现出的聪慧灵动，是孩子们在做家乡小导游时展示给客人的落落大方，是孩子们从书本中获得知识后脸上绽放出的甜美笑容……孩子们的笑脸，让我们的教育脱下了功利化的外衣，披上了生命的色彩、文化的斑斓。因此，坪洲小学和国内其他许多学校不同，这里不再只有知识的位移、技能的训练和应试的准备，这里正在发生的是培植真心、培育爱心、培育美德、牵引灵魂的大教育、真教育，是最纯粹的"开放式教育"！

在全国大大小小的学校掀起"课程热"的时候，我提出了"配方课程"的概念。为什么把学校的校本课程体系命名为"配方课程"？我想，主要是因为"配方"包含了以下几个层面的含义。

首先，"配方"一词最直接的理解是医生根据处方配制药品。课程也如中医配方一样，需要"对症"下药。学生需要什么、喜欢什么，我们就给他配什么样的课程。现在各种媒体都在演绎"好声音""舞蹈秀"，琳琅满目的培训机构，千千万万个普通家庭，加上千人一面的一些学校，催生着貌似狂欢的世界。然而，我以为，一个孩子一辈子可以不会唱歌，可以不会跳舞，但不能不会读书、不会思考。思考什么呢？思考孩子自己内在的兴趣，思考自己主动发展的权利。我们学校的课程是百花齐放的。喜欢文学的，就参加诗歌大观园、绘本阅读、电影欣赏和英语话剧等课程；喜欢艺术的，就参加天津快板、拉丁舞、尤克里里等课程；喜欢健体的，就参加健美操、跆拳道、乒乓球等课程；喜欢动手的，就参加厨艺、功夫茶、机器人等课程。

其次，配方课程需要学生和教师的双向"匹配"。目前，学校共开设了90多门配方课程（本书中呈现74门）。有些课程，是教师根据自己的特长来开设的，如剪纸、青花线描、趣味数学等。有些课程，则是学生的个性化需求，我们根据其需求来开设，如插花、泥塑、茶艺等。这些课程开设后，让学生自主选课走班。学生的选择权越大，自由度越大，个性发展空间就越大。

再次，配方课程在设置上，还与我们"培养有德行、有智慧、有情趣、有气质的文明都市人"的育人目标相匹配。例如孔子小学堂、西方礼仪等主要是培养学生的"德行"；电子报刊制作、趣味数学、智力七巧板、围棋等属于"智慧"类课程；英语趣配音、趣味剪贴画、花艺、茶艺等课程旨在培养学生的"情趣"；舞之韵、尤克里里、健美操等艺体方面的课程旨在培养学生的"气质"。

更重要的是，"配方"的思想，与我一贯主张的"开放式教育"理念是一脉相承的。配方课程，是"开放式"的配方课程。所配的"方"，即所开的课，是完全开放的。我们的课程不仅让本校教师自己开，也充分利用有效的社会资源。例如拉丁舞、跆拳道、羽毛球、国际象棋等课程，请有专长的社会人士以教师义工的身份到学校来开课；有的课程像软笔书法、中国象棋，则是由我们的教师和教师义工一起来开设。同时，我们也把配方课程拓展到"家长配方"，如厨艺、手工编织等。其中石海平等家长对《周易》颇有研究。他根据我们校园地理园中的"八卦图"开发了浅显易懂的讲解《周易》的课程。学生从八卦图中了解到"八卦"代表八种自然现象、代表四季以及学校的方位、八卦与五行的关系等基本知识。

总之，我们的配方课程是与学校的育人目标相匹配、与学生的兴趣需求相匹配、与教师的特长爱好相匹配的。它不仅是为学生的课程配方，更重要的是为他们的幸福人生配方。

二、配方课程：独具特色的课程体系

课程，是学校最为重要的产品，也是学校的核心竞争力。2011年9月1日，学校建成时就召开了开放式配方课程研讨会，大家各抒己见，并达成共识：我们必须着眼未来，立足实际，在实施国家课程的基础上，开发具有学校特色、满足学生需要、充分落实学校培养目标的开放式配方课程，让学生有权利为自己的未来选择自己感兴趣和有发展空间的课程。

基于这种认识，我们牢牢把握"学校有灵魂、教师有思想、学生有主见、家长有信心"的办学目标和"培养有德行、有智慧、有情趣、有气质的文明都市人"的育人目标，经过6年的实践与探索，逐渐构建起富有活力、独具特色的开放式配方课程体系。

我们的课程"配方"不仅是为学生个性化健康成长配方，更是为学生的幸福人生配方。截至目前，我们学校的课程门类达到了90多种，实现了教师开课率和学生参与率两个100%。哈佛大学教授霍华德·加德纳不仅提出了多元智能理论，而且在美国组织开展了在多元智能理论指导下的教育改革实践。他主张学校应成为"学生课程的代理人"，与学生、家长、教师、评估专家一起参与智能的发现和推荐，帮助学生选择特别适合自己学习的课程。加德纳的多元智能理论及其关于课程开发的理念，对于我校当前"配方课程"的开发有着重要的启示。以下示意图反映了多元智能与配方课程的关系。

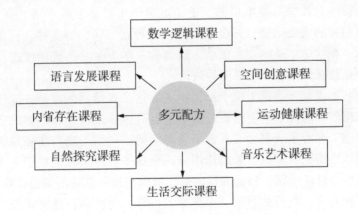

图1　多元智能与配方课程的关系

我们的配方课程分为八类：语言发展课程、数学逻辑课程、空间创意课程、运动健康课程、音乐艺术课程、生活交际课程、自然探究课程、内省存在课程。每一种课程都有所侧重，简述如下。

语言发展课程。语言智能主要包括有效地运用口头语言及文字的能力，即听、说、读、写能力，这种能力表现为个人能够顺利而高效地利用语言描述事件、表达思想并与人交流。语言智能并不局限于简单意义层面的读写，也不局限于零散的技能，它是一种在不同场合中表达自己且与人交流的能力。它旨在让孩子通过真实而有意义的活动，发展听、说、读、写的技能，全面构建语言智能，促进语言能力的发展与提高。如"电影欣赏"课程将影视资源与语文教学整合，利用影视练听说、促阅读、练写作——在欣赏之余，鼓励学生写出自己的真实感受，引导学生创作独具特色的影评。

数学逻辑课程。逻辑—数学智能主要包括数学逻辑推理能力、科学分析能力、处理连锁时间的推理能力和识别图表及数字的能力。针对这些不同类型的能力，我们开发的数学逻辑课程主要包含两大类：棋类课程与开放式数学活动课程。学生在动手操作棋子的过程中，大脑加速发育，刺激逻辑—数学智能的发展。学习棋类规则，改变固化的思维方式，提高计算能力。此外，开放式数学活动课程遵循"由简单到复杂，由形象到抽象，由低级到高级"的认知规律，创设一个个让学生主动探索与构建的平台，促进学生形成数学思想。

空间创意课程。它是围绕发展学生视觉空间素养开展的，并将视觉空间理念带入趣味性、逻辑性、空间性、游戏性的思维创作活动。如手工课，学生在作品的设计中，在有趣的动手过程中，能轻松地认识事物的特性，提高认知能力，促进手脑的协调发展，提升观察力。又如绘画课，学生在实践操作的过程中，将艺术、历史、自然科学等学科进行综合运用并加以升华，是他们观察力和创造力的展示。

运动健康课程。课程主要是为了更好地促进学生全面发展和健康成长，体现了学校体育教育的根本目的，更是促进学生身体发育和历练坚强意志、弘扬拼搏精神的重要途径。开设的配方课程包括田径、健美操、武术、跆拳道、篮球、乒乓球、跳绳、太极拳、瑜伽等。学生生龙活虎的情态、斗志昂扬的精神在此课程中表现得淋漓尽致。

音乐艺术课程。课程为孩子们提供了表达个人情感的途径，提供了类型丰富、风格多样的音乐审美体验，使学生充分体验蕴含于音乐形式中的美和丰富的情感，为音乐所表达的真善美境界陶醉，从而与之产生强烈的情感共鸣，达到陶冶情操、启迪智慧的作用。一个孩子音乐实践的机会越多，对音乐的审美感受就越丰富，自我表达的欲望就越强烈，创造的动力也就越强大，个性也会越鲜明。我们的管乐、手风琴、古筝、琵琶和吉他等课程，既是传统文化的彰显，又渗透了西洋音乐的精华。

生活交际课程。人际智能的培养是在特定文化背景下进行的一个长期的教育和学习过程。我们在不同课程环境中培养和增强学生智能有两种不同的侧重方法。一是情境式：这种模式侧重于表现学生个性。二是文化熏陶式：这种模式侧重于文化认识和促进学生人格发展。如开设种植、养殖和做面包、包水饺等简易生活课程，以及运用电影或文学作品为学生提供观察和推测的窗口来思考和理解人类的交际行为。

自然探究课程。自然探索智能是人所具有的观察自然界中的各种事物，辨认并给物体分类，且能洞悉自然或人造系统的能力，包括对于社会的探索和对于自然的探索两个方面。具有自然探索智能特质的孩子，在生活中会表现出敏锐的观察力与强烈的好奇心，对事物有特别分类、辨别、记忆的方式。

例如喜欢动物的孩子，除了自己饲养动物之外，可能也会时时阅读有关动物的书籍，或是从电视上学习动物新知。能力强的孩子，对于动物的分类还能够举一反三，对动物的习性也能了如指掌。在这一课程领域，我们主要利用学校"观察节"带领孩子走进自然、走向生活、走入社会，观察生态百样的世界。

内省存在课程。内省存在智能是明了自己的内心世界与内在情感，并能有效地运用这种能力指导自己行为的一种认知能力，是对人生和宇宙终极状态进行思考的能力。其核心是在直达广袤无垠的宇宙尽头为自己定位的能力，也是在人类的生活环境中与存在相关的能力，如在探索生命的价值、死亡的意义、个人肉体和内心世界的最终命运之时，在被人所爱或全身心沉浸在艺术之中获得刻骨铭心的感受之时，为自己的存在定位的能力。如"心理学小课堂"中，按照不同年段的心理特点，开展团体拓展游戏、心理剧表演、心理电影赏析、团体辅导等。帮助低年级学生适应学校生活，对集体产生归属感；帮助中年级的学生了解自我，体验情绪并表达情绪，培养他们对不同社会角色的适应力；帮助高年级的学生"读懂家长、读懂教师、读懂校长、读懂自己"，发展良好的内省存在智能。

三、配方课程：真正意义上的课程

与常规意义上分年级、分班级，管理"整齐划一"的校本课程不同的是，我们的"配方课程"由学生打破年级界限、打破内容界限自主申报、自主选课。学校每周五下午只安排配方课程授课，每周二和周四下午第三节课安排精品配方课程。如何具体开展配方课程呢？

配方课程着眼于开发每一个学生的多元智能。作为学校教育核心的课程目标，毫无疑问就是要促进每一个学生多元智能的发展。经过6年的研究与探索，配方课程已经纳入我校的课程计划。它打破了原有学科教学的封闭状态，把学生置于一个动态、开放的学习环境中，为学生提供了多元、综合学习的机会。我们的最终目标是让学生在不同的配方课程中开发自身的多元智能，真正成为人格健全发展的人。

在推进实施过程中，我们追求的是把90多门配方课程真正当成课程来做，而不仅仅是一个个比赛、一次次活动。有些东西是不需要比赛的，但却是终身的奠基。比如，茶艺课程，它比什么呢？没有比赛活动，但只要学生有这个兴趣，我们就给他们提供学习机会。还有我们的故事王国、国际象棋、泥塑、绘本、演讲等课程，目的都是培养学生的综合素质。

为了满足学生个性发展的需求，配方课程有以下几个特点。

一是充分提供个性化的场所。教学楼一楼为电影、快板、小戏骨等文化专区；二楼为版画、书法、插花等书画专区；三楼为棋艺、泥塑、陶艺专区；四楼为琴艺、鼓乐、民族舞、芭蕾舞等艺术专区；五楼为创客空间、牛顿天地、坪洲一号等科技专区。正健楼和风雨操场为街舞、羽毛球等运动健体专区。学校书韵园、智慧园、竹节园、百草园、青青园、桂香园、兰馨园、放鹰园等为排练表演、观察写生、动手实验等专区。学校的一切公共空间无不成为学生展示的公共平台。

二是学校安排专人负责课程组织和实施，每门课程的执行教师必须严格按照课程设计的课程方案来实施；有两位校级领导每周五下午做详细考勤记录，进行过程性巡视，每周一教师大会时对课程实施情况进行评点。

三是允许学生在参与的过程中，根据自身喜好和特长做适当调整。比如有学生先选择的是"英语话剧"，经过短时间的尝试感觉不太合适，就转入了"英语趣配音"；也有的从"趣味数学"转入"创意版画"；还有的由"智力七巧板"转入"神奇的记忆力"。其中乒乓球、健身操课程由于申请人过多，我们根据教师要求和场地限制做适度调整。

同时，我们也选择一些重点课程做成精品课程。比如，语文活动课程，我们充分发挥其学科之母的作用，开发了"四季颂歌""汉字趣说""古诗派对""学做小主播""我是家乡小导游""语言修辞美容""学做广告"等课程。我们还着力培养和引进明星教师，特别是体育和艺术课程，像健美操、乒乓球、古筝、尤克里里等，有了明星教师，才能有突破性成果。

实践证明，配方课程的实施过程是一个师生、家校共同探索新知的过程，除了要重视学生的主动探索、发现和体验，也不能忽视教师的指导和协助。教师如果在指导和协助过程中，注意不同智能活动的各自作用，使用多样的指导手段，也会极大提高配方课程实施的实际效果。

譬如，在任何一种指导中，教师可以根据语言智能特别是其中以听力系统为主要媒介特点的口语，注意加强师生之间的对话，加强师生之间的交流。这样，不仅可以帮助学生学会倾听和理解他人的语言并据此做出反应，而且因为有了这样的师生互动，指导效果有了明显增强。

再如，根据音乐智能的特点，教师可以使用音乐智能作为指导手段，作为动力来激发学生的学习兴趣，作为缓冲剂来减缓学生的学习压力，进而帮助学生进入愉快探究、有效探究的学习境界。

又如，根据空间智能的特点，教师应该在各种配方课程的指导中注意培养学生的观察能力和空间想象能力。这样，不仅可以在学生的学习中充分发挥形象思维的重要作用，而且可以培养学生重组大脑中业已存在的各种信息的再造想象能力，为学生创造力、想象力的发展奠定基础。

因此，学校严格管理教师配方课程的准入资格。教师或家长要申报开设一门课程，需要提供课程目标、课程内容、课程评价、招生范围、所需课时、具体实施、保障措施等资料，就自己申报的配方课程发表演说、进行陈述。学校还成立了一个配方课程专家委员会，举办配方课程论证会，教师在申报的时候，须经过答辩，负责评审的评委老师对每位答辩者的申报陈述即时质疑问难，并根据其回答予以评分，专家觉得可行，方可通过。

加德纳认为，如果不能对学生不同领域以及不同认知过程和学习状况做出准确的评价，那么，再好的课程改革也没有多大作用。评价在教育中可谓扮演了中心角色。多元智能理论的研究提出评估是教学的最大需求，既然承认学生多元智能的存在，就不能仍然套用单一的课程评价方式对待配方课程，而应该以多种手段、方法去衡量不同的学生。只有这样，才能发挥配方课程的优势，让学生发展自己的长处。

与此同时，评估的结果只被认作是学生智能的部分表现，既不是其智能的唯一指数，也不与其他人比较排序。将学生的强项与弱项加以比较，并向家长、教师，甚至学生自己提出建议，告诉他们在家里、学校和更广大的社区，什么样的活动是可行的。根据这些信息，学生能够加强他们自己智能的弱项，发展自己智能的强项，以更好满足学习的需要。对配方课程来说，其实施同样也是以准确了解学生智能的状态为先决条件的，因而必须围绕学生多元智能的发展精心策划评价过程。

我们施行配方课程学业证书制。学校设计并制作了配方课程学业证书，每个毕业于坪洲小学的学生，不仅能获得小学毕业证书，还能获取配方课程学业证书。它用以评价学生配方课程的学习情况，促进其自主发展。学业证书分课程类别、名称、获得等级等项目，对学生的学习情况进行评价。评价采用"五星评价法"，一星为入格，二星为合格，三星为升格，四星为出格，五星为风格。教师根据学生的出勤情况、学习态度、学习能力、自主创新、互动参与、课前准备等表现做出评价并确定星级。学业证书既是学生下一学期申报选修的发展性课程的主要依据，也将作为学生的学习资料保存到其专门的成长档案中，优秀作品或省级以上获奖证书将存入学校博物馆。

我们举办"校园八节"进行配方课程的实施效果检阅，促进学生多元智能的健康发展。检阅指标还与"有德行、有智慧、有情趣、有气质"的育人目标紧密结合。如3月踏青节、9月雏鹰节重在检阅培养"有德行"的人；5月超人节、10月观察节重在检阅培养"有智慧"的人；4月健美节、11月悦读节重在检阅培养"有情趣"的人；6月秀秀节、12月狂欢节重在检阅培养"有气质"的人。

每学期期末，我们还进行配方课程项目总评。学校配方课程考评小组将对配方课程每个项目进行现场考核评分，然后根据其平时的教学常规检查、课程及教材设计、学生参赛获奖等情况，进行综合评定，选出优秀项目及主持人。如2015年春季学期末，学校配方课程考评小组对配方课程项目进行了考评，评选出"朗诵与主持（高段）"等15项一等奖课程，"孔子小学堂"等20项二等奖课程。

正如顾明远先生所说，配方课程不仅需要教育界的开放——把学校打开，把课堂打开，把课程打开，还需要社会方方面面对教育的参与和支持，使教育突破内在封闭的状态。只有全社会都树立起正确的教育观、人才观、智能观，都参与到教育的改革发展中来，才能真正地实现让所有孩子"成长得更好"的课程梦、教育梦。

语言发展课程

苏霍姆林斯基说，每一个儿童就其天资来说，都是"诗人"，只要在教学方法和内容上"打开创作的源泉"，就能使诗人的琴弦发出美妙的乐声。每个人的语言能力与生俱来，但是后天如何开发，如何提升，如何能够开放儿童的天资，打开他们创作的源泉，是作为教师的我们应该思考的内容。

语言智能，主要是指有效地运用口头语言及文字的能力，即指听、说、读、写能力，表现为个人能够顺利而高效地利用语言描述事件、表达思想并与人交流的能力。语言智能并不局限于简单层面的读写，也不局限于零散的技能，它是一种在不同场合中表达自己且与人交流的能力。一个人除了要成为一名出色的作者、读者，还应当成为一名出色的讲演者、聆听者。这种智能在作家、演说家、记者、编辑、节目主持人、播音员、律师等职业上有更加突出的表现。

在开放式教育和多元智能理论根基上，我们的语言发展课程旨在让孩子通过真实而有意义的活动，发展听、说、读、写的技能，全面构建语言智能，促进语言能力发展与提高。本章一共有15门课程，包括"雏鹰文学社""电影欣赏""故事王国""金话筒""孔子小学堂""名著之旅""奇妙绘本之旅""趣笔英花""趣味剪贴画""诗歌大观园""习作天地""英语故事演讲""英语话剧""英语趣配音""笔底流韵——英语写作"。

这些课程略有相同，但各有侧重。我们也希望借由这些课程和活动，为教师在综合考虑儿童兴趣、爱好和品味的基础上设计语言活动提供一些开放、灵活的思路。比如，"电影欣赏"课程将影视资源与语文教学整合，利用影视练听说、促阅读、练写作——在欣赏之余，鼓励学生写出自己的真实感受，引导学生创作独具特色的影评。"英语话剧"则充分利用了学生喜欢表演的天性，大大增强了他们体验语言交流的乐趣。同时，在课程中他们还能学习如何使用适当的语言进行交往，大胆、清楚地表达自己的想法和感受，发展语言表达能力和思维能力。

核心能力

● 有创意地讲故事
①喜欢听故事和讲故事。
②在讲述时运用想象力和创造性。
③表现出对编写故事、刻画人物形象和人物心理、描述场景和人物态度以及对话的兴趣及与此相关的能力。
④表现出表演装扮的能力或表演天赋，包括能表演不同的风格，富有表现力和扮演各种角色的能力。

● 能正确使用描述性语言
①准确、连贯地叙述事件、情感和经历。
②准确地说明、描述事物。
③对描述事件的发生、发展过程有兴趣。
④进行合理的争论和询问。

● 巧妙地运用书面语
①表现出对文学鉴赏的兴趣。
②写真话，抒真情，开放地进行书面表达。
③会幽默地使用词汇。
④喜欢并善于运用双关、押韵和隐喻等语言技巧。

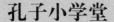

孔子小学堂

课程类型：语言发展课程
开发教师：方丽瑜　张秀桃
学习对象：小学1—4年级学生
学习时间：每周2课时

一、课程背景

孔子是中国古代伟大的思想家、政治家、教育家，儒家学派创始人，其学说不仅影响了中国几千年的发展进程，还深刻地影响着每一个中国人的思想和行为模式，成为东方人品格和心理的理论基础。以孔子为代表的儒家文化博大精深，构成了中华民族传统文化的主流和基础，时至今日仍在社会生活中发挥着巨大的积极作用。

1—4年级学生已经对一些朗朗上口的国学内容有一定了解，基本会背诵《三字经》《弟子规》等内容，但是仅限于诵读，没有品赏、感悟的过程。在"孔子小学堂"这一课程里，我们就是要带着学生一起感悟《论语》里的丰富内涵。读《论语》，可以使人知书达理，可以使人有思想、有道德、有品格，可以使人有理想、有担当，守卫社会良知、天地正气。学生可以从《论语》中接受良好的传统文化教育，培养爱国主义情感，为展现中国公民良好素养，传播中华文明奠定基础。

本课程还有多元智能理论的支撑。语言智能——能有效运用口头语言和书面文字来表达自己的想法，并能了解他人的能力。这项智能包括把文法、音韵学、语义学、语言实用学结合在一起并运用自如的能力。这项能力将有助于学生学习语言的结构、发音、意思、修辞，进而结合实际使用。

二、课程目标

通过诵读积累《论语》经典章句，开展相应教育活动，使学生在知、情、意、行上达到以下目标。

（一）知

了解孔子和《论语》基本思想，理解传统文化。

（二）情

增强学生的人文修养，培养学生对传统文化的认同感，形成深厚的民族认同感。

（三）意

引导学生正确思考人生价值和时代精神，增强使命感，培养学生以发展和开放的眼光看待传统文化和外来文化。

（四）行

开展各种实践教育活动，践行《论语》基本思想，形成自己的思想、行为准则，为人生奠基。

三、课程内容

本课程通过观看动画片《孔子》和阅读历史小故事，了解孔子这一伟大人物，并且学习《论语》里的经典语句，进行诵读、熟背、品赏、感悟。目的是让学生读经典篇章，做谦谦君子；学习《论语》知识，传承中华传统优秀文化；懂得为人处世的道理，孝敬父母，做仁义之士。

动画片《孔子》讲述的是孔子从一个贫民少年成长为万世师表的励志故事，分别刻画了孔子的少年、青年、中老年三个人生阶段。这部动画片自开播以来就受到孩子们的钟爱，因为它能让孩子们切身地体会到"仁"的精神并不只是被奉为经典的古训，更是可以在生活中身体力行的准则，也让孩子们从动画片中汲取营养，使一些国学知识更有效地融入孩子们的灵魂。

四、课程实施

（一）课程时间安排

本课程教学时间安排在每周五下午 2：30—4：05，每次 2 课时。

（二）课程实施特色

与语文学科紧密结合，教师与学生在参与本课程开发过程中不断地成长。本课程围绕学校的办学特色开发，结合学校的实际情况，把办学特色渗透到课程的有效实施过程之中，以满足学生发展的不同需求，培养学生的个性爱好，提升师生的生命质量，促进学校办学特色的形成。

本课程由于面对的是初次接触《论语》的学生，不要求细究每一个字的字义，而旨在了解大意的基础上熟读成诵，感悟《论语》的道理与魅力。

五、课程评价

（一）过程性评价

学科课堂教学评价是根据"参与课堂的情况""在课堂上的表现""对本课的喜欢程度""参与活动的次数"给出分数，划出优、良、差三个等级。

（二）终结性评价

通过定量和定性两种方式由师生做出评价，经学生自评、同伴互评，给出分数，划出优、良、差三个等级。

（三）激励性评价

对积极参加活动的学生进行激励性评价，如诵读比赛，比赛设立一等奖、二等奖、三等奖，将给予获奖者一定的物质和精神奖励。

故事王国

课程类型：语言发展课程
开发教师：邹莉萍　黄子妮
学习对象：小学 1—3 年级学生
学习时间：每周 2 课时

一、课程背景

《义务教育语文课程标准（2011 年版）》对低年级学生的阅读做出了这样的规定：让低年级的孩子"喜欢阅读，感受阅读的乐趣"。在两年的时间内养成阅读的习惯，激发对阅读的兴趣，并广泛阅读各种课外读物，课外阅读总量不少于 5 万字。课外阅读不仅是语文教学的一个重要内容，还关系到学生人文素养的积淀和语文综合水平的提升，甚至影响到中华文化的传承和发展。但目前低年级语文教材为了能够适应众多学生的语文水平，具有浅显性和局限性。且低年级孩子识字量少，注意力集中时间有限，自控能力及忍耐力较弱，这种情况下课外阅读总量能够达标的少之又少。因此，结合低年级学生的学习特点，以及他们形象性思维占主导地位的特点，开设本课程。

本课程以听故事为主，观看动画故事为辅，旨在激发学生阅读课外读本以及讲故事的兴趣，培养学生的口头表达能力，丰富学生的想象力，让他们喜欢表达。

二、课程目标

著名作家余秋雨先生说："阅读的最大理由是想摆脱平庸。早一天就多一份人生的精彩；迟一天就多一天平庸的困扰。""故事王国"课程通过一系列听故事、讲故事、演故事的活动把孩子的注意力吸引到阅读上来，激发孩子的阅读兴趣以及培养孩子的阅读习惯，让孩子快乐读书，爱上读书。

（一）知识与能力

1. 通过教师指导阅读提高低年段学生的课外阅读量。"故事王国"课程巧妙地将课文单元主题涵盖进去，汇聚成结构完整、内容丰富的故事，不断增加学生的课外阅读量。

2. 在发展学生听、说、读、写能力的同时，发展他们的思维能力，激发想象力和创造潜能。故事语言简短有趣，符合孩子的身心特征，在听老师讲故事的过程中，孩子们会吸收语言，学习语言的表达形式。同时，老师利用故事的空白点，或借助图画，或依照故事发展的顺序，在课上组织孩子们展开丰富想象，课后把阅读内容延伸到家庭，和家长进行读写的互动活动，整个过程有助于培养学生基本的听、说、读、写的能力。与此同时，故事预留给孩子们许多想象的空间，教师指导孩子根据故事的整体意境，对故事情节展开丰富的联想，设计故事中人物的语言、动作等。拓展故事的过程能让孩子产生丰富的联想，对故事进行扩充、延伸，有利于学生思维能力的培养。

（二）过程与方法

1. 在听故事、讲故事的过程中学会倾听、表达与交流，学会有效地讲故事的方法。

2. 激发学生的阅读兴趣。借助丰富的图画降低学生在阅读文字时的难度，增加故事的趣味性，通过直观化的手段，促使学生理解故事内容，激荡起学生的内心情感，使其将所学转化为自己的观点，在无形中培养其良好的语文阅读能力，促使他们积极地向纯文字阅读过渡。

（三）情感态度与价值观

1. 初步学会文明地进行人际沟通和社会交往。以小组练习讲故事等方式发展学生的合作精神。

2. 提升综合素养。每一个故事都体现出相应的主旨，或团结互助，或关爱他人，或勇敢顽强，或坚持不懈，或正视自己，或肯定别人……在聆听故事、感受故事的过程中，在潜移默化的过程中陶冶学生的情感，锻炼他们的意志，引领精神，塑造人格，提升学生的综合素养。

三、课程内容

本课程内容计划用一个学年，每一讲为 2 课时。课程内容共分为四大部分，分别是生肖故事、中国传统节日故事、成语故事和名人故事。其中生肖故事包括十二生肖的传说和故事；中国传统节日故事包括春节的故事、元宵的故事、端午的故事、七夕的故事和中秋的故事等；成语故事包括历史故事、寓言故事、约定俗成故事和神话故事；名人故事包括古代名人故事、近代名人故事、现代名人故事和世界名人故事。根据学生的年段和知识水平安排教学内容。

生 肖 故 事
- 十二生肖的传说
- 鼠、牛、虎、兔的故事
- 龙、蛇、马、羊的故事
- 猴、鸡、狗、猪的故事

中国传统节日故事
- 春节的故事
- 元宵的故事
- 端午的故事
- 七夕的故事
- 中秋的故事

故事王国

成 语 故 事
- 历史故事
- 寓言故事
- 约定俗成故事
- 神话故事

名 人 故 事
- 古代名人故事
- 近代名人故事
- 现代名人故事
- 世界名人故事

四、课程实施

（一）注重学生语文素养的提高和思维的训练

本课程具有综合性、开放性、趣味性。

1. 在每一主题内容授课前，让学生明确学习的主题并设下悬念，激发学生的好奇心，增强学生的学习兴趣。

2. 通过让学生想一想、谈一谈，将故事与现实生活联系起来，增强学生学以致用的能力。

3. 每次课后引导学生分享学习成果，以"我知道了……""我想说……"的形式展开交流，下一次课前则请学生简单复述上次课的故事内容，增强对故事的记忆。

4. 开发个人"故事库"。每一讲内容结束之后，组织学生有意识地利用课余时间，搜集自己感兴趣的相关故事，积累到个人的"故事库"。期末以"我的故事库"的形式，将个人积累的故事进行展示，评出"故事小能手"。

（二）坚持多种阅读形式相结合的教学方法

教师以生动、幽默、诙谐的方式演讲故事，学生则听故事，提取故事中的有效信息，并通过观看动画故事，产生听故事讲故事的兴趣。教师在讲故事的同时，教授学生讲故事的基本技巧。鼓励学生积极参与，让学生先在小组内交流、练习讲故事，再通过开展讲故事比赛等形式，给学生一个展示自我的平台，从而促进学生口头语言表达能力的提高。

（三）以鼓励为主旨，调动学生的阅读积极性

定期评选倾听小能手、故事小能手、优秀合作小组，从而调动学生的学习积极性。

五、课程评价

（一）评价形式

学生最终的成绩由平时的日常评价和期末评价两部分组成。平时表现占总成绩的 30%，期末考核占总成绩的 70%，据此分为 A、B、C、D 四档（A 为优秀，B 为良好，C 为合格，D 为待努力）。

（二）评价内容

1. 日常评价。

（1）课堂学习记录：记录学生学习态度、课内表现和反应。

（2）平时表现：根据课内学生实际情况进行评价，给出成绩，随机评分。

2. 期末评价。

评价分为两部分：学生讲故事和展示"我的故事库"。

金 话 筒

课程类型：语言发展课程
开发教师：陈海波　王娣丽
学习对象：小学 1—3 年级学生
学习时间：每周 2 课时

一、课程背景

以开放式教育理念为引领，推进我校朗诵与主持配方课程的发展。

我校地处城乡接合部，学生多数是来深圳务工人员子女。由于方言问题，很多孩子的普通话带有浓厚的家乡口音；还有很多孩子在公共场合不太敢说话，或者说话紧张，大脑一片空白；有的孩子平时活跃，但是讲话时往往词不达意，不会表达；有的孩子成绩虽好，但不善于参与活动，性格内向；有的孩子读文章、朗诵诗歌、表达观点时表情木讷，没有感情色彩。

为了规范运用普通话，增强与人沟通的能力，完善少儿性格，提升内外素质，让孩子增大胆量，敢于表现自己，我们开设"金话筒"配方课程，为孩子们提供一个锻炼自我、突破自我的平台。事实证明，从小学习主持表演，能够迅速提高孩子的语言能力、自信心、表现力、想象力、创造力以及写作能力。可以说，学主持表演是终身受益的，无论你将来从事何种职业，它将是你迈向成功不可缺少的重要部分。

二、课程目标

通过系统科学的学习达成目标，具体目标为以下四点。

1. 了解主持人的常识要求。

2. 培养学生优美的体态、举止，增强学生的镜头感和自信心。

3. 提高学生的语言表达能力。让学生在轻松愉快的学习环境中初步掌握标准的普通话语音，提高学生的普通话水平。通过各种途径的训练，使学生将普通话说得正确、清晰，直至字正腔圆。学生能用标准流利的普通话朗诵一首诗歌或主持一台故事会、联欢会。

4. 培养学生自我表现的意识，提高交流、沟通能力，让学生学会合作，积累文化修养，全面提高学生的综合素质，为他们的成长打下良好的基础。

三、课程内容

（一）根据训练的主要内容划分

1. 仪表仪态训练：即兴演讲、半命题演讲，锻炼学生的胆量及仪表仪态。

2. 语言表达能力训练：传授语言表达的三种艺术形式（绕口令、儿歌、寓言故事）和四种表达方法（重音、停连、节奏、升降）。

3. 舞台表演能力训练：传授小主播应具备的模仿力、想象力等技能。

（二）根据学生需求、发展目标划分

1. 心理素质课程。

（1）我敢说。让学生形成当众说话的自信心和勇气，克服羞涩和畏惧的心理。

（2）我要说。鼓励学生当众讲话，调动学生当众表达的积极性，增强学生发言的主动意识，唤起学生说话的积极性。

（3）我能说。锻炼学生反应能力，提高应变能力。

2. 语音课程。

（1）普通话字词正音。通过学习，掌握标准普通话的字词发音，辨别语音语调，发音字正腔圆。

（2）绕口令、儿童诗朗诵。

（3）简单的少儿文艺节目晚会开场词。

3. 主持技巧课程。

（1）即兴演讲。

（2）礼仪演讲。

（3）采访技能。

（4）辩论。

（三）教学进度安排

第一周：说说我自己，互相认识。

第二周：绕口令练习。

第三周：诗歌朗诵。

第四周：集体小品。

第五周：绕口令练习。

第六周：语音课——普通话正音练习，课文快读比赛。

第七周：主持词朗读。

第八周：反馈上周情况，绕口令练习；台步训练，走模特步。

第九周：诗歌朗诵。

第十周：小测试。

第十一周：绕口令练习。

第十二周：看动画片模拟配音训练。

第十三周：观看主持人大赛视频。

第十四周：校运会，实践主持技能。

第十五周：讲故事比赛。

第十六周：班内主持人比赛。

第十七周：邀请专家、主持人授课。

四、课程实施

（一）实施形式

1. 课时安排：每周五下午 2 课时。

2. 组织形式：采用集体活动与小组活动相结合的组织形式。

3. 课程地点：校内操练、比赛为主，适当与校外相结合。采用请进来的办法，如聘请专业人士、主持人来校讲座，指导培训；组织学生模拟采访或赴电台、电视台参观等。

4. 课程准备：大力宣传开发"金话筒"课程的重大意义，撰写《校本课程纲要》，师生共同设计活动方案开展活动。

5. 成果展示：在学校一年一度的校本课程展示、文艺会演、升旗仪式等活动中担任主持人。此外，积极参加各种活动、比赛，积极担任主持人。

（二）实施方法

朗读、读绕口令、讲故事、讲笑话、小品表演、儿童诗朗诵、师生谈话、主持人比赛、模仿少儿频道节目主持人训练、社会实践。

（三）实施形式

1. 集体训练、实践。

2. 分组训练、实践。

3. 开展各类比赛、活动。

五、课程评价

（一）对学生的评价指标

1. 热爱本课程的学习，学习态度认真、积极。

2. 乐于交流，善于倾听，积极发表意见。

3. 普通话标准，口齿清晰。

4. 知识面宽，语言表达能力强。

5. 仪表端庄，有良好的舞台风范。

6. 自信、大方，心理素质好。

7. 反应敏捷，具有较强的应变能力。

注：对于每一项指标，待改进为一星，还不错为三星，特别棒为五星。

（二）评价形式

1. 学生自评：

（1）对照以上评价指标自己对自己进行评价。

（2）对照自己参加本课程以来的变化，进行自我评价。

2. 教师评价：根据学生在学习中的表现、训练中的态度、运用技巧的能力，给学生以适当的评价。

3. 学校评价：学生在学校某项活动中发挥特长，得到学校的认可、肯定。

4. 他人评价：其他学生、家长、社区等对学生进行评价。

诗歌大观园

课程类型：语言发展课程
开发教师：郑丽芯
学习对象：小学 1—5 年级学生
学习时间：每周 2 课时

一、课程背景

诗歌在中国的历史中源远流长。中华民族在诗歌创作方面取得了光辉灿烂的成就。早在西周至春秋时代，就诞生了我国第一部诗歌总集《诗经》。战国后期，在楚国产生了一种新诗体——楚辞（骚体）。楚辞的出现，标志着中国诗歌从民间集体歌唱发展到诗人独立创作的更高阶段。《诗经》和楚辞，是后世诗歌发展的两大源头，在文学史上并称"风骚"，共同开创了我国古代诗歌现实主义和浪漫主义的先河。

在小学开展诗歌教学，不但能让学生了解到古诗是古人智慧的结晶，是先人给我们留下的宝贵的精神遗产，还能使学生通过对古诗的学习，准确理解与掌握诗的内容、意境。能依据诗的内容，用自己的语言描绘出诗人笔下的画面。能清楚地表达自己对所学习的古诗的理解与感受，从而提高学生的文学素养与语言表达能力。古诗教学对学生的教育和影响有着不同于其他文体教学的特殊作用，优秀的古诗不但情理兼备，易于诵记，而且能启迪心智，陶冶情操。它不仅可使学生了解我国优秀的传统文化，而且能使学生通过对古诗的诵读、体验、欣赏，获得审美感受，增强民族自尊心和爱国主义情感，在培养学生的情感态度与价值观方面有着重大的作用。

二、课程目标

（一）知识与能力

1. 初步了解从先秦到明清诗歌的发展脉络，了解各个时期诗歌体裁的演变特点。

2. 了解古代诗歌发展过程中一些重要作家的代表作。

（二）过程与方法

1. 重视基础知识的教学，培养学生初步鉴赏古代诗歌的能力。

2. 引导学生自主学习、独立思考，乐于提出问题和讨论问题。

（三）情感态度与价值观

1. 激发学生学习古代诗歌的兴趣和积极性，陶冶学生的情操。

2. 培养学生欣赏美、评价美的能力。

3. 在古代诗歌的现实与浪漫中接受爱国主义教育。

三、课程内容

诗歌教学，首先要使学生认识诗歌，知道什么是诗歌，了解诗歌发展史，学习诗歌的种类和特点。在此基础上学习诵读诗歌，训练学生把握诗歌语调和节奏的能力，培养学生的节奏感，并提高学生的诵读能力。诵读优秀诗歌时，让学生通过诗歌的声调、节奏等体味作品的内容和情感。

其次，内容上着重于诵读儿歌、童谣和浅近的古诗，使学生能展开想象，获得初步的情感体验，感受语言的优美。其中的"想象""情感体验""感受"都在一定程度上强调了学生主体的体验与领悟。如果体验方法适合学生的心理特点和接受能力，即使是低学段学生也能感受并在一定程度上领悟古诗的情感意蕴。

在感悟诗歌这方面的教学上，教师将采用声情并茂地范读古诗这种方法。这是激发学生情感的一种手段，好的范读能使人如临其境、如闻其声、如见其人。所以，教师会在充分体验、把握古诗思想感情的基础上，以饱满的情感，抑扬顿挫、绘声绘色的朗读去牵动学生的情感；利用音色的丰富性、不断变化的语调去感染学生，使其或沉思或遐想，或愉悦或哀伤，或欣喜或悲愤，这样，就能很快地将学生引入特定的情境之中。同时，将教师对古诗的理解、感悟与感动融入古诗的范读中。学生静静地听，让古诗美好的音韵和情感在学生的血液中流淌，不仅会激发学生的想象，让学生获得初步的情感体验，感受语言的优美，还会激起和带动学生学习古诗的兴趣和愿望。在此基础上，引导学生学习诗歌的写法，尝试着去创作自己的诗歌，把自己的作品拿出来与同学相互交流学习，并评选出优秀的作品进行展示。

（阶段一）认识诗歌
- 诗歌定义
- 诗歌历史
- 诗歌特点
- 诗歌分类

（阶段二）诵读诗歌
- 朗读诗歌
- 感受语调
- 把握节奏
- 练习朗诵

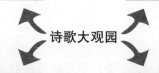

诗歌大观园

（阶段三）感悟诗歌
- 理解内容
- 营造情境
- 领悟意境
- 情感体验

（阶段四）创作诗歌
- 学习写法
- 尝试创作
- 对比交流
- 作品展示

四、课程实施

（一）确定实施步骤

首先选定诗歌这个大主题，通过上网、到图书馆查找等多种方式搜集相关资料与相关资源进行学习，制定教学设计方案，采用科学的研究方法，确定合理的实施步骤。

（二）课时安排

适当安排诗歌教学配方课程的内容，每周开展一次配方课程活动，激发学生学习诗歌的兴趣，陶冶学生的情操，拓展学生的知识面，拓宽学生的视野，让学生积累学习经验。同时，合理安排课时内容，保证不会增加学生的学习负担。

五、课程评价

评价类型：日常评价、阶段评价、期末评价。

评价方式：自评、互评、师评、家长评相结合。

主要评价等级：A、B、C、D四档。（A为优秀，B为良好，C为合格，D为待合格）

具体评价方案：

开放式配方课程

（一）日常评价

1. 课堂学习表现：通过观察并记录学生的课堂学习态度、课堂学习的专注程度、达到学习要求等情况，进行评价。

2. 平时表现：根据学生平时对本课程学习所形成的思想观念和态度看法等实际情况以及所体现出来的具体行为表现，进行评价。

（二）阶段评价

1. 采用灵活的方式在课堂上对学生一定阶段内的学习情况进行评价。

2. 定期举行学生诗歌创作比赛，展示学生优秀作品。

（三）期末评价

期末评价分四部分：

1. 学生对自己本学期以来本课程的学习情况做出评价。

2. 学生对同学本学期本课程的学习情况做出评价。

3. 老师对学生本学期以来本课程的学习综合情况做出评价。

4. 家长对孩子本学期本课程的学习情况做出评价。

名著之旅

课程类型：语言发展课程
开发教师：曹咏慧
学习对象：小学 4—6 年级学生
学习时间：每周 2 课时

一、课程背景与理念

一个民族的精神境界取决于这个民族的阅读水平，而一个人的精神发育史，就是他的阅读史。"通过重读经典，进而确立正确的价值观，即价值阅读，已经成为我们的民族、社会、学校、家长、孩子的共同需求。"[①]

"读书已成了我的一种生活方式。"近年来，习近平总书记多次在公开场合透露自己阅读的经典著作，其中包括外国的经典名著，更有中华传统文化的经典：《孔子家语通解》《论语诠解》等，还提及《史记》《春秋》《诗经》《礼记》《管子》等书或书中的故事与名句。

习近平总书记指出："历史上，中华民族之所以有地位有影响，不是穷兵黩武，不是对外扩张，而是中华文化具有强大感召力。"而很多优秀的传统文化就保存在经典中。

我校的开放式教育理念赋予名著学习新的内涵，即以原著学习为基点，通过阅读原著，结合互联网，从不同角度去了解名著中的亮点，激发学生除故事以外对中国传统文化的兴趣。

二、课程目标

（一）知识与能力

1. 了解中国四大名著及其他古典著作，基本能讲述故事内容，把握人物特点，感受名著语言文字的魅力，激发学生读名著的兴趣。

---

① 这一观点来自北京师范大学文学院、中国人民大学文学院、北京智慧熊文化传媒及部分著名作家、学者参加的"重读经典·倡行价值阅读"研讨会暨"经典名著·大家名作"丛书出版座谈会上。

2. 借助分享，积累名著中的经典片段、歇后语、人物评价等。

（二）过程与方法

1. 利用互联网，欣赏与名著有关的歌曲、电视、电影，发现名著中隐藏的生活知识。

2. 用阅读名著的方法阅读和欣赏其他书籍、影视作品。

（三）情感态度与价值观

1. 细品名著，挖掘名著中有关服饰、饮食、诗词、风景名胜、风俗民情等的中华传统文化的特色，感受中华文化的魅力。

2. 在名著的阅读过程中，汲取养分，逐渐形成自己的人生观与价值观。

三、课程内容

（一）课程类型及功能

什么是名著之旅呢？它不同于一般的读书活动，也不是课外阅读的另一种形式。我们对它的概念界定为：在"互联网+"的概念下重新认识名著，在了解故事内容之外，通过读、说、演、画、欣赏、研究等新形式打破空间、打破时间、打破内容、重整结构的开放式阅读与游戏活动。

（二）课例及其具体目标

表1 4—6年级课例及其具体目标举例

年级及对象	课例	目标
4—6年级	《西游记》	（1）读《西游记》，了解故事内容。摘录好词佳句、经典片段。收集一些歇后语。
		（2）观看一部关于《西游记》的影片，聊聊自己的看法。
		（3）评价《西游记》中的人物形象，说说理由。
		（4）学会唱一首《西游记》的主题曲或插曲。
		（5）找一处关于《西游记》中的景点，聊聊它今天的状况。
		（6）开展一次读书分享会，锻炼胆量，分享在《西游记》中的收获，提高语言表达能力。
		（7）画一画《西游记》人物，并写上自己的评价。
		（8）写一篇读书笔记或读后感。
		（9）背一段《西游记》中的小韵文。

（三）课程设计基本要素

根据学生的年龄特点和实际情况，设计相关教学活动。一节课的设计里包括目标、适用对象、设计理念、场地设计、活动准备、活动过程、活动效果等。

四、课程实施

（一）课程分类

本课程可以分为阅读课、分享课、表演课、欣赏课、竞赛课等，课程实施的地点可以在室内，也可以在室外，根据课程方案来确定。

1. 借助四大名著开展阅读活动，摘录好词佳句、经典片段，指导写读书笔记或读后感。

2. 结合电影、电视，引导孩子体会名著搬上荧幕后的变化，让孩子在愉悦中发现文学的魅力。

3. 通过"唱""写""画""讲"给学生提供展示的平台，全面提升学生的文学素养。

4. 每月开展一次读书分享会，锻炼学生的胆量，提高他们的语言表达能力。

（二）课程实施注意事项

"名著之旅"课程是人文性课程，因此在实施过程中要注意以下事项。

1. 坚持学生阅读经典名著为主。

经典是经过千百年时间检验的，无论是人物塑造还是从语言文字的表达来看都有其难以超越的魅力。经典阅读在这个碎片化阅读的时代，不仅不能减弱，反而要不断提倡，不断加强。文学不仅可以陶冶情操，而且是实现中国梦的重要力量。

2. 注重课程的开放功能。

"名著之旅"课程以原著为阵地，开发更为丰富多彩的富有文化色彩的人文内涵，从阅读到鉴赏，从文字品析到音乐欣赏，从书本到互联网，从人物到服饰文化再到饮食文化，从人文到地理等，并在学习中开展分享交流活动，以此来培养学生良好的人文素养，激发学生对中国传统文化的特别兴趣。

3. 强调发挥教师的辅导作用。

儿童的任何学习都必须以自动自发为原则才能真正有效，但阅读与鉴赏并不是让学生自由放任，而是有计划地指导。那么，作为课程实施者就要在组织活动时充分发挥自己的辅导作用。如教师要创设情境，讲清目标要求，接着组织学生进行各种活动，活动中关注学生的状态，及时进行反馈与回应；组织学生进行主题性竞赛等，活动结束后引导学生相互交流、分享体验，让学生在分享交流中获得共同成长；还可以引导学生进行讨论与分享，促进学生之间的互动与经验的整合。

4. 适度向课外延伸。

为了让课程更有实效性，可以适当延伸到课外，如学唱歌曲、观看电影、旅行记录、学做红楼菜肴等。

五、课程评价

"名著之旅"课程评价的功能与一般学科课程评价的功能是有一定区别的。

(一)"名著之旅"课程评价的原则

1. 以促进健全人格发展为重点的原则。

这一原则是指"名著之旅"课程的评价要以促进学生健全人格的发展为宗旨。在评价中,要以人为中心,挖掘积极因素,促进学生个性的完善和成熟。

2. 体验分享的原则。

这一原则是指在评价中,通过引导学生广泛交流彼此在活动中的感受和经验,交换相互的意见和看法,将每一个人的收获变为大家的共同精神财富。

3. 以学生自我评价为主的原则。

这一原则是指在评价过程中,教师应引导学生自主开展评价,培养其自我认识的自觉性,并提高其独立的分析能力。

4. 模糊评价的原则。

这一原则要求"名著之旅"课程的评价对学生应以鼓励为主,激发每个学生的上进心,调动其自我教育的积极性。评价方法以模糊评价为主,不宜采用精确记分的方法去评价学生。

5. 差异性的原则。

这一原则是指根据学生的年龄特点和个人发展水平来加以评价,从实际出发,讲究符合每个学生的实际。

(二)"名著之旅"课程评价的方法和方式

1. 教学活动的评价。

校本课程是一种新兴事物,正处于起步阶段,学校、教师都在摸索中探出一条适合本校、满足学生发展需要的路子。因此,教师要注重学生反馈,经常总结反思,不断改进与提高。

(1) 注重学生的反馈与活动记录。

在每节课结束后,教师要多与学生交流。如,让学生谈谈"今天,你有什么不同的发现""有什么可以跟大家分享的"。教师做好每次活动的记录,及时发现问题,以便调整活动内容,改变教学方法。

(2) 及时反思与改进。

在课后,教师可以针对活动过程中出现的问题进行自我分析,思考改进的措施,并写下来。

2. 学生活动的评价。

（1）写读后感。

学生平时上完阅读课后，可以写读后感，传到网上与教师、同学分享，不仅可以促进学生与学生、学生与教师之间的交流和沟通，也可使学生学会自主性评价，同时促进学生自我教育能力的形成。

（2）画人物。

名著中有许多个性鲜明的人物角色，尝试画一画自己喜欢的人物，将他（她）置于一个你喜欢的环境中。

（3）创编新剧本或讲故事。

电影欣赏

课程类型：语言发展课程

开发教师：占　芳　刘生艳　周晓明　黄　苑

学习对象：小学 1—6 年级学生

学习时间：每周 2 课时

一、课程背景

早在 19 世纪初，人们就开始了对电影的探索与研究。1895 年 12 月 28 日，卢米埃尔兄弟在巴黎卡普辛路 14 号大咖啡馆的"印度沙龙"内用"活动电影机"将自己拍摄的胶片《工厂的大门》《火车进站》《水浇园丁》《墙》等几部短片放映至银幕上，电影算是正式诞生了。1895 年 12 月 28 日也就作为世界电影的发明日。电影是一门融教育、认识、审美、娱乐为一体的综合艺术，容纳了文学、戏剧、摄影、绘画、音乐、舞蹈、文字、雕塑、建筑等多种艺术。

通过电影丰富的艺术手段，发挥电影形象性、直观性作用，运用影视资源与各种语文教学手段良好整合的多种方法，能有效地开阔学生的生活视野，提高审美能力，培养健康心理，加强德育教育实效，促进学生全面发展。

本课程旨在将电影资源与语文教学整合，利用影视练听说、促阅读、练写作，促进学生科学文化素质发展。其中包括看电影演员练读台词、看精彩片段模仿配音、观看争议性较大的电影并对它进行质疑和讨论等多种形式。通过电影促进学生深度而广泛地阅读，为学生提供多样的写作素材，提高学生的写作技巧，并在教学过程中积极研究归纳每一个推荐影片的教育功效。

二、课程目标

（一）知识与能力

1. 通过欣赏中外经典儿童电影作品，了解儿童电影的发展历史。

2. 在欣赏之余，鼓励学生写出自己的真实感受，引导学生创作独具特色的影评。

（二）过程与方法

1. 通过创作影评的训练，引导学生掌握影评创作的一般方法，提升写作的兴趣。

2. 指导学生阅读、比较文学作品，启发学生比较不同艺术形式的内在特质，感受并领悟各自的魅力。

（三）情感态度与价值观

1. 使学生感受电影艺术的魅力。

2. 通过欣赏电影作品，感受到不一样的童年生活，同时深刻品味电影中的父子情、母子情、师生情和友情，陶冶学生的情操。

三、课程内容

介绍电影的发展史、流派、类型等知识。简要介绍电影欣赏的知识和技巧。组织学生观看科幻类、童话类、励志类等各种类型的优秀影片，观影后引导学生回味影片精彩情节和印象深刻之处，进行表演、复述或交流观后体会等。引导高年级学生撰写观后感。

四、课程实施

（一）课程实施原则

1. 思想性原则。

教育要面向现代化，面向世界，面向未来。文以载道，自古有之。充分利用现代先进教育技术的优势，选择适当的内容和形式将优秀的课外影视资源引入课堂教学中，对学生进行道德品质、理想情操和行为意志的教育。

2. 补充性原则。

开发课程资源，开设适合学生需求的影视欣赏课程，体现了校本配方课程的补充和拓展功能。教师组织学生利用先进教育科技资源，合理通过影视资源拓宽学生的视野。这样不但对激发学生的学习兴趣和创新精神具有积极意义，而且可以有效地提高教学效率。

3. 主体性原则。

《义务教育语文课程标准（2011年版）》指出，"教材应符合学生的身心发展特点，适应学生的认知水平，密切联系学生的经验世界和想象世界，有助于激发学生的学习兴趣和创造精神"。学生的最大特点就是喜欢根据兴趣做事，教师在开发课程资源时一定要时刻想着学生的特点，以学生为主体，以学生的发展为本。只要载体形式新颖活泼，大多会受到学生的欢迎。

（二）课程实施建议

1. 使用多媒体教室，利用计算机指导教学。

2. 采用最为先进的投影仪作为高清视频输出方案，确保画面的高清晰度。

3. 采用最为先进的高清视频输出方案，确保声场音效的准确定位，让学生有身临其境、置身其中的感受。

（三）课程实施方法

校本配方课程以培养学生的兴趣、锻炼学生的能力、培养一个全面发展的人为目标，主要以自主合作探究的学习方式为主，充分体现学生的主体性。因此本课程将主要采用以下方法。

1. 演示法。

通过放映影视片段，激起学生的学习兴趣。

2. 探究式学习法。

以探究学习的方式讨论交流各自的心得体会。这充分实践了《义务教育语文课程标准（2011 年版）》提倡的"自主、合作、探究"的学习方式，通过探究，进行深层次学习，提高学生的探索研究的能力。

五、课程评价

根据新课标所要求的评价方式，校本配方课程的评价要突破一味追求刻板划一的传统评价方式，要注重校本配方课程自身的特点和要求，因课制宜地制定评价方案，密切联系实际，使评价更符合实质。同时要体现评价对象多元、评价方式多样，注重发展性评价。因此本课程设计的评价方案主要由两部分构成。

（一）书面测试（占 60%）

书面测试依然是当今评价方式中考评学生知识掌握情况的一种重要考核方式，它是一种比较直接、方便的评价方式。在本课程中，书面测试主要包括以下几类。

1. 平时作业（30%）。

学生观看完影片后说感受。

学生须在课外观看影片，并任选一部电影写观后感，不少于 400 字，文体不限。

2. 考查作业（30%）。

学生通过观看影片，写小影评。

（二）过程性评价（占 40%）

过程性评价主要注重学生的学习过程，主要包括以下几个方面。

1. 上课出勤状况、完成作业情况、课堂表现、参与实践活动状况以及家长和社会的反馈信息。

2. 自我评价、小组评价、家长反馈表以及被采访者的反馈意见。

本课程基于以上评价方案，全面考核学生的情况，客观公正评价学生的表现，切实促进学生的全面发展。

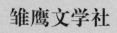

雏鹰文学社

课程类型：语言发展课程

开发教师：梁敏瑜　刘　颖

学习对象：小学 3—6 年级学生

学习时间：每周 2 课时

一、课程背景

（一）多元智能理论的支撑

语言智能，主要是指有效地运用口头语言及文字的能力，即指听、说、读、写能力，表现为个人能够顺利而高效地利用语言描述事件、表达思想并与人交流的能力。这种智能在作家、演说家、记者、编辑、节目主持人、播音员、律师等职业上有更加突出的表现。

（二）《开放式作文教学》的指导

在《开放式作文教学》一书中，张云鹰校长揭示了作文的本质，并介绍了习作的路径与方法。她说道："作文，阅读是基础，生活是源泉，兴趣是动力，思维是关键，表达是重点。"张校长的思想和观点反映了学生写作应当追求的境界，即真实作文、个性作文、创意作文、独立作文。

（三）《义务教育语文课程标准（2011 年版）》的基本要求

写作教学应培养学生对写作的兴趣和自信心，发展学生的思维，引导学生热爱生活，亲近自然，走向社会。要开拓写作空间，鼓励学生自由表达，创设开放的情境。据此进行写作教学，应引导学生说真话、抒真情，激发学生开放地表达。培养学生形成良好的写作习惯，提示学生考虑不同的写作目的和对象，重视学生之间的合作与交流，以及提高学生独立的写作能力。

（四）沉浸书香校园，弘扬雏鹰文化

坪洲小学处处都是文化，处处都是学问。校园内浓厚的书香气息让学生沉醉其中，耳濡目染，为文学创作提供了良好的环境。在这样的环境下，文学社应运而生，充分利用校园资源，弘扬雏鹰文化。

二、课程目标

（一）总体目标

1. 让学生在学习中获得发展。

本课程的最终目的是让学生通过课程学习，获得丰富的文学创作技巧，形成系统的文学创作框架，激发学生的文学创作热情，促进学生的个性全面发展。

2. 让教师在校本课程开发中获得发展。

在校本课程开发的过程中，教师与教师之间通过相互学习与相互碰撞，不断对课程内容提出新的质疑，生成新的内容，并在质疑与答疑中发现问题，完善课程内容。校本课程的开发，既开发了教师的潜能，也给教师提供了展示才能的平台，切实推动了学习型教师队伍的建设。

3. 让学校在校本课程开发中获得发展。

将校本课程的开发与学校的德育、艺术教育、校园环境建设有机地结合起来，做到依托校本课程，营造丰富多彩的校园文化，让校本课程成为学校特色化发展道路上一道亮丽的风景线。

（二）具体目标

1. 知识与能力。

（1）丰富语文课程的内容和满足学生实际发展需要，进一步提高学生的文学欣赏和创作能力。

（2）掌握不同体裁文章的欣赏和创作技巧，培养和提高学生的阅读、表达及作文能力。

2. 过程与方法。

（1）通过形式多样的文学实践活动，为学生提供系统的文学知识，并进行课堂教学及课后活动引导。

（2）在文学阅读中掌握欣赏方法，在欣赏过程中提炼和掌握创作技巧。

3. 情感态度与价值观。

（1）积极营造学习氛围，兴起阅读和写作热潮，培养学习情趣，提高人文素养，培养人文气质。

（2）让学生在"兴趣教学""特色活动"中陶冶情操，学会创作并迸发创作热情。

三、课程内容

列夫·托尔斯泰曾经说过：一切好的作品，应是从作者心灵里歌唱出来的。更何况文学社的学生本身就是因为对写作有极大的兴趣而来的，我们要有效地利用这个资源，让每个学生在练笔时，葆有一种欲望，一种冲动，一种跃跃欲试的心态。为此，我们设计课程内容时，着重把握以下三个原则。

（一）文学鉴赏，以读促写

阅读和写作的关系密切，两者相辅相成，阅读是写作的前提和基础，正如杜甫所说："读书破万卷，下笔如有神。"阅读对于写作的基础性作用表现在两个方面：一方面是语言材料的积累，另一方面是语言技巧的借鉴。我们在每一单元内容的设计上都遵循先"学会鉴赏文学"再"学习写作"的原则。

（二）走进生活，为作文"蓄足"底气

"巧妇难为无米之炊"，作文同样如此。学生没有丰富的文化积累，就没有对生活独到深刻的体验和感悟。因此，我们尽可能地在课程的编排上，加入一些活动内容。让学生在玩中学，看中写。

（三）专题指导，现写现评

为了让学生能更系统地掌握不同体裁的文学作品的鉴赏能力和习作技巧，本课程采取"专题设计，整合拓展"的结构方式，每一个专题基本囊括作品鉴赏、鉴赏技巧、创作技巧、作品集萃和学习体验活动等部分。尽量让学生当堂写，写完教师即时批改点评，提高写作指导的效率。

 "雏鹰文学社"配方课程内容

（单元一）理论学习	（单元二）人物单元
●课程计划介绍	●鉴赏：契诃夫人物描写片段
●鉴赏：社员佳作互赏	●习作技巧讲解：人物细节描写方法
●练笔：摸底写作	●创作：说说我这个人、我的爸爸
●活动：选拔参加区作文比赛	●活动："猜猜我是谁"

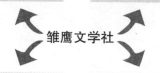

雏鹰文学社

（单元三）景物单元	（单元四）叙事单元
●名作鉴赏：李汉荣作品赏析	●名作鉴赏：《边城》的叙事结构
●活动：校园寻美之旅	●技巧精讲：几种叙事方法及顺序的运用
●技巧精讲：游览顺序写法、组合排比法	●活动体验：故事会
●创作：时景片段（四季、晨晚）；特定环境（校园、家乡等）	●创作：《一念之间》《_____使我难忘怀》

四、课程实施

（一）课时安排

1. 文学及文学家的故事（4课时）。

2. 文学作品欣赏（6课时）。

3. 读书与交流（6课时）。

4. 分类指导：观察、描写、构思、立意（4课时）。

5. 体验性实践活动：采风活动、表演活动、交流活动、竞赛活动（10课时）。

（二）实施办法

1. 建立规范创新的文学社团管理机制。

向全校招收在写作、书画、电脑、演讲等方面有特长的学生，担任社长、小秘书、小记者、宣传员、小编辑、电脑员等职务，形成编辑组、信息组、记者组几个主要的部门，带动文学社工作积极有序地开展落实，形成一个由指导教师引导，社员自己采访、编审、排版的新式文学社管理流程。

2. 开展丰富有趣的"开放式活动课"。

文学社的宗旨是丰富学生课余文化生活，开发学生潜能、展示个人魅力和才智。除写作外，文学社还将定期举办各类丰富多彩的活动，以丰富学生的课余生活，提高学生的综合素质。校内活动，如摄影作品展、办小报、课本剧表演、配乐诗歌朗诵、演讲比赛等活动；校外活动，如组织社员采风、参观、访问等。

3. 参加不同级别的征文比赛和活动。

"宝剑锋从磨砺出"，"工欲善其事，必先利其器"，通过现场作文比赛训练学生的综合发挥能力。

4. 推动社刊《雏鹰展翅》向校本优质刊物整合发展。

结合坪洲小学系列刊物《坪洲风》《坪洲杏坛》的办刊宗旨，充分实践《开放式作文教学》《开放式活动课程》，促进文学社课程开发，把《雏鹰展翅》办成一本特色优质的刊物。

5. 利用网络和信息技术扩大发展平台。

（1）博客：培养学生记者和编辑，定期刊登作品，分享文章，交流读书心得。

（2）电子杂志：拍摄记录社团活动的照片、精彩片段等，以电子杂志方式进行微信分享。

（3）网上论坛："一书一席谈"，每周一本书，或围绕一个主题读书，每周日7—8点，相约网上论坛，开展亲子阅读、师生共读，交流读书感受。

五、课程评价

（一）对课程本身进行评价

在实施过程中分析、评价课程目标、内容、方法的科学性和合理性，以及时进行调整。

（二）对学生进行评价

对学生的课程评价采用自我评价、相互评价和导师评价相结合的方式，并将定性评价和定量评价相结合。

1. 自我评价为学生对自己在课程学习中的各方面表现进行综合评价，分A、B、C 三档，分别表示优秀、良好、需努力。

2. 相互评价为学生对合作伙伴在课程学习中的各方面表现进行综合评价，采用先定量再定性的办法，分三档，分别以 10 分、8 分、5 分表示优秀、良好、需努力。"优秀"占 20%—50%（最少 1 人），"良好"占 30%—70%，"需努力"占 5%—20%（最少 1 人）；然后将个人得分从高到低排列，选出 30% 为 A 等，60% 为 B 等，10% 为 C 等。

3. 导师评价为指导老师对某学生在课程学习中的出勤（10%）、课堂表现（20%）、小组活动（20%）、作业上交（30%）、发表获奖（20%）等各方面表现进行综合评价，综合评定分 A、B、C 三档，分别表示优秀、良好、需努力。

然后将自我评价、相互评价、导师评价按下列表格整合成对学生的个人评价。

表 2 "雏鹰文学社"课程评价表

评价结果	AAA、AAB	ABB、ABC	AAC、BBC	ACC、BCC	CCC
最终评价	五星	四星	三星	二星	一星

开放式配方课程

《小壁虎借尾巴》

趣味剪贴画

课程类型：语言发展课程①
开发教师：郭　佳　钟凤妍
学习对象：小学 1—3 年级学生
学习时间：每周 2 课时

一、课程背景

剪贴画起源于我国远古时代，在我国民间一直流传，是我国民间艺术的瑰宝，不仅深受国人的喜欢，也让众多的国外友人爱不释手。随着时代的变迁和人民生活水平的提高，剪贴画在居室的美化上起到了很好的作用，是名副其实的民间手工艺品。在学生中开展剪贴画活动，鼓励学生在原有的材料上进行改进，做到立体感强、色彩缤纷，给人以形象逼真、奇特精美的感受，不仅能提高学生的动手能力，而且能让学生感受美、表现美、创造美。为了使这一民间艺术的精华得以继承、发展与创新，我们确立了这一实践课程。本课程以生活随处可见的东西，如树叶、纽扣、彩纸、画报等作为材料，引导学生发挥想象，"剪一剪、贴一贴、说一说、写一写"；通过设计丰富多样的主题，引导学生联系生活，发挥自主能动性，进行习作训练，能够帮助 2 年级学生克服写作的难关，为顺利过渡到 3 年级打好基础。

多元智能理论的支撑：身体—动觉智能——善于运用整个身体来表达想法和感觉，以及运用双手灵巧地生产或改造事物的能力。身体—动觉智能水平高的人很难长时间坐着不动，喜欢动手建造东西，喜欢户外活动，与人谈话时常用手势或其他肢体语言。他们学习时是透过身体感觉来思考的。语言智能——这种智能主要是指有效地运用口头语言及文字的能力，即指听、说、读、写能力，表现为个人能够顺利而高效地利用语言描述事件、表达思想并与人交流的能力。

① 因为此课程是通过剪贴画训练学生编故事的能力，故归为语言发展课程。

二、课程目标

（一）激发学生写作兴趣，克服写作障碍

低年级的小学生正处在语言、智力、思维逐步发展的关键时期。剪贴画习作教学可以帮助学生在"画中写""写中画"中度过这一时期，让学生可以很好地从1、2年级的写话过渡到3年级的习作，不再认为3年级的习作是一道难关。

（二）开放思维，开放视野

剪贴画习作教学把学生的"习作"与"图画"结合起来，鼓励、引导、启发学生展开想象力，不受思维定式的束缚，还可鼓励学生写想象中的事物，写出自己对周围事物的认识和感想，发展他们的思维能力，激发出创造潜能。

三、课程内容

作为教师，首先就要给学生创设一个良好的剪贴画环境，使低年级学生能够更好地在美术活动中得到充分的发展。比如发动家长、学生收集相关的照片、实物等各类剪贴画作品，有特色的地方剪纸作品、相关的民间艺术作品、外国绘画大师马蒂斯的剪贴画作品等，布置在相应的活动区。从收集作品中选择适合低年级学生欣赏水平的典型剪贴画作品，根据不同的欣赏形式采取不同的指导，帮助学生理解，使他们对富有创意的剪贴画作品充满好奇，体会到民间艺术具有审美与实用双重功能的特征，培养学生捕捉生活中的美的能力，感受剪贴画艺术的魅力。

表3 "趣味剪贴画"课程内容

时间	主题	内容	学生准备
上学期	认识剪贴画	介绍剪贴画的来历	谈一谈自己的认识
	花的舞蹈，草的歌声	采集树叶、落花做成剪贴画	采摘树叶、落花
	奇妙的海底世界	图片拼接成一个故事	海洋图片、彩色卡纸
	不简单的纽扣	用纽扣做成不同的图画	准备纽扣
	我来编故事	绘本剪贴编故事	图片、自带故事书
	我喜欢的卡通人物	卡通图片	视频、卡通图片
	古诗里的儿童生活	根据古诗进行绘画	古诗纸条
	动物王国	根据动物图片进行绘画、写作	动物图片

时间	主题	内容	学生准备
下学期	我的自画像	画一幅自画像，进行自我介绍	作文书
	四季颂歌	画出四季之美，留下诗歌之韵	收集有关四季的词语、诗歌、歌曲
	卡通对话	制作卡通对话	卡通图片
	纸筒变！变！变！	DIY做出自己喜欢的卡通人物	纸筒、剪刀、彩纸、水彩笔
	缤纷的"桥"	绘画剪贴自己喜欢的桥，并进行简单描述	收集古今中外有名的桥的资料
	种_____	发挥想象，补充内容	图片、歌曲
	未来世界	发挥想象，剪贴出你的未来世界	图片、彩色卡纸、颜料、剪刀
	我的理想（梦想）	发挥想象，剪贴出你的梦想	彩色卡纸、颜料、剪刀
	照片的故事	剪贴照片，并分享你的故事	照片

四、课程实施

本课程将分别安排不同主题具体开展，例如"花的舞蹈，草的歌声""奇妙的海底世界""不简单的纽扣""古诗里的儿童生活""我的自画像"等，将根据一周一个主题来开展。

（一）剪一剪

指导学生在平时读书、读报的过程中，收集、剪下自己喜欢的漫画、插图、配画、标本、自创的"得意之作"，精心保存起来。

（二）贴一贴

指导学生把收集到的图片粘贴到纸上，或重新组合，或加上适当的勾画、补充，形成一幅完整的、具有一定情节的图画。

（三）说一说

引导学生根据自己粘贴成的图画，或编一个小故事，或描述成一段话，把自己在创作时的构思进一步用口头语言表达出来。

（四）写一写

引导学生"趁热打铁，说完即写"，不给学生太多的束缚，只需调动起学生写的欲望，让学生尽情发挥，过把表达的瘾。

五、课程评价

针对不同的主题教学，本课程采用不同的开放式评价方式，例如在"奇妙的海底世界"的教学中，采用互评的方式，当堂展示每位学生制作的剪贴画作品及写的文章，作品内容是否能让同学、教师感受到海洋世界的奇妙和美丽，作为在这个主题教学中学生所学与所得的评价标准。

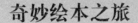

奇妙绘本之旅

课程类型：语言发展课程
开发教师：张嘉静　钟　艳
学习对象：小学 1—4 年级学生
学习时间：每周 2 课时

一、课程背景

绘本起源于 17 世纪的欧洲，它不仅可以拓展为讲故事的方式学知识，而且可以培养多元智能。21 世纪，绘本阅读已经成了全世界儿童阅读的时尚。

绘本是一个适合学生综合性学习的载体。对于小朋友来说，好看的图画可以抓住他们的眼球，引发他们阅读的兴趣。而儿童绘本中简单的文字和好看的画面构成一个个小故事，这些故事里藏着许多道理，可以起到润物细无声的教育作用。绘本中的图画往往会用一些夸张的手法，里面的线条、符号都可以给孩子很大的想象空间。

在小学阶段开设绘本阅读与创作课程可以训练孩子们的听、说、读、写和创编能力，还能激发学生想象、配音、表演、美术制作等能力。绘本阅读与创作除了可以向美术学科打通外，还可以向英语、生物、科学、心理等多学科打通，借助开放式教育强大理论的支撑，我们将充分发挥和挖掘绘本的价值。

二、课程目标

（一）知识目标

1. 阅读、欣赏国内外知名绘本，广泛了解各种主题、各种风格的绘本。

2. 了解绘本的基本构成，即封面、书名页、内页和封底等，了解、关注绘本中颜色、构图等基本知识。

3. 了解自己制作绘本的基本流程，包括构思故事、分配段落、角色造型、分镜图、草图、画线稿、上色等。

（二）能力目标

1. 通过广泛的阅读，理解各种类型的绘本，提升阅读能力。

2. 在阅读绘本以后，做续编、补白等写作训练，提升学生"写"的能力。

3. 在阅读绘本过程中，通过预测绘本故事发展、读绘本中的有意义图片、续编绘本、制作绘本的拓展手工、制作绘本等过程，提升色彩审美能力，培养想象力和创造力。

4. 在制作绘本的拓展手工的基础上，能够运用所学知识和想象力，制作属于自己的绘本，由此提升动手能力。

（三）情感目标

1. 学生能通过阅读体会到喜悦、安全和满足。

2. 从阅读绘本中体会到阅读的乐趣，由此增加阅读兴趣，从而培养良好的阅读习惯。

3. 享受自己制作绘本作品的成就感，由此树立自信心，树立热爱阅读、崇尚艺术的人生观。

三、课程内容

绘本阅读与创作课开展以来，我们虽然在申报配方课程时，安排了每周的课程内容，但经过实际实施和经验积累，我们进行了修改和整合，遵循循序渐进的原则，在原本每周固定的两个绘本的赏读、一个绘本的精读及精读后创编绘本的基础上，又增加了制作绘本封面、书名页、封底等的模仿创作练习，还有阅读绘本后制作与绘本有关的手工制品的动手练习。最重要的是，我们在教学绘本阅读与创作的第二个学期的课程中，重点引入如何制作绘本的课程设计，包括构思故事、分配段落、角色造型、分镜图、草图、画线稿、上色等步骤的教学。初步形成具有我校特色的绘本课程的框架。

（一）课程内容主体框架

表4　"奇妙绘本之旅"课程内容主体框架

课程内容	具体内容
绘本欣赏	每周课前欣赏两本绘本，教师演读，或者学生讲读
研究绘本	续编绘本
	模仿创作绘本封面、书名页、封底
	动手制作手工书
	制作与精读绘本有关的手工制品

课程内容	具体内容
创作绘本	构思故事
	分配段落
	角色造型
	分镜图
	草图
	画线稿
	上色

（二）课程资源包

我们收集了 500 本以上中外经典绘本资源。

（三）精讲课例设计

表5 "奇妙绘本之旅"课程精讲课例设计

第1、2课时	第3、4课时	第5、6课时	第7、8课时
《我妈妈》	《我爸爸》	《小猪变形记》（＊制作手工）	《鸭子骑车记》
第9、10课时	第11、12课时	第13、14课时	第15、16课时
《爱心树》	《我有友情要出租》	《小真的长头发》	《云朵面包》
第17、18课时	第19、20课时	第21、22课时	第23、24课时
《大卫不可以》（＊制作手工）	《阴天有时下肉丸》	《蚯蚓日记》	《鳄鱼怕怕 牙医怕怕》（＊制作手工）

以上所示的绘本配方课程的框架，根据学生接触绘本程度的加深，逐步加大挑战。特别是在第二学期，在每周固定欣赏两个绘本的基础上，专门在每节课渗透创作绘本的各个步骤，如构思故事、分配段落、角色造型等，要求在课程学习结束后，每个学生制作完成一本属于自己的绘本。

四、课程实施

（一）申报课题

为了更好地实施绘本课程，我们申报了"绘本校本课程的实践研究"这个区级课题。在研究和思考中，更好地确定课程的实施目的、方向和步骤。以课题促课程，以课程促课题，相互促进，相辅相成。

经过四年多的研究实践，我们的绘本区级课题已经成功结题，但我们的实践研究仍在配方课程实施的基础上继续着。

（二）按照课程计划实施

在实施绘本阅读与创作的课程时，主体按照之前介绍的课程内容安排实施。

每周2个课时的教学中，首先与学生一起阅读欣赏两个绘本。这两个绘本的选择，是按照教师的推荐、学生的兴趣与状态、身边发生的事情等方面有目的地挑选的，旨在激发学生阅读绘本的兴趣、扩大学生的阅读广度等。

而精读绘本也按照表5中的计划实施，我们还在备课和收集、积累的基础上，制作了精读绘本的校本教材，涵盖了《我妈妈》《小猪变形记》等12个精读绘本的教学设计，里面包括每本精读绘本的扩展方向、续编要求等，都在教材上体现。由此，把我们的经验沉淀下来，同时也方便学生学习和其他教师借鉴。

（三）合理丰富课程内容

创作绘本，在前两年的教学中是没有的。之前我们一味地让学生去创作自己的绘本，学生很迷茫，甚至我们教师自身也没办法给出创作绘本的方法指导。为了解决这个问题，我们阅读了很多有关绘本的书籍，最终在方素珍，也就是绘本界被称为"花婆婆"的方老师的《创意玩绘本》中找到很多指导和灵感。于是，在学生已经接触绘本课一个学期以后，第二个学期，我们每节课引进一个创作绘本的步骤，分步骤学习。同时，学生也是在分步骤慢慢地完成自己的绘本创作。从构思故事开始，到给写好的故事分配好段落，再到帮角色造型，设计分镜图，完成初步的草图，形成画线稿，到最后的上色，一个步骤一个步骤地让学生感受一本绘本的诞生。

（四）课时安排

在学校统筹规划下，我们采取全校走班制，每位学生每周五下午拥有2个课时的美好时光。如此固定的时间，让我们的课程开展有序有计划，循序渐进，教师和学生都很受益。

五、课程评价

（一）日常评价（占总成绩60%）

通过学生学习态度、课内表现和反应进行评价，给出成绩，随机评分。

表6 "奇妙绘本之旅"课程评价表

	五星级	四星级	三星级	二星级
阅读能力	喜欢阅读绘本,能自己读懂文字和图画表达的意思	喜欢阅读绘本,在老师的引导下读得懂文字和图画表达的意思	喜欢阅读绘本,能读懂文字的意思,对于图画中隐藏的意思还有一些不明白	喜欢阅读绘本,但是对绘本的意思理解还有一些模糊
想象力	能够结合生活实际发挥想象续编、自编绘本,想象丰富、合理	在老师和同学的启发下能想象到绘本以外的东西,但想象不是特别丰富	在阅读的基础上也能想象出一些内容,但是画面不是特别完整	很少能发挥自己的想象
表达能力	声音洪亮,富有感情,内容完整,喜欢表达	声音洪亮,内容完整,喜欢表达	声音洪亮,敢于表达,但是内容很少	声音和内容欠缺
创作能力	喜欢创作绘本,色彩搭配合理,内容丰富	喜欢创作绘本,色彩丰富,但内容不够丰富	喜欢创作绘本,色彩和内容都不够丰富	喜欢创作绘本,但是色彩、画面、内容都欠缺

(二) 期末评价 (占总成绩40%)

对学生作品进行评价。

表7 对学生作品进行评价的标准

	五星级	四星级	三星级	二星级
想象力	作品很多,有创意,有内容,能用绘本讲述一个道理	作品很多,有创意,内容欠丰富	作品很多,作品以模仿为主,但内容也很丰富	作品一学期少于3份,内容也不够丰富
创作能力	图文并茂,画面感强	图文能够结合,但整体画面感稍差	图画与文字基本能结合	图画较差,文字内容也不够丰富

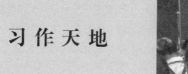

习作天地

课程类型：语言发展课程
开发教师：李丽芳　陈敏思
学习对象：小学 3—4 年级学生
学习时间：每周 2 课时

一、课程背景

小学习作教学一直是小学语文教学的重点和难点。多年以来不少一线教师、教研员、学科专家都从事着各种各样的研究和实践。但是学生写作依然存在各种问题，突出表现为习作内容空泛不具体，不能对事物、人物或场景进行真实、细致的描写。学生无话可写和有话写不出的尴尬局面主要是由于习作教学的僵化和封闭造成的。习作与学生的生活、自然、社会实践是割裂的，听、说、读、写之间也是分离的。很多教师为了应付教学进度，会让学生记住一些程式化的构段方式，让学生去"填作文"。这种方法让学生失去了作文创新的能力，写出来是就像是八股文，毫无生机可言。

张云鹰校长一贯主张和提倡的开放式作文教学新理念强调，不是以考试为本，而是以学生生命的表达与沟通、情感的流露与滋润为本，鼓励言论自由，崇尚个性，重塑一种鲜活、灵动、自由、开放的小学生写作文化。注重从培养学生写作兴趣、增强学生写作动力的角度，使每个学生感到写作是自由的、随意的，是自己生命历程的再现。

多元智能理论的支撑：语言智能——能有效运用口头语言和书面文字来表达自己的想法，并能了解他人的能力。这项智能包括把文法、音韵学、语义学、语言实用学结合在一起并运用自如的能力。这项能力将有助于孩子学习语言的结构、发音、意思、修辞，并进而加以融合在实际中使用。

二、课程目标

（一）总体目标

通过本课程的学习，引导学生观察生活，发现生活的丰富多彩，对写作有兴趣，乐于进行书面表达，能选择恰当的表达方式，条理清楚地表达自己的意思。增强习作的自信心，培养学生的综合能力和语言素养。

（二）具体目标

1. 知识目标。

能不拘形式地写下内容具体的习作，注意表现自己觉得新奇有趣的或印象最深、最受感动的内容。

2. 能力目标。

通过阅读与交流，逐步培养学生的语文素养，促进学生阅读习惯的养成，学生能将积累运用于实践，有效提升习作水平。

3. 情感目标。

留心周围事物，乐于进行书面表达，增强习作的自信心，愿意与他人分享习作的快乐。乐于尝试在习作中运用自己平时积累的好词佳句，有创作兴趣。

三、课程内容

通过儿童诗歌欣赏让学生感受儿童诗的韵律美、内容美，同时引导学生收集和积累童谣童诗，通过背诵经典童谣，丰富儿童语言。通过对儿童诗的阅读、欣赏、创作的指导，以诗的形式学习语言，以诗的语言描述知识，让学生在欣赏中学诗，在学诗时得到听、读、赏、说、写的练习，提高学生的语文阅读水平、语言表达能力、想象能力和创新能力。让学生既学到知识，又受到诗歌的熏陶，让课堂里的诗进入孩子们的心田。

（一）听诗的声音——读诗

引导学生诵读优秀的儿童诗作来积累语言，让诗的情感、诗的语言、诗的艺术一点一点地深入学生的心中。选择大量儿歌、诗歌让学生诵读，达到一定量的积累。在课堂内，注重让学生欣赏诗歌，让他们从读中感悟，在读中积累，积极营造写诗的氛围。

（二）尝诗的味道——赏诗

儿童诗语言优美，情感丰富。引导学生从欣赏入手，在欣赏课中感悟积累。增强学生对诗作在遣词造句方面独特要求的理解。在教师的引导下，能够完全领会和深入理解，能够抓住事物的本质特征，展开独到、合情合理的想象。

（三）让诗情飞扬——创诗

我们会引导学生针对某一想法恰当地用诗的语言表达出来。从模仿开始，在模仿课中尝试练习，慢慢地学得创作的技巧、表达的方法。如词语替换、给诗歌续尾等练习，引导学生领悟到写诗需要情感，要从生活出发，还需要一定的修辞手法，如比喻、拟人、排比等，让诗变得生动、有颜色。不断积累，不断训练，帮助他们走向成功。

四、课程实施

（一）创设情境，巧妙引导

小学生的直观性较强，找出他们熟悉的话题，他们会觉得有话可说，想说。因而找出一些与学生相近的话题，随时让他们写出来，这样会有意想不到的效果。

（二）通过游戏，乐中提高

具体步骤可概括为"玩—说—写"三步。教师先和学生一起做游戏，在适当时机启发学生观察、思考、想象，再口述游戏的内容及个人感受，最后把口述的内容整理成诗。学生对这种写作方法兴趣浓厚，而且游戏本身又为作文提供了素材。

（三）通过观察，积累素材

观察是人们认识事物的第一步。对于3、4年级的小学生来说，认识世界的主要途径是观察，只有亲身去接触事物，仔细地观察事物，才能获得真实、深刻、细致的第一手资料，写作中才有话可写，才能写出好文章。

（四）读写结合，创设练习机会

通过大量的诵读，营造写诗氛围，使学生陶醉其中，深受感染。这样，好奇心极强的小学生往往会产生跃跃欲试的写作欲望。

五、课程评价

不仅要关注评价的结果，更要关注评价的过程。写作注重形成性评价和发展性评价，充分关注学生的学习过程，突出课程评价的发展性、整体性和综合性。具体评价方案如下：

1. 学生上课出勤率评价，计为学时学分（C）。出勤率低于70%无学分，超过90%计满分。该项目占学业总成绩的20%。

2. 习作完成情况评价，计为课业学分（P）。占学业总成绩的40%。

3. 上课表现评价，计为成绩学分（K）。占学业总成绩的40%。

学生"习作天地"课程学业总成绩＝C（学时学分）+P（课业学分）+ K（成绩学分）。

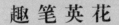

趣笔英花

课程类型：语言发展课程
开发教师：邓文珍　郭春莉
学习对象：小学1—6年级学生
学习时间：每周2课时

一、课程背景与理念

"趣笔英花"课程是结合我校小学生特点及我校育人目标推出的一项英文书法课程。我们学校的育人目标是培养"有德行、有智慧、有情趣、有气质"的文明都市人，而一名有情趣、有气质的人最基本的表现就是他的书写。

由于电脑和手机的广泛使用，当代人的书写越来越差，美其名曰"龙飞凤舞"，实则潦草不堪，让人看不懂。为什么我们的学生的书写美观度呈现下降趋势呢？究其原因，学校和家庭教育成了问题的源头。学生面临着繁重的课业，年级越高作业量越大，学生的书写就越潦草。此外，有些学生没有养成良好的书写习惯，书写对于他们来说只是考试工具。其实，不管是中文还是英文书法，都是一种艺术表现形式，而且书法和人的道德品行有着紧密的联系，一个人的长相可以骗人，但是他的字却骗不了人。因此，我们希望通过"趣笔英花"配方课程，通过引导学生鉴赏、了解各种花样英文，进而开始描摹乃至创作。在对花样英文的不断练习中，培养学生的审美情趣，提高学生的个人修养。也希望通过本课程让学生在"写"的过程中体验到乐趣，进而提高学生学习英语的积极性。

二、课程目标

（一）知识目标

使学生详细地了解各种英文书写的字体，并详细地了解、认识以及书写英文花体，也能进一步了解西方的书法文化。

（二）能力目标

学生能正确书写英文花体的字母，能写出优美的花体英文单词和句子，并能创造性地设计贺卡、Logo、画报等。

（三）情感目标

学生通过学习各种笔体能体验到学习英语的乐趣，能够提高审美情趣和个人修养。

三、课程内容

（一）欣赏花样英文写法

学生欣赏花样英文的各种写法，了解它们的异同，鉴赏生活当中各式英文的字体美。

（二）练习基础字母书写

英文书写从基础的字母书写开始练习，将学生的字母书写规范化，让学生能正确美观地书写出英文字母的书写体，为后期更好地学习英文花体夯实基础。

（三）坚持每周练习

坚持每周有固定的练习时间，每一次的练习上交后在班级内进行评比并纳入学生该学期的课程评价当中。择优者表扬，不合格者采取多练习的方式改进。

（四）每节课评比

每节课都进行一定量的花体英文练习，并及时进行评比。

（五）书写纠错日

不定期在班级内部举行书写纠错日，对粘贴出来的错误的书写内容加以更正，在班级内部以竞赛的形式进行。

（六）书写创作

在花体字母练习完毕之后，接着进行词组、句子、语篇的书写。在合适的节日里，通过自制的卡片鼓励学生进行书写创作，展现英文花体书写的实用性。

四、课程实施

（一）确定实施步骤

"趣笔英花"课程分年级段实施，各年级段学生选取适合本年级段特点的书写内容，在老师带领下开展书写活动。课程实施成员共同商讨课程的目标，在确定方向后，搜集相关资料，制定课题设计方案，形成科学的实施方法和步骤。

（二）实施注意事项

"趣笔英花"课程是艺术类课程，要注意书写方面的一些原则，因此在实施过程中要注意以下事项。

1. 体现分水平教学原则。

原则上我们希望招收低年级的学生进行书法练习，因为低年级的学生的书写习惯和写字姿势都还没有形成定式，有很多地方值得我们下功夫去改善。综观学生水平，有的尚待改善，有的已经呈现出个人风格。于是，我们让不同年级和水平的学生分开练习。比如可以以书写的数量来分，低年级的学生练习两行，中年级的学生就练习四行，因为他们更需要数量上的积累以期达到质的改变。也可以以书写的要求来分，低年级的学生的达标要求是轻笔慢写，中年级学生的要求是既快又好，在书法的创作性方面，对中年级的学生要求要高些。

2. 以正面激励为原则。

这一原则要求"趣笔英花"课程对学生应以正面鼓励为主，激发每个学生书写的上进心，调动其积极性。在平常书写的过程中对学生取得的点滴进步进行鼓励，不过多批评学生写得不够好。

3. 体验分享的原则。

英文花体书法对学生而言是陌生的。他们平时接触的电脑体都是方方正正的，而英文花体书写这一形式对于他们而言，更像是出现在包装上的，他们感觉既陌生又有趣。大部分学生刚开始时机械性地仿写，后来慢慢地就开始加入一些个人的书写习惯和风格了。体验分享的原则是指在评价中，通过引导学生广泛交流彼此在书写活动中的感受和经验，交换相互对书写的意见和看法，将每一个人的收获变为大家的共同收获。

4. 突出教学内容的趣味性原则。

单纯按照字母、单词、词组和句子语篇的学习顺序来安排学习内容，可以让学生从易到难地学习，但也缺乏创意，无法激起学生更大的学习热情。要激发学生强烈的学习愿望，要对教学内容进行精心安排。比如每堂课可以通过观看书写创作视频，让学生感受到英文书法的美。我们可以购买专业的书写笔，教师准备好精美的彩色卡纸，为学生提供一个主题，让学生投入认真的练习中。教师也要积极展示自己的才能，同时让学生有展示自己成果的平台。

五、课程评价

（一）评价宗旨

书法评价是本课程不可缺少的一环，是提高学生文化素养的重要内容。本课程进行书法评价的目的是加强学校的写字教学，确保我校学生打好扎实的写字基础，并鼓励在书写方面学有所长的学生发展这方面的才能。

（二）评价人员

评价人员为家长代表、教师。

（三）评价方法

学业成绩=过程性评价（50%）+终结性评价（50%）。

（四）评价内容

1. 过程性评价：重在对英语书写水平的评价。

2. 终结性评价。

完成一篇英文小短文的书写。

（1）考试用纸由教师统一发放。

（2）书写工具一律自备（参评学生：1、2 年级须用铅笔；3—6 年级须用专业书法笔）。

（3）必须在限定的时间内抄写完规定的内容。

（4）要求书写正确，不能有不规范的字母、漏字母，标点符号标得准确。

（5）卷面须整洁，无折皱、不卷曲。

（6）写字姿势正确：身直、头正、臂开、双足并拢。执笔姿势正确：运笔自如、不挡视线、移笔灵活。

（7）终结性评价标准：有不规范的字母、漏字母，扣 0.5 分。（30 分）书写字体规范、美观、符合字体要求，向右倾斜符合标准。（40 分）参评者保持卷面清洁，尽量不做涂改，不整洁扣 0.5 分。（30 分）

英语话剧

课程类型：语言发展课程
开发教师：武瑞卓　王晓艳
学习对象：小学 4—6 年级学生
学习时间：每周 2 课时

一、课程背景

皮亚杰曾说：戏剧是孩子选择学习的重点，促进孩子多方面的发展，应该被视为一项学习的基本要素。孩子喜欢表演，表演对于孩子体验语言交流的乐趣，学习使用适当的语言进行交往，大胆、清楚地表达自己的想法和感受，发展语言表达能力和思维有非常重要的功能。

在小学教育阶段，英语作为仅次于语文和数学的重要学科，在教学活动中地位也十分重要。特别是随着新课程理念的逐渐深入与执行，在小学英语课堂中，不少教师都在尝试应用短剧表演进行教学，并且取得初步成效。本课程主要针对在小学英语教学中运用短剧表演做深入研究，并且制定部分有效的策略。

《义务教育英语课程标准（2011 年版）》中明确说到小学英语的总目标就是通过学习，能够激发和培养学生学习英语的兴趣，使学生树立自信心，形成一定的综合语言运用能力。其中具体目标的一、二级目标中明确说明：一是能做简单的角色表演。能唱简单的英文歌曲，说简单的英语歌谣。二是能在图片的帮助下听懂和读懂简单的小故事。能在教师的帮助下表演小故事或小短剧，演唱简单的英语歌曲和歌谣。因此，开展本课程教学，具有现实和长远的意义。

多元智能理论的支撑：人际关系智能——是指能够有效地理解他人及其关系及与人交往的能力，包括四大要素。①组织能力，包括群体动员与协调能力。②协商能力，指仲裁与排解纷争的能力。③分析能力，指能够敏锐察知他人的情感动向与想法，易与他人建立密切关系的能力。④人际联系能力，指对他人表现出关心、善体人意、适于团体合作的能力。语言智能——这种智能主要是指有效地运用口头语言及文字的能力，即指听、说、读、写能力，表现为个人能够顺利而高效地利用语言描述事件、表达思想并与人交流的能力。

二、课程目标

（一）知识目标

1. 掌握所有剧本中单词的读音、意思及基本用法。

2. 通过自身的努力，能够自己编写出适当的话剧供同学们表演。

（二）能力目标

1. 培养学生学习英语的兴趣，使学生树立自信心，养成良好的学习习惯，形成有效的学习策略。

2. 发展自主学习的能力和合作精神；使学生掌握一定的英语基础知识和听、说、读、写技能，形成一定的综合语言运用能力。

（三）情感目标

1. 培养学生的观察、记忆、思维、想象能力和创新精神。

2. 帮助学生了解世界和中西方文化的差异，拓展视野，培养爱国主义精神，形成健康的人生观，为他们的终身学习和发展打下良好的基础。

3. 树立热爱艺术、崇尚艺术的人生观和价值观。

三、课程内容

本课程旨在通过学习英语剧本脚本，让学生了解故事大意等相关语言知识，了解中英文化异同，积累表演经验。本课程的主题内容共分为以下几大模块。

第一模块：英语剧本阅读。

第二模块：了解故事大意和结构。

第三模块：学习场景、词汇、对话等。

第四模块：道具制作。

第五模块：英语剧的展示与创新。

第六模块：英语表演欣赏。

"英语话剧"配方课程内容

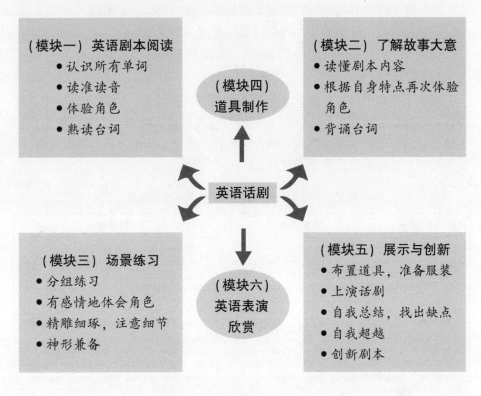

（模块一）英语剧本阅读
- 认识所有单词
- 读准读音
- 体验角色
- 熟读台词

（模块四）道具制作

（模块二）了解故事大意
- 读懂剧本内容
- 根据自身特点再次体验角色
- 背诵台词

英语话剧

（模块三）场景练习
- 分组练习
- 有感情地体会角色
- 精雕细琢，注意细节
- 神形兼备

（模块六）英语表演欣赏

（模块五）展示与创新
- 布置道具，准备服装
- 上演话剧
- 自我总结，找出缺点
- 自我超越
- 创新剧本

在短剧表演中，仅靠一个人的力量是无法完成作品的表演的，必须通过自己的琢磨、努力以及同他人的合作才能够较好地完成任务。通过短剧表演，创设师生互动、生生互动的学习情境，这不仅锻炼了学生的自主能力、学习能力，还培养了学生交流和合作的精神。基础教育课程改革强调教师的观念要更新，角色要转变，要求教师成为学生学习能力的培养者，不再停留于组织者角色层面，不再是知识的权威拥有者。短剧表演与教学相结合的形式，正好与新课程所倡导的内容相吻合。

四、课程实施

（一）教学方法

讲解法、演示法。

（二）教学环境准备

地点设在多媒体教室或其他多功能教室，学生根据要求带好所需物品，如教材、道具等。

(三) 剧本编写原则

民族性：体现民族特色，发扬民间优秀的文化传统，增强民族自豪感。

时代性：体现时代精神，适应发展趋势，利用现代艺术资源。

趣味性：适应学生的身心特点，循序渐进，寓教于乐。

创造性：培养学生的形象思维能力、创新精神和实践能力。

(四) 其他

在整个课程中，学生的学习是一个由浅入深的过程。在舞台表演中，教师首先引导学生对剧本深入揣摩，吃透角色的语言、动作、心理、神态，进入角色，为表演做准备，然后试演，学生找出不足，师生评价，再深入剧本，揣摩体会，反复练习，直至满意为止。

表8 "英语话剧"课程具体实施教学进度表

周次（时间）	教学内容	教学策略
第一周	回顾上学期所学	合作学习　自主学习
第二周	1. 话剧欣赏 2. 英文歌曲学习	合作学习　自主学习
第三周	1. 英文歌曲学习 2. 学习场景一：词汇对话	合作学习　自主学习　任务学习
第四周	学习场景二：词汇对话	合作学习　自主学习　任务学习
第五周	学习场景三：词汇对话	合作学习　自主学习　任务学习
第六周	复习	合作学习
第七周	学习场景四：词汇对话	合作学习　自主学习　任务学习
第八周	整体剧本串联（一） ——道具制作及重点难点对话复习	合作学习　任务学习
第九周	英语歌曲学习	合作学习　自主学习　任务学习
第十周	整体剧本串联（二） ——道具制作及重点难点对话复习	合作学习　任务学习
第十一周	学习节日文化： 母亲节合作学习	自主学习　任务学习
第十二周	综合复习	合作学习
第十三周	整体剧本串联（三） ——综合考核：选定演出人员 第二课时：排演	合作学习　自主学习　情景学习
第十四周	排演	合作学习　任务学习
第十五周	排演	合作学习　自主学习　任务学习

周次（时间）	教学内容	教学策略
第十六周	中西文化差异（父亲节）	合作学习　自主学习　任务学习
第十七周	汇报演出彩排	合作学习　情景学习
第十八周	汇报演出彩排 总结，成果展示	合作学习　自主学习　任务学习

五、课程评价

评价类型：日常评价、阶段性评价、期末评价。

评价方式：自评、互评、师评、家长评相结合。

主要评价等级：A、B、C、D 四档。（A 为优秀，B 为良好，C 为合格，D 为待合格）

（一）日常评价

1. 课堂学习记录：记录学生学习态度、课内表现和反应。

2. 平时表现：根据课内学生实际情况进行评价，给出成绩，随机评分。

（二）阶段性评价

1. 小组评价，评出组内优胜者。

2. 定期进行学生才艺比赛，评选出才艺之星。

（三）期末评价

期末评价分四部分，自评部分、互评部分、师评部分、家长评部分。

自评部分：20 分（自我评价，为自己的话剧作品打分）。

互评部分：20 分（同伴之间互相打分）。

师评部分：30 分。

家长评部分：30 分。

语言发展课程

英语故事演讲

课程类型： 语言发展课程
开发教师： 赵雯娟　陈颖君
学习对象： 小学 1—3 年级学生
学习时间： 每周 2 课时

一、课程背景

"英语故事演讲"是一门以培养学生英语表达能力为主的校本课程。语言是人与人之间沟通的桥梁，是人类最重要的交际工具。一个人语言表达的能力，又叫作演讲与交流能力。良好的演讲与交流能力能够帮助我们有效沟通，培养自信。"英语故事演讲"旨在培养学生用英语描述和表达的能力，激发学生学习英语的兴趣。通过讲英语小故事、背诵优秀短文，到高年级自己撰写英语演讲稿，逐步提高学生的英语演讲能力。

多元智能理论的支撑：语言智能是指有效地运用口头语言或文字表达自己的思想并理解他人，灵活掌握语音、语义、语法，具备用言语思维、用言语表达和欣赏语言深层次内涵等方面的能力。

二、课程目标

1. 通过学习"英语故事演讲"，掌握一定的英语口语表达技巧，能大胆地用英语与他人交流。

2. 从最初的讲英语小故事到背诵优秀短文，再到高年级自己撰写英语演讲稿，逐步提高英语综合运用能力。

3. 演讲可以训练正确的发音和语调，促进口语的发展，并帮助学生记忆生词、短语，熟悉所学的语法现象。

三、课程内容

（一）课的类型及功能

什么是"英语故事演讲"呢？它不同于一般的英语基础学习。我们学习英语的四个要点是听、说、读、写，但是在本课程中我们着重培养的是学生的听说能力，也就是交流的能力。

（二）1—3 年级段具体内容

1. 要求学生能够进行一个简单的自我介绍。

2. 攀登英语阅读系列——分级阅读第一级与分级阅读第二级。要求学生能够流利朗读每一级所教授的 5 篇小故事进行，最后能大胆地进行演讲。

3. 英语故事表演：（A Big Carrot/A Fox and a Tiger）根据学生的学习水平安排不同的角色，让学生能和其他同学合作完成故事的表演。

（三）课程设计基本要素

根据学生的年龄特点和实际情况，教师选择适合的英语故事进行教授，然后进行故事的背诵、动作的设计和培养学生的舞台感。选择合适的英语故事要考虑到故事的难易程度、故事的长短以及故事的趣味性。

四、课程实施

（一）基本要求

"英语故事演讲"课程的授课对象是低年级的学生，我们根据低年级学生的学习能力和心理特点选择故事，在教师的带领下学习朗读故事、背诵故事到最后的故事演讲。课程实施地点一般安排在教室里，每学完几个故事可以让学生选择自己最有把握的故事到室外进行故事演讲表演。

（二）注意事项

"英语故事演讲"实施过程中要注意以下事项。

坚持学生自主阅读为先。英语故事一般以教授英语绘本故事为主，要求学生在学之前根据自己所学的英语知识和故事的插图进行自学，能够了解故事含义。

故事朗读和背诵是重点。配方课程上教师教授英语故事，让学生学会用正确的语音、语调朗读故事，学完之后进行反复的朗读和背诵。这是进行英语故事演讲的基础。

形态上要注意的事项。身体一定要站直，抬头挺胸，表情要自然，面带微笑。这方面平时可以对着镜子多多练习，这样在演讲的时候才能散发出自信的光芒。

不管你能否说得一口流利的英语，都要非常自信，在进行英语演讲时，发音一定要清晰，速度要放慢，还要注意音调的抑扬顿挫。

可以加上手势来加重信息表达。很多演讲者演讲时，都很善于运用手势，这可以加重信息的表达，可以用食指、手掌示意，加重语气，当然，表情也需要注意。

模拟操练，锻炼胆量。在课程实施的过程中，多进行实际演练，让学生多感受站在台上演讲的感觉，从而锻炼胆量，让学生能从容地进行演讲。

适度向课外延伸。为了让英语故事演讲更有实效性，可以让学生观看一些英语故事演讲的视频和观看现场的故事演讲，让学生直接感受英语故事演讲的魅力，甚至可以鼓励学生参加班级、学校和社区的一些表演活动，让学生多一些实际演讲的经验。

五、课程评价

（一）"英语故事演讲"课程评价原则

1. 以学生自我评价为主的原则。

这一原则是指在评价过程中，教师应引导学生自主地开展评价，培养其自我认识的自觉性，并提高其独立的分析能力。

2. 模糊评价的原则。

这一原则要求对学生应以鼓励为主，激发每个学生的上进心，调动其自我教育的积极性。评价方法以模糊评价为主，不宜采用精确记分的方法去评价学生。

3. 差异性原则。

这一原则是指根据学生的年龄特点和个人发展水平来评价，从实际出发，重点关注学生的进步和成长。

（二）"英语故事演讲"课程评价方式

1. 评价类型：日常评价、阶段性评价、期末评价。

2. 评价方式：自评、互评、师评相结合。

3. 主要评价等级：五星代表五档。（五星为优秀，四星为良好，三星为一般，二星为合格，一星为待合格）

（三）具体评价方案

1. 日常评价。

（1）课堂学习记录：记录学生学习态度、课内表现和反应。

（2）平时表现：根据课内学生实际情况进行评价，给出成绩，随机评分。

2. 阶段性评价。

（1）小组评价，评出组内优胜者。

（2）定期进行学生英语故事演讲比赛。

3. 期末评价。

期末评价分三个部分，自评部分、互评部分、师评部分。

自评部分：20%（自我评价，为自己的演讲打分）。

互评部分：30%（同伴之间互相打分）。

师评部分：50%（两位老师各占25%）。

英语趣配音

课程类型：语言发展课程
开发教师：黄金珊　黄家丽
学习对象：小学 5—6 年级学生
学习时间：每周 2 课时

一、课程背景

百年来的英语优秀电影，集合着人类数千年的文明成果。电影以其特有的艺术表现形式，给人以百看不厌、难以忘怀的感受，甚至对人的一生都能产生重大的影响。一部优秀的英语电影作品更像一道别具风味的文化大餐，它在画面、配乐、演员、剧情、对白等方面都具有鲜明的特色，可以为学生提供集戏剧、文学、绘画、音乐、建筑等多种艺术形式于一体的欣赏机会，丰富的思想内涵和审美题材为学生精神的成长提供了不可或缺的养分。与此同时，电影为学生创造了"声、光、色、像"无限拓展的立体环境，极大限度地激发了耳、眼、脑等感官作为整体去感知语言材料，为学生学习英语奠定了很好的基础，能最大限度地激发学生的英语学习兴趣，提高英语口语水平和听力水平。学生通过英语电影也能直观地理解西方文化，熟悉西方人日常习惯以及思维方式，并将语言上升到真正意义上的跨文化交流层面，从而拓宽国际视野。

《义务教育英语课程标准（2011 年版）》提出：在义务教育阶段开设英语课程对青少年的未来发展具有重要意义。学习英语不仅有利于他们更好地了解世界，学习先进的科学文化知识，传播中国文化……学习英语能帮助他们形成开放、包容的性格，发展跨文化交流的意识与能力，促进思维发展，形成正确的人生观、价值观和良好的人文素养。开设电影配音课程旨在为学生提供贴近生活、具有时代感的英语学习材料，拓展学生口语学习和运用的渠道，探索出一种既能引起学生学习外国语言和文化的兴趣，又能提高学生语言运用能力，还能促进学生综合素质发展的教学方法和途径。

二、课程目标

（一）知识与能力

1. 根据电影画面和情节推测台词大意，把握意群，准确理解听力内容，提高听力水平。

2. 通过语音、语调、语速模仿，培养良好的语感，丰富口语词汇和句式，提高口头表达能力。

（二）过程与方法

1. 通过欣赏、分析、模仿，表演与合作配音，充分调动眼、耳、口、四肢及左右脑和其相互协调的作用，能有效地开发多元智能。

2. 采用小组分工合作方式完成选材、配音、展示等任务，培养学生的团队合作意识和协调能力。

（三）情感态度与价值观

1. 激发和保持学生的英语学习兴趣，将兴趣转化为稳定的学习动机，在不断的实践中提高学生英语学习的自信心。

2. 提高艺术修养，陶冶高尚情操，使学生能够得到真、善、美的理想与信仰教育。

3. 了解西方文化，培养跨文化交际意识，开阔视野。

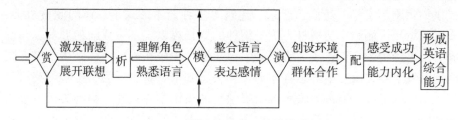

图2 "英语趣配音"教学模式图

三、课程内容

本课程把原版英语电影片段作为英语教学的主要素材，以学生为中心，以文化为主轴，以语音为基础，以艺术为升华，运用"赏、析、模、演、配"五个教学步骤，开展教学活动，促进学生的语言学习、文化习得和艺术熏陶互动发展，从而提高学生的英语综合运用能力。

1. 欣赏（赏）：引导学生学会欣赏影片，不仅能提高学生对于美的感悟力和鉴赏力，更能帮助学生调节学习情绪。电影以其音美、画美、意美的特质深深地吸引着学生的注意力，让学生边欣赏，边随着情节的推进展开丰富的联想，并用英语表达想法。在期待和欢乐的情绪中，在审美体验与审美享受中接受语言信息，这样的学习才会学有所"乐"。

2. 分析（析）：中西方文化背景有着极大的差异，要学生充分理解影片，学习地道的英语，必须帮助他们扫除语言理解上的障碍。因此，要帮助学生进行情节和角色分析，从而深刻地领会台词表达的情感色彩。这样不但能让学生领略到片中语言的美和西方文化中玩味文字的乐趣，而且能增长知识，学有所"得"。

3. 模仿（模）：多种研究表明，语言的习得都是从模仿重复开始的。教师可选上一段2—3分钟的片段让学生来模仿。由一个单词，到一个词组，再到整个句子，力求发音准确。语调、语速的模仿是最困难的，必须结合动作和神态，体会人物的心理活动才能做到惟妙惟肖。过程虽然困难，但在一遍又一遍的简单重复中，一词一句已悄然印入学生的脑海之中。

4. 表演（演）：由3—4个学生组成一组来练习表演。合理分配角色，平时口语能力较差的学生分配少而简单的台词，外向活泼的学生分配滑稽幽默有一定难度的内容，每组分配一位口语较好、模仿力强的学生做"领头羊"，带领全组一起练习，通过优化组合的群体促进个体的学习。学生的表演，要力求使影片中的语言渐渐渗入其思维之中。

5. 配音（配）：配音不是一件简单的事，要看着画面，对上口形，配上流利地道的英语，而实际上常常不是忘了台词，就是跟不上语速，或是发错了音，或是语调不对而紧张得手忙脚乱。这是对学生的意志力的一种考验，是他们难以忘怀的经历。这时应帮助学生放松心情，以鼓励肯定为主，让学生体验成功的喜悦。

四、课程实施

（一）教学准备

1. 学生报名。采用20人以内的小班教学比较适宜，学生需要有一定的英语词汇储备量和口语基础。

2. 场地设备。在多媒体效果好的教室开课，提供配音辅助工具，如清晰的音响、至少四个可同时使用的扩音器等。

3. 影片选编。在种类繁多的英语影片中，以教师选择、家长、学生推荐的方式，选编出学生喜欢、具有教育意义的电影配音素材。

（二）教学实施

1. 创设语言学习环境，激发学生学习兴趣。为学生营造一个完全英语式的环境，以达到学习地道英语的目的。引导小组合作探究学习，并加强拓展和互动练习的开发。

2. 合理分配教学时间，提高学生听说能力。配音练习时长为30—45分钟较为合适，时间过长容易产生疲倦，降低趣味性。

3. 运用有效激励机制，鼓励学生积极进取。采用多种评价手段，鼓励学生在课堂上大胆模仿、表演，把配音效果发挥到最好，提倡学生创造性表演。

表9 "英语趣配音"评分表

序号	队名	语言 (30分)		内容 (20分)			演绎 (10分)			创意 (10分)		难度 (10分)	现场 (10分)	气氛 (10分)	总计	得分
		A	B	A	B	C	A	B	C	A	B					
1																
2																
3																
4																
5																
6																
7																
8																
9																
10																

笔底流韵——英语写作

课程类型： 语言发展课程
开发教师： 李琼香　顾焕瑛　毛　好
学习对象： 小学4—6年级学生
学习时间： 每周2课时

一、课程背景与理念

"笔底流韵——英语写作"是一门培养学生综合语言运用能力的校本课程。《义务教育英语课程标准（2011年版）》提出：英语课程改革的重点就是要改变英语课程过分重视语法和词汇知识的讲解与传授、忽视对学生实际语言运用能力的培养的倾向，强调课程从学生的学习兴趣、生活经验和认知水平出发，倡导体验、实践、参与、合作与交流的学习方式和任务型的教学途径，发展学生的综合语言运用能力，使语言学习的过程成为学生形成积极的情感态度、增强跨文化意识、形成自主学习能力、主动思维和大胆实践的过程。基于这种理念下的教与学，4—6年级的学生已积累了一定的词汇和句子，形成了一定的听、说、读能力，借助肢体语言和口语表达，也已具有了一定的沟通与交流能力。进入中高年级，课标已要求学生能格式正确地书写单词、句子和语段，用符合语法规范的书面语言准确清晰地表达自己的思想。"笔底流韵——英语写作"课程旨在提高学生书面表达能力，在写作中激趣，在趣味中增强学生英语学习的自信心，体验成就感。

二、课程目标

（一）知识与能力

1. 知道名词有单复数形式，知道主要人称代词的区别，知道动词在不同情况下会有形式上的变化，了解表示时间、地点和位置的介词，了解英语简单句的基本形式和表意功能。

2. 能理解和表达有关下列话题的简单信息：数字、颜色、时间、天气、食品、服装、玩具、动植物、身体、个人情况、家庭、学校、朋友、文体活动、节日等。

3. 知道错误的发音会影响交际，知道字母名称的读音，了解简单的拼读规律，了解单词和句子都有重音，了解问候、告别、感谢、致歉、介绍、请求等交际语句的基本表达形式。

（二）过程与方法

1. 能正确使用常用的标点符号，能使用简单的图表和海报等形式传递信息，能参照范例写出或回复简单的问候卡和邀请卡。

2. 能用符合语法规范的句子描述人、事、物或系列图片，能编写简单的英语故事，能按正确格式书写、回复英文信件，4 年级学生能写出 40 个单词以上的短文，5 年级学生能写出 50 个单词以上的短文，6 年级学生能写出 60 个单词以上的短文。

（三）情感态度与价值观

1. 有兴趣听英语、说英语、写英文、讲故事、做游戏。
2. 乐于模仿与分享，敢于开口，积极参与，主动请教，善于评价。
3. 有远大理想，有放眼看世界的情怀。

三、课程内容

本课程自开设以来，经历了单一面向 6 年级学生到面向 4—6 年级学生的过程。由于现在我们的英语必修课课本选用的是上海版牛津小学英语教材，教材内容采用"模块建筑式"编写体系，同一模块主题在不同年级循环出现，只是角度不同，各有侧重，在深度和广度上有所提升，即主题反复呈现，知识滚雪球不断增加。这种编写体系为我们进行写作教学内容的设置带来了极大的便利。我们的写作内容主要就围绕这几大模块进行设置，也会根据当前国际、国内、所处城市、学校发生的重大事件来进行设置。

模块 1. Getting to know you（学会介绍自己和同学）。

模块 2. My family, my friend（学会介绍自己的家庭、家人和朋友）。

模块 3. Places and activities（学会描述自己的房间、自己的学校和在不同的场所进行的活动）。

模块 4. The world around us（学会介绍自己感兴趣的国家、自己常去的社区周边地点）。

四、课程实施

（一）确定实施课程的各项要素，进行充足的知识储备

课程组的三位成员（都是 4 年级英语教师）共同商讨了本课程的实施内容和实施步骤。再加上学校统一规定了实施的场所和时间，经学生自愿申报，确立了此选修课程班。在申报开设此课程前，课程组已通过各种途径，搜集

整理了一些写作教学的相关文献，进行了充足的理论学习，商定了课堂教学的基本流程。

（二）课程实施注意事项

本课程实施中要注意以下事项。

1. 动口与动手相结合，注重素质教育。

以谈话激趣，鼓励学生大胆说出英语句子和句群。然后加以充实，辅以翔实的知识辅导，写作过程中给予切实的帮助，以利于学生流畅地表达，帮助学生体会写作的成就感，培养自信心，使他们在写作过程中发展综合语言运用能力，提高人文素养，培养创新精神。

2. 注重过程评价，促进学生发展。

建立能激励学生写作兴趣和自主学习能力发展的评价体系，以形成性评价为主，注重培养和激发学生写作的积极性和自信心，评价要有利于促进学生综合语言运用能力和健康人格的发展，促进课程主持人不断提高教育教学水平，促进本课程不断发展与完善。

3. 开发课程资源，拓展学用渠道。

本课程要力求合理利用身边的资源。学生的生活、社会上的热门事件、我们的校园，都是巨大的课程资源宝库。我们一定要给学生提供贴近自身实际、贴近自身生活而健康丰富的课程资源，积极鼓励和支持学生主动参与课程资源的开发和利用。

4. 鼓励并指导广泛的课外英语阅读。

每学期我校1—6年级都会统一订购课外英语阅读材料，设置了阅读时间，交流了阅读教学的教学方式方法。为了提高写作质量，创新写作方法，我们要鼓励学生进一步扩大阅读量，把阅读中的积累运用到写作之中，真正做到学以致用。

五、课程评价

1. 评价原则：差异性原则，根据学生的年龄特点、年级特点和个人发展水平，从实际出发，关注学生的成长与进步。

2. 评价类型：日常评价、阶段性评价、期末评价。

3. 评价方式：自评、互评、师评、校评相结合。

4. 主要评价等级：优秀，良好，一般（极优秀的作品，在十二月狂欢节期间建立展板，面向全校师生展出）。校评则采用五星评价方式（五星为优秀，四星为良好，三星为一般，二星为合格，一星为待合格）。

5. 具体评价办法。

（1）日常评价。

A. 学习记录：对学生学习态度、课内表现进行口头正面评价。

B. 作品呈现：根据课内学生当场作文进行评价，给出成绩，严格评分。

（2）阶段性评价。

A. 一个写作模块结束后，评出学生中综合表现优异者。

B. 定期进行作文比赛，展示优秀作品。

（3）期末评价。

评价分四部分：自评部分、互评部分、师评部分、校评部分。

自评部分：20分（自我评价，为自己的作品打分）。

互评部分：20分（同伴之间互相打分）。

师评部分：60分。

校评部分：采用五星评价方式。

数学逻辑课程

  多元智能之父霍华德·加德纳在长期的研究中发现，在大学范围内的心理学术界中，逻辑分析思维能力在思维种类中最受重视，而其中的数学逻辑思维能力更是重中之重。因为这种思维智能是可以累积和变化的，充分发展这种能力是可持续性终身学习的强有力基石。我们设计的数学逻辑课程，选材充分尊重学生的差异、本能与兴趣，赋予每个学生主体性发展的广阔天地。学生在积极参与课程的过程中，通过动手、动脑，去看、去摆、去算、去想，调动分析、综合与推理的能力，激发其发现问题和解决问题的潜能，从而促进其数学逻辑思维能力的发展。

  逻辑—数学智能主要包括数学逻辑推理能力、科学分析能力、处理连锁时间的推理能力和识别图表及数字的能力。针对这些不同类型的能力，我们开发的数学逻辑课程主要包含两大类型：棋类课程与开放式数学活动课程。

  在棋类课程中，我们选取了国际跳棋、国际象棋、围棋、中国象棋四种，学生在动手操作棋子的过程中，加速大脑发育，刺激逻辑—数学智能发展。学习棋类规则，改变固化的思维方式，提高计算能力。同时，培养全新的逻辑思维方式，使思维的敏捷性得到提升。沟通空间智能与逻辑—数学智能，感知不同文化背景下的逻辑和数学活动，在数学、艺术、体育三体合一中发展逻辑—数学智能。

  开放式数学活动课程包含"魔方世界""玩转24点""智力七巧板""神奇的记忆力"等课程。这里既有比较简单的典型数学活动经验类课程，如"玩转24点"，也有处理比较复杂的数学关系类课程，如"思维导图""思维体操"。另外还有过程导向、目标导向明确的各种综合数学活动课程，如"趣味数学"等。每个分课程在教学安排中都遵循"由简单到复杂，由具象到抽象，由低级到高级"的认知规律，创设一个个让学生主动探索与构建的平台，从而形成数学思想。

数学逻辑课程遵循四个原则：

（1）一切从实际出发，遵循学生发展的原则，最大限度地发挥学生的主体性。

（2）实践性、整体性、趣味性原则。

（3）激励性原则。

（4）师生在课程的实施过程中及时反思与更新的原则。

在数学逻辑课程中，师生借助教具、学具和自己开发的教材，以一学年为周期，系统地进行每个分课程的教学活动。授课对象：小学1—6年级学生；授课方式：数学活动；授课时间：每周五下午第一、第二节课；授课地点：教室、实践基地。

核心能力

● 数字能力

①培养估算意识，会恰当地估算，培养数感。

②熟练加、减、乘、除的计算方法，学会算24点，学会数独。

③培养运用数字处理信息的能力。

④在处理数字的过程中发现数学问题，并能解决问题。

● 空间推理能力

①掌握棋类规则，并运用规则解决问题。

②发现空间模型并运用模型。

③熟练地运用古代数学玩具（九连环、孔明锁、数棋等）。

④感知不同文化背景下的逻辑与数学知识。

● 数学逻辑推理能力

①借用数学语言、画图、列表等方式，生成并运用策略解决问题。

②培养学生逻辑推理能力。

③关注数学知识之间的联系与区别。

④总结规律，激活大脑，激发创新思维。

神奇的记忆力

课程类型： 数学逻辑课程
开发教师： 邹伟琼　黄　淳
学习对象： 小学 1—6 年级学生
学习时间： 每周 2 课时

一、课程背景

记忆是最基础的学习能力之一，任何高层次的学习能力及其运用都建立在记忆基础之上。科学家估计，普通人一生顶多利用大脑全部能力的 7%，就连爱因斯坦这样杰出的科学家也只使用了大脑能力的 12%。有了强大的记忆力，就有了一个满满的智力库，就能唤醒我们身上巨大的潜能和力量，取得非凡的成功。

多元智能理论提出的逻辑—数学智能即有效地运用数字，进行逻辑推理以及科学分析的能力。其构成要素：数学计算、逻辑思维、问题解决、归纳和演绎推理、对模型和关系的辨别等。而数学能力的核心是发现问题和解决问题的能力。"神奇的记忆力"课程旨在通过记忆法的学习，让学生学会认识自己的记忆能力，并且在学习生活中寻找记忆的规律，并且应用它不断地提高自己的记忆力，从而提高学习效率。

二、课程目标

（一）知识与能力

1. 使学生了解记忆的含义，以及自己的记忆特点。

2. 通过对学生记忆力的测试，让学生认识到自己的记忆力所在的位置，能够在学习中寻找记忆的规律，并且应用它。

3. 通过参与活动体会记忆方法的重要性，了解记忆的规律，知道及时复习的重要性。

（二）过程与方法

1. 认识自己的记忆能力，并且在学习生活中不断提高自己的记忆力。

2. 不断寻找记忆的规律，在学习中应用它。

（三）情感态度与价值观

激发学生的学习兴趣，有意识地提高记忆效率。

三、课程内容

记忆法强调明确记忆目标，从高处鸟瞰，充分调动大脑内外感官职能，通过数据转换法则和思维导图法则，使记忆资料形象化，并进行有效的网络链接，触类旁通，达到强化左脑逻辑记忆，开发右脑形象记忆，从而激发全脑记忆潜能，提高记忆效率的目的，具有记得乐、记得快、记得多、记得牢等特点。

不仅在中文记忆、数字记忆、英语记忆三大学习方面给予学生特殊的训练方法指导，而且还可以在注意力训练、观察力训练、想象力训练、脑保健及优势脑波训练等方面给予学生全方位的指导，从而大大提高学习能力。据此，我们的课程内容由以下主题构成。

表10 "神奇的记忆力"课程内容

课程主题	记忆方法	课程目标
释放大脑潜能	联想法	转换原有记忆方式，引发学习兴趣
运用最熟悉的资源	定桩法	用熟悉的事物帮助记忆，整理杂乱的思绪
发现不同的记忆途径	谐音法	运用谐音法巧记朝代
解读数字密码	运用观察力训练	破解数字记忆的密码，训练观察能力，记忆 π 中的数字
扑克牌记忆	实践游戏	学以致用，轻松面对数字组合难题
单词的锦囊妙计	字母编码法	融会贯通记忆单词
思维导图	创新思维训练	学习方法、学习策略的训练，制订有效的学习计划
记忆游戏	组块记忆、叙说故事、数据金库等	寓教于乐，综合运用学习方法

四、课程实施

（一）教学方式多样化

1. 创设良好的课堂教学气氛，激发学生的学习积极性。

2. 体现教师是学生学习活动的组织者、引导者与合作者的角色。

3. 寓教于乐，让学生在游戏中提高记忆力。

4. 重在培养学生学习的兴趣和良好的习惯。

（二）学习方式个性化

1. 动手与动脑相结合，观察与实践相结合。

2. 学习活动是活泼的、主动的和有个性的。

3. 体现出学生是学习的主人地位。

五、课程评价

（一）基本原则

1. 导向性原则。

评价标准指向学生的兴趣培养与能力塑造。

2. 主体性原则。

除了教师评价以外，充分调动学生个体及小组进行评价，增强学生的主体性。

3. 多样性原则。

除了笔试，还包含活动完成度评价、参与度评价等。

4. 激励性原则。

以激励性语言为主，尽可能肯定学生的努力。

5. 趣味性原则。

采用加分、加勋章、颁发荣誉证书等方式进行评价。

（二）评价方法

1. 教学活动的评价。

（1）注重学生反馈与活动记录。

在每节记忆课结束后，教师多与学生交流，做好每次活动的记录，及时发现问题，以便调整活动内容，改变教学方法。

（2）及时反思改进。

从课堂教学、教案设计、资料搜集、学生作品等方面进行自评、互评、师评。

2. 学生活动的评价。

（1）建立学生成长档案。记录学生的出勤情况；学生参与课程的表现，包括参与的态度、实践能力的发展和学习方法的掌握等；成果展示，包括实践操作、作品鉴定及在各种竞赛中的表现等。

（2）学生自行记录每次活动的收获及感想，并学以致用，记录下运用到实际学习生活中的事例。

3. 课程期末评价表。

为了能使评价更客观、更全面、更有可感性，课程组老师制定了"神奇的记忆力"期末星级评价表（学生评价），见表11。

表11 "神奇的记忆力"期末星级评价表

项目	评分标准	自评	互评
态度	上课专心听讲，积极举手发言并主动参与教学活动		
能力	能学以致用		
实践	有较强的分析问题能力，习得记忆力方法		
精神	积极寻找解决问题的方法，有小组合作探究精神		
综合评价及建议			

玩转 24 点

课程类型：数学逻辑课程
开发教师：戴佩君　舒剑梅
授课对象：小学 4—6 年级学生
学习时间：每周 2 课时

一、课程背景

　　数学是学习现代科学技术必不可少的基础和工具，是基础教育的重要组成部分。通过数学思维训练，不仅使学生能够掌握渊博的数学知识，也使那些数学尖子有发挥自己特长的用武之地，更重要的是可以训练他们的思维，增强分析问题和解决问题的能力，促使学生发展，形成健全人格，具有终身持续发展的力量源泉。本课程为开展思维训练活动，为扩大学生的视野，拓宽知识面，培养兴趣爱好，发展数学才能提供了最佳的舞台，未来的数学家、科学家、诺贝尔奖获得者也许就在他们当中诞生。

　　"算 24 点"是一种数学游戏，正如象棋、围棋一样是一种人们喜闻乐见的娱乐活动。它始于何年何月已无从考究，但它以自己独具的数学魅力和丰富的内涵正逐渐被越来越多的人所接受。这种游戏方式简单易学，能健脑益智。"玩转 24 点"课程以"算 24 点"这种数学游戏为载体，让学生在玩中探索和总结计算规律，在玩中体会和感悟数学的历史和魅力。

二、课程目标

（一）知识与能力

　　1. 通过了解更多数学家的故事、接触更多优秀的数学书籍，使学生逐步了解数学的历史性、人文性。

　　2. 通过"算 24 点"数学游戏，提高学生的计算正确率和计算效率。

（二）过程与方法

　　1. 以小组合作学习为主要教学形式，促进学生合作探究的能力。

　　2. 通过进一步拓展和延伸课堂上的数学知识，提高学生的数学素养。

（三）情感态度与价值观

1. 在游戏活动中得到数学精神、思想和方法的熏陶。

2. 通过感受数学的丰富性、趣味性、实用性，激发学生学习数学的兴趣，增强学生学习数学的内动力。

三、课程内容

"算24点"的游戏内容如下：一副牌中抽去大小王剩下52张，J、Q、K可以当成11、12、13，也可以都当成1。（我们把J、Q、K都当成1来算，也可只用1—10这40张牌）任意抽取4张牌（可以两个人玩，也可以四个人玩），用加、减、乘、除（可加括号）把牌面上的数算成24。每张牌必须用一次且只能用一次。谁先算出来，四张牌就归谁，如果无解就各自收回自己的牌，哪一方把所有的牌都赢到手中，就获胜了。

"算24点"作为一种扑克牌智力游戏，还应注意计算中的技巧。计算时，我们不可能——去试牌面上的4个数的不同组合形式，更不能瞎碰乱凑。刚开始的时候，可能需要花很长的时间去想一种解法，我们可以慢一点，引导学生利用一些规律：比如利用 $3×8=24$、$4×6=24$ 求解，把牌面上的四个数想办法凑成3和8、4和6，再相乘求解。实践证明，这种方法是利用率最大、命中率最高的一种方法。当一组牌有多种不同解法时，可以给学生时间多想想，技巧是在实践当中得来的，要想运用好"算24点"游戏技巧，就要多实践。

四、课程实施

本课程不是追求要学生学会多少知识或是掌握什么方法，而是为吸引学生主动参与学习，培养学生吸取生活中的数学知识的能力。

（一）进行文化渗透

数学阅读——让学生了解数学的人文性。现在不少学校和家长都比较重视孩子学科外的知识拓展，但是学生对于数学史和数学家的故事却所知甚少，即便看到、听到也兴趣不大。所以教师在适当的地方应介绍一些有关数学家的故事、数学趣闻与数学史料，鼓励学生读一些数学课本以外的科普读物，浏览一些有趣的数学网站等，以引起思想共鸣和模仿实践，从而提高学生数学的学习兴趣，引发学生的求知欲。

（二）适度知识延伸

课堂延伸——让学生感受看得见的数学。《义务教育数学课程标准（2011年版）》单独设置实践活动内容的目的就是要让学生在学了书本知识后通过实践活动初步获得一些数学活动的经验，了解数学在日常生活中的应用，也获得积极的数学学习情感。因此，我们可以利用校本课程将这样的实践活动课的目的和作用充分、有效地发挥出来。

（三）注重方法提炼

其实游戏未尝不可以成为课本知识的载体，只要有足够的智慧。我们可以以课本知识点为基础，积极开发与学科内容相关的专题性学习材料，以数学游戏的形式，借游戏活动引导学生发现算术的规律，进行提炼总结，从而提高计算的能力。

五、课程评价

评价类型：日常评价、阶段性评价、期末评价。

评价方式：自评、师评相结合。

主要评价等级：A、B、C、D四档。（A为优秀，B为良好，C为合格，D为待合格）

具体评价方案如下。

（一）日常评价

1. 游戏活动记录：谁先正确算对10次为胜一局，一节课设3局游戏。

2. 平时表现：每二人为一参赛队，四人为一组，进行评价，给出成绩。

（二）阶段性评价

1. 小组评价，评出组内优胜者。

2. 每月举行一次比赛，评出班级的前三名。

（三）期末评价

1. 自评部分：20%（自我评价，为自己打分）。

2. 师评部分：80%（教师结合学生形成性评价及期末展示进行打分）。

趣味数学

课程类型： 数学逻辑课程
开发教师： 舒剑梅　周柳绮　刘　冰
学习对象： 小学 4—6 年级学生
学习时间： 每周 2 课时

一、课程背景

近年来，一种在欧美流行的智力游戏——数独，逐渐在我国传开。它要求在规定范围内"每一个数都是独一无二的"，因此，人们就将其简称为数独。

早在四千多年前的我国古代，就可以看到它的影子。从本质上看，数独就是一种数字游戏。它的基本结构就是九宫格，即带有 9 个方格的九宫格图。但是，中国古代的九宫图和现代的数独，只是外形相似，内容却是不同的。真正意义上的数独，始于 20 世纪 70 年代。1979 年 5 月的一本美国数学逻辑杂志上，发表了两则数学智力游戏题，当时名为 Number Place（数字排列），这两道题就成了数独的"始祖"题。后来，这种游戏题被一位学者引进日本，在日本引起了重视。1984 年 4 月，日本游戏杂志 *Tsushin Nikoli* 首先刊登了此类难题，并给这种游戏定名为 Sudoku，Su 指数字，doku 是单独的、唯一的意思。后来就根据音译和意译译成"数独"。

数独不仅能锻炼逻辑推理能力，也能对学生的心智起到很好的锻炼效果。特别是如何正确面对失败、失败后如何重新来过的挫折训练，这正是我国基础教育中忽视的内容。它能给学生成功的机会，并训练他们缜密思维。同时，《义务教育数学课程标准（2011 年版）》指出：不同的人在数学上得到不同的发展；要培养学生合作、自主、探究的精神；学生的学习要充满挑战性和富有个性。如果把数独这一益智类游戏引进小学数学课堂，必定可以适合不同的年级、不同的学生；通过数独课让学生们对单调的数学产生兴趣，锻炼学生脑力，重点培养学生的数感、观察力、逻辑推理力和想象力。希望通过本课程能掀起一股学数独、玩数独的益智风潮。因此，把数独引进小学数学课堂，作为一门课程进行开发，不失为一种好的举措。

二、课程目标

（一）知识与技能

1. 通过接触数独，了解数独的来源及其发展。

2. 通过学习，掌握四宫格、六宫格、九宫格的解题技巧，探索十六宫格的解题基本方法。

（二）过程与方法

1. 在了解数独的过程中，初步发展数感。

2. 在宫格中抽象出数的运用技巧，发展空间观念。

3. 在观察、实验、猜想、验证等活动中，发展推理能力，能进行有条理的思考，能比较清楚地表达自己的思考过程与结果。

（三）情感态度与价值观

1. 数学思维训练能使学生接触各种类型的数学题，使学生懂得融会贯通，灵活运用。

2. 通过解答比平时学习难得多的数学题，培养学生克服困难、解决困难的精神和能力。体会攻克难题后的喜悦和成就感，从而培养学生学习数学的兴趣和爱好。

3. 在运用数学知识和方法解决问题的过程中，认识数学的价值，并初步养成乐于思考、勇于质疑、言必有据等良好品质。

三、课程内容

课程内容分以下四个方面进行：第一，简单介绍数独，分别有四宫格、六宫格、九宫格等，介绍数独相关知识，引起学生兴趣。第二，分组比赛做小题，以游戏的形式研究四宫格、六宫格。观看《最强大脑》中初中生孙彻然盲填数独的视频，介绍一些国内外的数独比赛。第三，展示简单的九宫格，共同研究答案，学习九宫格常用的四种方法。观看《最强大脑》潘梓祺盲填立体数独的视频，挑战加深难度的数独练习题。用国际比赛的标准比赛，讲解比赛试题并表彰学生。第四，程度好的学生可以尝试挑战十六宫格，参加数独锦标赛。

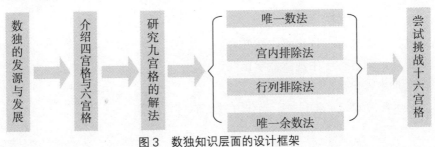

图3　数独知识层面的设计框架

数学逻辑课程

以上所示的数独知识层面的设计框架，根据学生年段的不同和学生知识水平差异安排相应的教学内容，目标、难度、要求和内容的侧重点都有所区别。

四、课程实施

（一）课程实施原则

本课程的实施建立在教师对《义务教育数学课程标准（2011年版）》和《开放式教育（第二版）》的认识基础上，教师要清楚每个学生的认知特点，结合学生的心理以及数学素养进行教学。

（二）课程实施准备

根据学生的实际情况，搜集相关文献资料与理论进行学习，制定课程设计方案和目标。

（三）实施方法与过程

本课程建议通过教师讲授和学生自学相结合来实施教学活动。考虑学生对趣味数学的话题比较感兴趣，比较有热情，每一节课由教师简单引导，结合数学在发展过程中一些有趣的问题、曲折感人的故事、人物等，与学生一起探讨。采用集体辅导、独自练习、分组活动、合作学习、实际操作、生活实践、调查研究等方法，对数学中一些有名的问题、定理、悖论等做进一步的了解和认识，感受数学的魅力。

（四）教学组织方式

以班级授课为主，尊重学生的个别差异。对不同能力的学生实行分组教学。

五、课程评价

评价类型分为日常评价、阶段性评价、期末评价。

1. 日常评价。

（1）课堂学习记录：记录学生学习态度、课内表现和反应。

（2）平时表现：根据课内学生实际情况进行评价，给出成绩，随机评分。

2. 阶段性评价。

（1）小组评价，评出组内优胜者。

（2）定期进行学生趣味数学比赛。

3. 期末评价。

期末评价分为学生自评、学生互评、教师评价。

思维导图

课程类型： 数学逻辑课程

开发教师： 刘芷均

学习对象： 小学 3—4 年级学生

学习时间： 每周 2 课时

一、课程背景

　　思维导图是英国学者东尼·博赞（Tony Buzan）在 20 世纪 70 年代所创，它是表达发散性思维的有效图形思维工具。思维导图符合人类大脑的思考方式和思维方式，它就像大脑中的地图，能够完整地将大脑的思维、想法呈现出来。思维导图已经在全球范围得到广泛应用，新加坡教育部更是将思维导图列为小学必修科目，中国引入并应用思维导图的时间也有二十多年了。随着学段的升高，知识越来越抽象和复杂，强调"理解的深度"远重要于"记住的速度"。正是基于以上原因，人们将思维导图运用到学科的学习上，把思维导图转化为"学科思维导图"。"学科思维导图"作为一种"基于系统思考的知识建构策略"已被全国五百多所课题实验学校引入应用。

　　手绘是掌握思维导图的基础，通过手绘训练可以培养学生放射性全面思考问题的习惯，促使学生进行创新性的思考，培养学生的创新能力，而且还是提高学生记忆能力和学习效率的有效工具。

　　本课程旨在通过初识篇、基础篇让学生在轻松愉快的学习氛围中逐步掌握思维导图这一学习工具，通过实用篇让学生掌握思维导图在学习、生活中的应用。

二、课程目标

　　思维导图课程的目标设置如下。

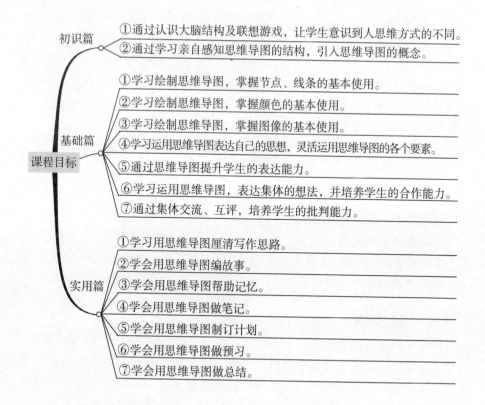

初识篇
①通过认识大脑结构及联想游戏，让学生意识到人思维方式的不同。
②通过学习亲自感知思维导图的结构，引入思维导图的概念。

课程目标

基础篇
①学习绘制思维导图，掌握节点、线条的基本使用。
②学习绘制思维导图，掌握颜色的基本使用。
③学习绘制思维导图，掌握图像的基本使用。
④学习运用思维导图表达自己的思想，灵活运用思维导图的各个要素。
⑤通过思维导图提升学生的表达能力。
⑥学习运用思维导图，表达集体的想法，并培养学生的合作能力。
⑦通过集体交流、互评，培养学生的批判能力。

实用篇
①学习用思维导图厘清写作思路。
②学会用思维导图编故事。
③学会用思维导图帮助记忆。
④学会用思维导图做笔记。
⑤学会用思维导图制订计划。
⑥学会用思维导图做预习。
⑦学会用思维导图做总结。

三、课程内容

目前，全球已有超过 6 亿人在使用思维导图，并将其应用于学习、工作和生活的各个方面。根据它改进后的学习能力和清晰的思维方式会改善人的行为表现，增强记忆效果，提高创造力。根据学生的年龄特点和实际情况，课程内容体现循序渐进原则，依据课程目标分步实施。

四、课程实施

（一）课程实施不受空间的约束，课程内容非刻板内容

"思维导图"课程在 3、4 年级实施，在教师的带领下开展课程。课程实施的地点可以在室内，也可以在室外，根据课程方案来确定。

（二）教师切实确立主体意识，发挥学生的主体性

课程要求教师切实转变长期以来形成的"学科本位"课程观，形成实践的课程观，正确认识"思维导图"课程的性质。教师切实确立主体意识，发挥学生的主体性。尊重学生的生活经验和发展需要、兴趣和爱好，作为活动的组织者、引导者、参与者，与学生一起在活动中发展。例如，在"记忆是什么颜色的"这一课中，可以让学生选择一部喜欢的电影，并在观看后根据记忆画出关于这部电影的思维导图。

（三）注重课程落实到生活中的方方面面

"思维导图"课程不是一种预设的课程，它比任何一门课程都强调过程，教师在引导学生学习思维导图的过程中须具有生成意识，注重引导学生从生活中生成活动主题，在活动中发展。本课程没有现成的教材，它要求教师具有明确的课程资源意识，注重引导学生关注生活、关注现实，从现实生活中发现问题，提出活动主题，开发和利用广泛存在的课程资源。

五、课程评价

（一）评价形式

"思维导图"课程评价与一般学科课程评价有一定的区别。

根据"思维导图"课程评价的原则将评价分为：日常评价、阶段性评价、期末评价三部分。主要评价等级为 A、B、C、D 四档。（A 为优秀，B 为良好，C 为合格，D 为待合格）

（二）评价基本原则

1. 科学性原则。对课程的评价要运用科学的评价方法，提高评价的效度和信度。

2. 可操作性原则。评价方法要简单可行，可操作性强。

3. 素质培养的原则。要注重考查学生各方面的素质，培养学生的创新意识和创新能力。

4. 体验分享的原则。指在评价过程中，通过引导学生在头脑风暴绘制思维导图时，交换相互的意见和看法，将每一个人的收获变为大家的共同精神财富。

5. 以学生自我评价为主的原则。指在评价过程中，教师应引导学生自主开展评价，培养其自我认识的自觉性，并提高其独立的分析能力。

6. 差异性原则。指根据学生的年龄特点和个人发展水平来进行评价。

7. 可视化原则。"思维导图"课程是有最终成果展示的，应该把学生的个人作品作为评价的一部分。

（三）评价内容

1. 日常评价。

（1）课堂学习记录：记录学生学习态度、课内表现和反应。

（2）平时表现：根据课内学生实际情况进行评价，给出成绩，随机评分。

2. 阶段性评价。

（1）小组评价，评出组内优胜者。

（2）在初识篇、基础篇、实用篇阶段分别进行学生思维导图成果汇报，展示学生优秀作品。

3. 学生期末评价。

（1）评价分四部分，自评部分、互评部分、师评部分、家长评部分。

（2）自评部分：20分（自我评价，为自己的作品打分）。

（3）互评部分：20分（同伴之间互相打分）。

（4）师评部分：30分。

（5）家长评部分：30分。

表12　"思维导图"课程期末评价表

项目	内容	评价指数（0—10）
1	我喜欢这门课程	
2	我能在这门课程中向别人表达我的看法	
3	我觉得通过这门课程，我能绘制思维导图	
4	参加这项课程让我感到对学习越来越有信心	
5	通过这门课程，我能利用思维导图进行预习、复习	
6	在课堂中，我乐意与他人分享我的经验	
7	我觉得这门课程能使我利用思维导图进行知识记忆	
8	我觉得通过这门课程，我的表达能力越来越好了	
9	我喜欢老师对待我们的态度和方式	
小计	累加以上评价指数的和	
我的建议	我认为这门课可以改进的是：	

思 维 体 操

课程类型：数理逻辑课程
开发教师：石海平　李利洪　黄金怡
学习对象：小学4年级学生
学习时间：每周2课时

一、课程背景

创造性思维是创造力的核心，也是创造精神的立足点，从小加强学生创造性思维方法的训练和创造性思维品质的培养，对实施素质教育具有深远意义。而数学恰恰具有高度智力训练价值，结合学科本身的特点，能为培养和发展学生的创造性思维品质提供空间。

根据多元智能理论对逻辑—数学智能的描述，从事与数字有关工作的人特别需要这种有效运用数字和推理的智能。他们学习时靠推理来进行思考，喜欢提出问题并进行实验以寻求答案，寻找事物的规律及逻辑顺序，对科学的新发展有兴趣。数学思维体操正是着眼于提升学生的逻辑—数学智能。

"思维体操"课程以儿童认知心理学为基础，以开放式思想为指引，遵循儿童的学习特点以及思维发展规律，知识全面而深化，旨在有效提高学生的数学思维能力。本课程能增强学生分析问题和解决问题的能力，促进学生发展，形成健全人格。同时，训练活动对于扩大学生视野，拓宽知识面，培养兴趣爱好等，均提供了一个最佳的舞台。

二、课程目标

"思维体操"配方课程着重强调"学会探究、开发潜能、激发兴趣、开放思维"四大方面，同时要让学生从数学活动中获得经验和情感体验。结合课程设计理念，本课程主要设置了以下三大目标。

1. 拓宽学生的知识面，使学生对数学产生浓厚的学习兴趣，增强学生学习数学的欲望。

2. 培养学生的数学逻辑思维和思维的开放性，让学生在学习的过程中体会数学的价值。

3. 以点带面，培养学生分析问题、解决问题的能力，发挥学生的特长。

三、课程内容

"思维体操"教学要遵循开放式教育思想，内容整体上要体现让学生在参与中探究，在探究中思考，在思考中创新，在创新中发展的理念。本课程从众多教材中，选择了适于落实课程目标、符合学生实际特点的《小学奥数·举一反三》教材，并结合实际情况对课程内容进度予以编排。主要由以下四大部分内容组成。

（一）速算巧算模块

这一模块包括的内容主要有：寻找规律、算式之谜、巧妙求和、变化规律以及速算巧算。一方面让学生掌握事物之间的变化规律，另一方面让学生熟练运算性质。通过规律性质的直接运用、逆向运用、变式运用、综合运用等，提高学生的运用能力，快速找出规律解决问题，同时让计算化繁为简、化难为易，使计算快速、准确且灵活。

（二）逻辑推理模块

这一模块包括的内容主要有：简单推理、错中求解及简单列举。从生活当中的数学推理问题入手，培养学生的逻辑推理能力，让学生通过假设、计数、枚举等分析方法，提高数学分析能力。

（三）图形计数模块

这一模块包括的内容主要有：图形面积问题及数数图形。要求熟练掌握分类枚举法。学会把所要计数的对象一一分类列举，学会有条理地数出图形个数；熟练掌握各种图形和组合图形的特点，学会利用图形的转换来计算图形面积，培养学生的空间观念和变通能力。

（四）问题解决模块

这一模块包括的内容主要有：最优问题、和倍问题、植树问题和解决问题。学会使用画图方法解决问题，学会从和倍问题、最优问题等这些具体的解决问题的题目类型中，厘清数量直接的关系，找到解决同类型题目的一般方法。

以上内容均为独立设置，由易到难，从具体到抽象，一般一个教学内容安排 1—2 课时。在实施过程中可以根据实际情况进行调整。

四、课程实施

（一）强调讲练结合

本课程强调讲练结合，前两课时主要面向全体学生进行教学和训练，第三课时则是通过练习进行培优辅差。

（二）教学形式多样化

它主要有自我学习、小组探究以及集体活动三种形式。一方面面向全体学生进行教学，另一方面则采取合分并行的形式进行。在一个完整的教学活动中，三种组织形式并不是绝对的三选一，而是根据实际内容和条件进行综合运用。

（三）注重思维力和表达力的培养

"思维体操"课程不仅训练学生的思维能力和解决问题能力，同时也要培养学生数学表达和数学语言的规范性。

五、课程评价

课程的开发和设计总是在不断评价反馈的过程中持续改进和提升的。"思维体操"配方课程亦是如此。思维训练配方课程评价的总体要求是：既要关注学生知识和技能的理解和掌握，又要关注他们情感态度的形成和发展；既要关注学生学习的结果，又要关注他们在学习过程中的变化和发展。我们的评价不再是单一的终结性评价，而是形成性评价与终结性评价相结合，更注重学生的学习过程。课程评价的主体、对象和方法众多，此处择要阐述对学生学习的评价和对课程质量的评价。

（一）学生学习评价

学生学习评价应关注学生的学习和发展状况，以学生的学习和发展状况来反映学生的学习过程和学习效果，促进学生的全面发展。

1. 构建不同层次的学习评价体系。

数学思维课程具有一定的难度，由于学生所处的文化环境、家庭背景及自身思维方式的不同，学生之间在本课程的发展上必然存在差异。教师应根据学生的不同特点，对他们提出不同的学习要求。相应地，对学生的学习评价也应有不同层次的体系标准。比如，对学生测试时可命制不同水平的试卷：A卷（较高水平）、B卷（中等水平）、C卷（一般水平），考试时让学生去选择完成答卷。也可在一道答题中设计几个不同水平的小题，赋予不同的分值，让学生选做。

2. 评价主体多元化。

评价方式应将书面检测与其他评价方式有机结合，而评价主体应由"单向"走向"多向"。在评价学生的课程学习时，不应局限于教师对学生的评价，更重要的是让学生成为评价的主体。

（1）教师评价。通过课堂观察学生在学习中的表现，结合学生问题解决的程度等方面，教师不仅要关注学生知识与技能的形成过程，还要关注学生的开放性创新意识。在评价过程中，要采用发展性评价，要相信学生个人发展的潜力，同时应该尽量采取积极评价。

（2）学生自我评价。可以通过写数学日记的方式，让学生对自己所学的知识进行总结，学生可以像和自己谈心一样写出自己的情感态度。数学日记还可以发展成一个自我评价报告，评价自己的知识能力并反思存在的问题或解决问题的策略等。还可以结合如下的学生自我评价表进行评价。

表13 "思维体操"课程学生自我评价表

学生自我评价表	
我的学习兴趣	
我的解题方法	
我的作业完成情况	
我的收获	
我发现的问题	

（二）课程质量评价

课程实施过程中，教师主要重视收集以下几个方面的信息：学生课堂知识的掌握程度，学生对教师教学方式的喜爱程度，学生数学知识、技能、思维的提高程度等。通过一系列的课程质量评价，获知学生接受能力以及他们易于接受的教学方式，获知课程目标的实现程度，从而决定课程内容和实施策略的调整与改进方向，进而进一步优化课程目标，从"目标—内容—实施—评价"有效整合的宏观层次，统筹协调和完善本课程的各个要素。

中国象棋

课程类型：数学逻辑课程
开发教师：王旺兵 刘梅金
学习对象：小学3—6年级学生
学习时间：每周2课时

一、课程背景

中国象棋是起源于中国的一种棋戏，属于二人对抗性游戏的一种，在中国有着悠久的历史。它是模拟了古代战争、直线战争、陆地战争、平面战争。在中国古代，象棋被列为士大夫的修身之艺。现在，则被视为一种怡神益智、有益身心的活动。

中国象棋集文化、科学、艺术、竞技于一身，不但可以开发智力，启迪思维，锻炼辩证分析能力和培养顽强的意志，而且可以修身养性，陶冶情操，丰富文化生活。同时，也因其用具简单，趣味性强，基本规则简明易懂，千百年来长盛不衰，爱好者众多，成为流行极为广泛的棋艺活动。本课程旨在进一步加强学校的棋类教育，通过棋类活动的开展，促进学生思维的发展、学习的进步，落实素质教育。我们力求采取合理而科学的教学策略，有效地、全面地建立棋类进课堂与学校配方课程有机融合的机制，努力开发和运用校本课程，以带动学生体育和智育水平及心理素质、意志品质、计算力的提高，充分发展学生的象棋技艺与修为，形成有特色的活动模式和思维方式。

二、课程目标

（一）知识与能力

1. 引导学生掌握中国象棋的下法。

2. 让学生了解中国象棋的历史。

（二）过程与方法

培养学生的动手能力、观察能力和创新能力。

（三）情感态度与价值观

培养学生热爱生活的情感，在交流展示的过程中感受智慧带来的幸福与快乐。

三、课程内容

（一）内容设置

1. 第一单元：走进快乐的象棋世界。认识中国象棋的棋盘和棋子（2课时）。

2. 第二单元：象棋的摆法。如何在棋盘上摆棋子（2课时）。

3. 第三单元：象棋的基本走法。

（1）车、马、炮的基本步法（3课时）。

（2）将、士、象的基本步法（3课时）。

（3）兵、卒的基本步法（3课时）。

4. 第四单元：战术指导。

（1）学生练习（4课时）。

（2）教师指导（4课时）。

5. 第五单元：中国象棋比武。

（1）评出捷足先登奖（1课时）。

（2）评出后来居上奖（1课时）。

（3）评出扬鞭奋起奖（1课时）。

（二）课程安排

1. 中国象棋校本课程在3—6年级开设，将本课程纳入课程计划，每周2课时。

2. 针对参与校本课程开发、实施的教师开展与其所承担的科目相关的专业培训，如象棋的开局、中局、残局等，形式采用自学、集中辅导相结合的方法。

3. 课程教师定期开展研讨活动，了解课程实施情况，不断提高课程实施水平。

4. 明确课堂常规，进一步规范教学行为，做到备好课，认真搜集课程资源，上好课。

5. 充分利用学校已有设施设备并进一步完善课程配置，为本课程提供必要的保障。

四、课程实施

（一）学习方式

1. 观察与感悟：教师通过范例展示、实际场景观察、技法视频展示等方式，让学生观察与感悟。

2. 实践：让学生通过实践操作，掌握技巧，完成不同作品，教师全程指导。

3. 交流展示：指导学生搜集中国象棋学习历程中的各类故事，让学生经历交流、展示、赠送的全过程，获得劳动创造带来的幸福。

（二）教学方式

1. 做好活动前的准备：包括资源准备、活动设计准备、技能准备。

2. 使用现代化教学技术如电子白板进行教学，给学生创造良好的教学环境，充分利用多种课程资源，如电子教学用书、视频、网络资料等。

3. 在活动过程中培养学生的创新精神与实践能力，尊重学生个性，鼓励学生使用多种技法。

4. 收集活动照片、活动视频等资料进行展示，营造更浓郁的课程氛围。

（三）实施原则

1. 整体性原则。学校教育是一项复杂的系统工程，所以棋类教育应适用系统论的观点，从德、智、体等全面发展的方面出发，来考虑学校棋类教育的问题。

2. 一切从实际出发、因地制宜的原则。

3. 实践性原则。棋类活动是一项群众性的娱乐益智活动，设备要求不高，方法容易掌握。一张桌子、二只凳子、一副棋子就可摆开阵势，展开对弈，而要对学生的智力有所促进，则需要反复锻炼，从而养成其良好的思维品质。

五、课程评价

（一）评价方式

1. 多元评价。包括学生自我评价、同桌互评、小组间评价、家长评价、指导教师评价。

2. 过程性评价与阶段性评价相结合。

3. 描述性评价与成果性评价相结合。

（二）评价标准

1. 采用等级评价制。

一级：捷足先登奖。奖励班级中最早完成本课程任务的学生。

二级：后来居上奖。在捷足先登奖评定之后，陆续完成任务的部分学生可申报此项奖励。考核工作由获得捷足先登奖的学生来担任。

三级：扬鞭奋起奖。在捷足先登奖、后来居上奖之后完成任务的学生可以申报。评奖工作由前两项得奖者担任。

在此基础上通过同桌评价、组长评价推选出一名表现最突出的学生。

2. 搭建舞台，展示成效，营造氛围。每周开展展示评比活动。

3. 开展小巧手评比活动。学期末评选部分小巧手，激发学生主动参与的积极性。

围　棋

课程类型： 数学逻辑课程
开发教师： 吴　警
学习对象： 小学 1—6 年级学生
学习时间： 每周 2 课时

一、课程背景

围棋艺术传承着我们中华民族几千年的文化精华，全国各地都能见到围棋，甚至形成了不同地方风格流派。围棋不仅表现了群众的审美爱好，蕴含着民族的社会深层心理，也是中国最具特色的民族艺术之一。

围棋易学且具有很强的趣味性，非常适合小学生学习。从小学习围棋会让人对数字、空间有很强的认识和理解，养成勤于思考、细致细心的好习惯。

把围棋艺术作为拓展型课程，有利于让学生进一步了解民间艺术的精华；不断发扬我国民族优秀的艺术传统，增强学生的民族自豪感；唤起学生对民间艺术的热爱；培养学生的创造性思维能力和动手能力。它符合学生需求，能展现学生个性，开发学生潜能，磨炼学生意志，促进学生健康发展。

二、课程目标

（一）知识与能力

1. 了解围棋是一种民间艺术，是中国普及性最高的民间传统四大艺术之一，有着淳厚朴实的民族风格和寓意深厚的内涵。

2. 了解围棋的基本礼仪，掌握一定的下棋技巧。

（二）过程与方法

1. 转变学习方式，引导学生自主学习、探究，通过观察与思考，探究与质疑，调查与实践，在学习中提升个人素质。

2. 在围棋活动中学会调控情绪，学会交往与合作，建立和谐的人际关系，具有良好的合作精神和体育道德，形成克服困难的坚强意志品质。

（三）情感态度与价值观

1. 培养学生的民族自豪感和爱国主义思想，让学生进一步了解民间艺术的精华，不断发扬我国民族优秀的艺术传统。

2. 培养学生敢于创新、勇于实践的精神和提出问题、解决问题的能力。

三、课程内容

第一单元：认识棋盘。

1. 围棋的起源。

2. 讲述关于围棋的故事。

第二单元：规则、礼仪。

1. 认识棋盘、棋子、星。

2. 让学生在棋盘上演练。

第三单元：气、打吃、提子、紧气。

1. 棋子的气、棋子的连接。

2. 围棋的基本礼仪、指导对局。

第四单元：禁入点、虎口、打劫。

1. 禁入点的条件。

2. 打劫、打二还一、虎口。

3. 复习以上所学内容。

第五单元：招法、往下打、双叫吃、门吃。

1. 围棋招法名称。

2. 复习招法。

3. 往下打、双叫吃、练习下棋。

4. 扑与接不归的结合运用。

第六单元：训练。

1. 教师指导、学生对弈。

2. 学生对弈、教师分析。

四、课程实施

在围棋配方课程的教学过程中，教师应深入领会课程的基本理念，开拓思路，创新方法，以艺术为本，以育人为本，全面实现课程价值和课程目标。

1. 遵循围棋活动的感知规律，突出围棋学科的特点。

围棋是艺术，也是体育，对弈体验是学习围棋的基础。发展学生的对弈能力应贯穿于围棋教学的全部活动中。

2. 注意因材施教。

学生围棋能力的客观差异，要求教师对所有学生给予普遍的关怀和鼓励，使他们充满自信地参与各项围棋活动。对有围棋特长的学生应给予相应的指导，并引导和鼓励他们关心集体的围棋学习。

3. 建立平等互动的师生关系。

围棋教学活动应该是过程与结果并重，教师作为教学的组织者和指导者，应在教学过程中建立平等的师生交流互动关系。教学形式应灵活多样，教师应根据不同的教学内容和教学目标，采用与之相适应的教学组织形式，创设充满围棋氛围的课堂环境。要突出学生在教学中的主体地位，便于学生参与各项围棋活动，便于教学过程中的师生交流。

4. 采用多种教学形式进行授课指导。

围棋教学要强调实践性，多开展实战对弈。实施过程中以调动孩子兴趣的方法如故事引入等方式练习巩固。

五、课程评价

评价标准因人而异，应重视学习过程中学生的情感态度与价值观的变化和发展。评价体系要有助于教师及时了解课程标准执行情况，对自己的行为进行反思，不断发展和完善自我。

1. 评价方式采取学生自我评价、同学评价、教师评价、家长评价相结合的方式。根据课堂学习记录（学生学习态度、课内表现和反应）和学生的平时表现进行评价，给出成绩，随机评分。

2. 评分由四部分组成：自评部分、互评部分、师评部分、家长评部分。

自评部分：20分（自我评价，为自己打分）。

互评部分：20分（同伴之间互相打分）。

师评部分：30分。

家长评部分：30分。

国际象棋

课程类型： 数学逻辑课程
开发教师： 游晓霞　杨　光
学习对象： 小学 1—6 年级学生
学习时间： 每周 2 课时

一、课程背景

　　国际象棋历史悠久，是开展广泛的世界性体育项目，同时也是一项非常益智的活动。曾有人把它的作用归纳为"增进智力，培养意志、调剂身心、交流文化"。著名科学家列宾、在电学上有巨大贡献的富兰克林、诺贝尔奖获得者居里夫人等名人，都是国际象棋爱好者，因此人们把国际象棋比作科学、艺术、体育运动三合一的结晶。

　　国际象棋蕴藏着无穷无尽的学问和经验，开展"国际象棋"课程，旨在通过寓教于乐的形式，培养和提高学生各方面的能力。首先，学生在下棋时要发现棋局变化，就必须要有一定的观察力，眼观六路才能应对八方，观察力是学生成才不可或缺的能力。其次，要想提高棋艺，对局结束学生要复盘，复盘必须有较强的记忆力，与棋手多盘对弈重要的是记忆力。再次，想象力对于提高棋艺更为重要，国际象棋棋子的形象能诱发学生丰富的想象和联想，棋盘上的战略运用，能培养学生严密的逻辑思维，成功的人才都是具有缜密的逻辑思维能力的。最后，下棋还能培养学生的注意力，一盘棋下来身不动，心不摇，靠的就是注意力的高度集中，下棋久了，习惯就会成自然，而注意力高度集中、专心致志是学生将来事业成功的保证。

　　所谓"人生如棋"，学生在下棋的过程中，人生观会受到潜移默化的影响。做事要实事求是，不能弄虚作假；凡事要成功，都得付出努力，都要靠自己的真本事；下棋有输有赢，对学生今后的人生道路都将产生极大的影响。我们相信：每一个小兵都是潜在的皇后。

二、课程目标

（一）知识与能力

1. 通过学习，对国际象棋的起源和发展有更全面的了解。

2. 掌握各种棋子的走法、吃法，以及简单的开局、中局、残局战术。

3. 学会在不同的局面中灵活运用战术，学会与他人合作共同完成任务。

（二）过程与方法

1. 采用活动式教学，在活动中培养学生积极参与、积极研究的学习态度，养成良好的棋风，学会独立思考、正确估计自己和对手。

2. 学会自编一些通俗易懂、朗朗上口，又便于理解和记忆的儿歌、口诀，使自己学得容易，记得牢。为学生创设具有趣味性的游戏项目，进一步激发学生学习国际象棋的兴趣。

（三）情感态度与价值观

1. 通过观赛和参赛，感受国际象棋的无穷变化，体验学习国际象棋的快乐，努力展示自我。

2. 通过下棋过程中自觉遵守国际象棋规则，潜移默化养成规则意识，懂得以棋修身，以棋养德。

三、课程内容

表 14 "国际象棋"课程内容

初级阶段	1. 认识国际象棋	（1）国际象棋的起源 （2）国际象棋的棋盘和棋子
	2. 棋子的走法	（1）一般走法（车、马、炮……） （2）特殊走法（王车易位、吃过路兵……）
	3. 记录	了解记录符号
	4. 常用术语	
	5. 胜与和	
提升阶段	6. 开局原理	
	7. 基本战术	（抽、牵制、双重攻击……）
	8. 经典例题	

四、课程实施

（一）实施的原则

1. 实践性原则。

在"国际象棋"课程的实施过程中，把实战练习、对弈、比赛等作为课程实施的方式，以增加学生对基本走法和策略的认识、理解，通过这些活动增加学生学习国际象棋的热情和兴趣，同时也为学生提高下棋水平提供了良好的实践舞台，让学生能够充分地展示自己。

2. 趣味性原则。

在"国际象棋"课程实施的过程中，考虑到学生的年龄和心理特点，注意贴近学生的知识经验，寓教于乐，生动活泼。除了组织各种形式的比赛，在教学的过程中，引入有关的国际象棋的故事、历史；教学活动游戏化，以引起学生的兴趣；学生之间采取帮带的学习形式，让每个学生都能够参与到学习中来。

3. 创造性原则。

在"国际象棋"课程的实施过程中，注意培养学生的竞争意识，发挥学生的个性特长，激励学生树立创造意识，培养创新能力。比如激发学生寻找不同的下棋步法和制胜之道，让学生在下棋中感到无穷乐趣。以棋育人，乐在"棋"中。

（二）实施的方式

1. 学生学习的方式。

学生主要通过聆听教师讲解进行系统的学习，以实战练习、对弈、比赛等方式，在实际练习中感悟国际象棋，不断提升自己的棋艺。

2. 教师教学的方式。

教师根据国际象棋的特色，采取讲授法、演示法、练习法、比赛法等教学方法。

五、课程评价

（一）评价原则

1. 科学性原则。运用科学性的评价方法，提高评价的效度和信度。

2. 可操作性原则。评价方法要简单可行，可操作性强。

3. 全面性原则。注重考查学生各方面的素质，培养学生的创新意识和创新能力。

（二）评价方式

1. 教师评价：教师对学生课堂表现出的情感、态度、能力、行为进行观察，进行描述性、激励性评价。

2. 学生自评：教师引导和帮助学生对自己在学习中的表现与成果进行自我评价，以提高学生自我认识、自我调控的能力。

3. 学生互评：学生依据一定的标准互相评价，这种评价可以帮助学生逐步养成尊重、理解、欣赏他人的态度，从而相互促进。

表15 "国际象棋"课程期末评价表

序号	学生姓名	评价内容																				
		出勤情况				材料准备				课堂表现				作业情况				总评			
		A	B	C	D	A	B	C	D	A	B	C	D	A	B	C	D	A	B	C	D

国 际 跳 棋

课程类型： 数学逻辑课程
主讲教师： 张 文
学习对象： 小学 1—6 年级学生
学习时间： 每周 2 课时

一、课程背景

国际跳棋是当今世界上最为流行的棋类项目之一，也是世界上最古老的棋种之一。国际跳棋由各国的民族跳棋逐步演绎而成。直到 1723 年前，用的棋盘基本都是 64 格。后来，一位波兰将军认为开展战术打击和配合进攻，64 格范围太小，于是发明了百格。两种下法成为现代国际跳棋的主流。世界棋类最发达的国家俄、美、英、法、德的教育专家曾指出：国际跳棋经过四千年发展，棋子外形一致，仅为两色，升王容易处理，这与没有地域性专用文字或图形样式的局限有关，规则明晰，棋理深邃，名谱众多，趣味盎然。

国际跳棋课程能迅速开发学生智力，培养学生意志和品性，通过比赛积累丰富的经验，让学生临危不乱、冷静细致、计算精密。相信学生会因为喜欢此项活动，进取意识更强烈，变得更爱思考，处事更加有大局观，做事变得更有条理。

二、课程目标

（一）知识与能力

1. 通过理论知识的学习，对国际跳棋的渊源和发展有一定的了解。

2. 通过对弈训练，让学生养成下棋之前想好再动手（摸子走子）的习惯。

3. 经过训练，让学生逐步不用橡皮擦、改正液，在做任何事情之前（做作业、考试答题等）都养成考虑清楚之后再动手的好习惯。

（二）过程与方法

1. 通过多种吃法的学习和训练，让学生学会选择一种最佳下法。

2. 通过中局、残局的计算能力训练，提高学生计算能力。

（三）情感态度与价值观

1. 通过连续系统学习，改变固化的思维方式，培养全新的逻辑思维方式，使学生思维敏捷。

2. 通过课程的学习和训练，培养学生愈挫愈勇的意志和急中生智的品性。

三、课程内容

第一节：分享国际跳棋的故事，学习跳棋的礼仪、跳棋的基本走法、吃法，了解连吃、胜负和判定，简单开展对弈。

第二节：复习上节课内容，王棋生变，王棋走法吃法，王棋连吃。指导学生学习跳棋对弈中的礼仪以及良好的行为规范，组织学生实战对弈。

第三节：复习上节课内容，讲杀王（做两个简单练习题目、一个难的题目），组织学生实战对弈。指导学生自查自纠，反思下棋礼仪是否做好。

第四节：复习上节课内容，摸子走子（让学生知道每走一步都需要想好才能走，动了棋子就一定要走那颗棋子）。组织学生实战对弈，指导学生自查自纠。

第五节：复习上节课内容，讲解跳棋规则：有吃必吃（带入打击演示），组织学生实战对弈。

第六节：复习上节课内容，教学生学会教其他同学下棋，课堂练习。通过国际跳棋结交一个以上的朋友。

第七节：讲解跳棋规则——有多吃多（带入题目演示），组织学生实战对弈。

第八节：复习上节课内容，做有多吃多练习题（两个简单一个难），组织学生实战对弈。

第九节：复习上节课内容，讲解跳棋规则：一次取进不可重跳（带入打击演示），组织学生实战对弈。

第十节：讲直线队形（做两个简单的题目、一个难的题目），组织学生实战对弈。

第十一节：复习上节课内容，讲三角队形（做两个简单的题目、一个难的题目，一个弃两子的一步杀），组织学生实战对弈。

第十二节：复习与考试（书面考试）。

四、课程实施

1. 遵循棋类活动感知规律，突出棋类学科的特点。

跳棋是艺术，也是体育，对弈体验是学习跳棋的基础，发展学生的对弈能力应贯穿于跳棋教学的全部活动中，教师要引导学生喜爱跳棋，要加深对跳棋的理解，充分挖掘跳棋所蕴含的艺术美，用自己对跳棋的感悟激起学生的情感共鸣。

2. 面向学生，因材施教。

课堂教学是学校教育的主要渠道，学生跳棋能力的客观差异，要求教师对所有学生给予普遍的关怀和鼓励，使他们充满自信地参与跳棋活动。这要求教学形式灵活多样，应根据不同的教学内容和教学目标，采用与之相适应的教学组织形式，创设充满国际跳棋氛围的课堂环境。可采用教师讲解、学生对弈、课堂练习、师生互动、学生间互动等形式。

3. 建立平等互动的师生关系。

国际跳棋教学活动应该过程与结果并重，教师作为教学的组织者和指导者，是沟通学生与跳棋的桥梁。教师应在教学过程中建立民主、平等的师生交流互动关系。要突出学生在教学中的主体地位，便于学生参与各项跳棋活动，便于教学过程中的师生交流。

4. 课堂注重下棋礼仪和实战训练。

课堂注重下棋礼仪和实战训练有利于培养学生良好的行为规范和动脑思考的习惯。每课完成2—3题国际跳棋的课堂练习题，有助于加强学生对当堂课堂内容的理解。同时引导学生把国际跳棋活动延伸到平时的课外活动中去，让学生通过国际跳棋社团活动，带动并教会其他同学。让国际跳棋成为学生们既相互激励又关心友爱的桥梁。

五、课程评价

"以学生发展为本"是"国际跳棋"课程评价的基本准则。我们建立了能激励学生积极参与本课程学习研究，促进学生综合素质发展的评价体系。

表16 "国际跳棋"课程期末评价表

序号	学生姓名	评价内容																		
		出勤情况				材料准备				课堂表现				作业情况				总评			
		A	B	C	D	A	B	C	D	A	B	C	D	A	B	C	D	A	B	C	D

智力七巧板

课程类型： 数学逻辑课程
开发教师： 张丽明　钟晓英　张　丹
学习对象： 小学 1—3 年级学生
学习时间： 每周 2 课时

一、课程背景

现代智力七巧板作为学习工具，首先可以根据已拼好的图形进行模仿训练，激发学生的学习兴趣；然后是看图组拼；再到观察身边实物或根据所提供文字内容进行组拼；而后举一反三、一图多拼，对同一个图形的多种拼法和一个图形进行细微调整，得到另一图形；最后自由创作。整个过程从模仿到思考最后到创作。

本课程首先通过学生自己的动手实践，找到组拼规律，总结组拼规则，提高学生观察能力；其次"按图分解"以出示形象图—组拼—瞬间提示—二次组拼—二次瞬间提示—再次组拼—口述组拼过程，培养学生空间想象力、瞬间记忆力和良好的口头表达能力；最后"观察创造"是观察身边的景物，学生进行观察找出特征并抽象出主要模型，再组拼的过程，这一过程是一个建模的过程，能培养学生的想象力和创造力，同时对学生的抽象思维能力的提高有很大的促进作用。

二、课程目标

1. 让学生了解祖国传统文化的悠久历史和深厚的文化底蕴，知道七巧板的演变发展历史。

2. 通过本课程的活动让学生对七巧板有具体的认识。了解七巧板拼摆的方法和技巧。提高学生动手动脑能力，激发科学兴趣和创新意识，提升科学素质和培养审美观。

三、课程内容

本课程的实施主要由以下几项实践活动组成。

（一）"按图分解"活动

"按图分解"主要是指导学生把一些图案解剖成七巧板，更加熟悉七巧板的几何关系，掌握最佳的拼图技巧，了解"智力七巧板"的结构，为以后的创新活动打下坚实的基础。在学生对各种图形的模仿、反复组拼后，在班级里组织即兴比赛。看谁先正确地完成每一个拼图，最先拼出者奖励一块美画板，让学生用美画板上的七巧板画出拼图，并画出每个拼图的分解线。同时，安排两星期的课余时间自行拼装、互相探讨、摸索规律。

（二）"专题设计"活动

"专题设计"可以极大地激发学生的想象力和创造力，启迪他们的创新意识。学生通过按图分解已经开始学会运用逆向思维解决各种难题。教师会引导学生设计飞机、汽车，并把设计的拼图画下来，在同一时间内设计得多的胜出，推荐参加年级组比赛。然后安排三周课余时间让学生设计动物、植物、人物、日常用品、体育运动，培养学生丰富的想象力、创新意识。

1. 分类：让学生将拼过的图形按照事物进行分类，提示学生把基本图形分成动物类、植物类、人物类、文字类、数字类、交通工具类、生活用品类、学习用具类等。

2. 设计：在分类的基础上，教师可以任选一类作为专题，让学生自由想象，自行组拼，进行专题设计。比如以动物为例，在小鹿、小白兔的基础上，要求他们再拼出 1—2 种其他动物的图形（如小马、小鸭等），必须注意形似、神似。

3. 表述：根据经验，学生都能拼出 1—2 种动物的图形，关键是要表述，也就是说，他们怎样对拼出的动物进行命名，然后，再简单叙述一下这种动物的习性。这时候，就可以看到学生丰富的想象力。

4. 比较：让学生了解七巧板是怎样表现具体形象的，以便他们更好地用七巧板来表现对生活的观察。

5. 表现：教师可以出示实物图，让学生用七巧板拼，也可以要求他们拼一拼上学路上看到的、电视里看到的、书本中学到的等，以此来创造出新的图形。比较—表现的过程实际也是观察创造的过程。

（三）"观察创造"活动

让学生欣赏动画，引导学生进行观察，分析结构，将所看到的事物抽象化，并用一副七巧板将其拼装出来。学生会拼出各式各样、栩栩如生的图案。接着请两名学生到黑板前表演"问好""批评教育"等情景，让学生将看到的情景用七巧板拼出，并用美画板画出来，从而充分培养学生的观察创造能力。

1. "想象创作"活动。将已学的成语、成语故事，用七巧板组拼出一幅画面，解释该成语表达的意思、意境。

2. "多副组合"创造。引导学生进行多副智力七巧板的综合创造活动。

引导学生背诵古诗，如《小儿垂钓》《黄鹤楼送孟浩然之广陵》《赠汪伦》《寻隐者不遇》等，再让学生分组进行组拼，要求神似即可，鼓励创新。

总而言之，本课程通过以上几项活动使学生的综合运用能力、空间想象能力和抽象思维能力在愉快的活动中得到潜移默化的提高，并培养他们的团队协作精神。

四、课程实施

1. 充分准备，提高活动的效率。

2. 通过丰富的活动内容、新颖的活动方式和魅力来吸引学生。

3. 训练使学生做到拼搭迅速，技巧熟练。

4. 按由易到难的顺序，分别进行指导训练，帮助学生掌握拼搭的技巧。

五、课程评价

本课程为 1—3 年级学生的七巧板活动。1—3 年级学生以形象思维为主，爱说、爱动，注意力难以长时间集中。在活动中只有教师不断向学生提出明确的、有系统的分工要求，在小组学习中，其合作学习的效率才能不断得到提高。

课程评价的主要形式：

1. 自评（20 分）。

2. 学生互评（20 分）。

3. 教师评价（60 分）。

魔 方 世 界

课程类型：数学逻辑课程
开发教师：刘　洁　陈映珊
学习对象：小学 3—5 年级学生
学习时间：每周 2 课时

一、课程背景

魔方（Rubik's Cube），又叫魔术方块，也称鲁比克方块，是匈牙利布达佩斯建筑学院厄尔诺·鲁比克教授在 1974 年发明的。

魔方品种较多，平常说的都是最常见的三阶立方体魔方。其实，也有二阶、四阶、五阶等各种立方体魔方（目前有实物的最高阶魔方为九阶魔方）。还有其他的多面体魔方，面也可以是其他多边形。如五边形十二面体：五魔方，简称五魔，又称正 12 面体魔方。

在小学阶段开展魔方教学，不仅可以帮助学生增强空间思维能力，还可以帮助学生认识空间立方体的组成和结构，锻炼他们的空间思维能力和记忆力。

二、课程目标

1. "魔方世界"课程的开发不仅可以教小学生技巧性地还原基本的三阶魔方，更重要的是借助魔方让小学生在玩中体会数学知识、数学方法和数学思想，增进小学生对数学的兴趣，从而促进小学生的数学学习，改善数学学习效果，开放学生的空间思维，锻炼其逻辑性、记忆力和耐心。

2. 训练学生的手法，加快还原魔方的速度，让学生挑战自己的极限，培养学生在灵活动手的同时快速动脑。

3. 通过三阶魔方的还原公式拓展学习：二阶魔方、四阶魔方、五阶魔方、三阶五魔方、金字塔魔方、镜面魔方，培养学生学习的兴趣和动手动脑的能力。

三、课程内容

"魔方世界"面向小学阶段 3—5 年级学生，让学生初步学会还原魔方的公式，再通过不断练习熟练手法，然后借助两两比赛、小组比赛等形式选出魔方小高手。让学生动脑思考、动手操作，让学生从另一个角度去了解数学、学习数学。

 "魔方世界"配方课程内容

（单元一）魔方知识知多少
- 了解魔方的历史
- 观察、认识魔方
- 了解三阶魔方的构造

（单元二）还原三阶魔方
- 演示还原的公式、步骤
- 学生练习
- 两两PK

魔方世界

（单元三）魔方比赛
- 自我挑战
- 小组竞赛
- 魔方小高手展

（单元四）学习异型魔方
- 学习还原二阶魔方
- 学习还原四阶魔方
- 学习还原镜面魔方
- 学习还原三角体魔方

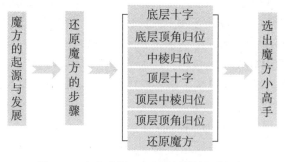

图4 "魔方世界"知识层面的设计框架

以上所示的"魔方世界"配方课程内容及知识层面的框架，根据学生年段的不同和学生知识水平差异安排相应的教学内容，目标、难度、要求和内容的侧重点有所不同。3年级侧重让学生了解魔方，学习还原基础的三阶魔方以及金字塔魔方，单元内容的安排上以学会基础魔方为主；4、5年级侧重于拓展学习异型魔方，单元内容安排则以引导学习异型魔方为主。

四、课程实施

（一）学习方式

1. 师生间的学习。

魔方作为一种益智玩具，并非为数学爱好者所独享，但数学教师开设魔方课程，本身就带给学生一种信号——魔方与数学有千丝万缕的联系。在本课程中，教师向学生传授的不仅仅是还原魔方的技巧，更多的是其中蕴含的数学思想与方法，这与普通的魔方玩家教授魔方在思路上和关注点上有明显的不同。学生在观察思考、动手实践的基础上，在教师的引导下，尝试挖掘游戏中的数学内涵，用数学的眼光看待和寻找游戏的规律，在机械模仿、亲身体验之后，对游戏的过程进行理性的分析和思考，提高了对魔方游戏的认识和把玩技巧，同时在游戏中体验到数学的魅力和数学思想方法的应用价值。

2. 生生间的学习。

在多数人心目中，能够还原魔方是"聪明"的代名词，快速还原魔方更是一项富有挑战性的游戏，非常容易引起小学生的兴趣。而且魔方价格低廉、便于携带，爱好者可以随时随地进行精彩的个人表演，博得周围无数羡慕的目光。因此，每个会还原魔方的孩子周围，都会自然地聚集起一个小组，同学之间互相学习，能快速还原魔方的孩子更成为魔方的转播中心，他们会自发地组织切磋、竞技，甚至连家长和其他教师也为此向他们学习。魔方自然地促进了学生之间的相互学习和交流，增强了学生社会性的发展。生生间的学习，是在本课程学习中学生自发采取的最普遍、最重要的方式之一，是魔方游戏在学校内外、家庭普及推广的方式，也是本课程相对于常规数学课程的特色之一。

3. 教程的学习。

教程的学习是学生学习魔方、感受魔方与数学关系的来源。通过精心选择编制的符合3—5年级小学生的教程，能够向小学生传递适合他们身心特点需要的知识，这也是"魔方世界"教程不同于一般魔方教程的特色之一。

4. 网络、媒体学习。

搭建网上交流、互动的平台，建立"魔方世界"学习网站，开设网上学习专区、经验交流专区、学习报告专区等。一方面由开课教师和学生将搜集好的魔方学习资料、学习视频上传，实现资源共享；另一方面由开课教师组织建立合作小组，设置小组学习专栏，在专栏中提出各种问题相互讨论交流，先由小组内部独立解决，解决不成功再上升到班级中由师生共同讨论，寻找问题的解决方法。利用网络和媒体进行交流，是更广泛利用时间、空间和资源的学习方式。

（二）教学方式

"魔方世界"课程不同于一般学科知识的课程，它不仅仅局限于魔方的简单知识的传授，更重要的是学生的亲身体验。在本课程中学生通过动手来学习，通过实际的操作来促进思维，用自身的体验来感受魔方和数学的巨大魅力。事实证明，从未摸过魔方的学生与曾经玩过魔方并未成功的学生相比，在学习魔方的时候表现出明显的差异；而在学生实践后，再解释其原理比操作前就讲解有效得多。所以，在本课程中，教师要给学生保留充分地自主体验的时间和空间，适时、适度地进行示范、讲解和点拨。

因此，作为"魔方世界"的开课教师，应根据本课程的特点和要求，选择适合学生学习的教学方式，注重讲解的示范性。在教学组织形式上，既应采取班级教学的形式，又应采用小组教学、个别指导的形式。在教学过程中进行积极的探索、实践和反思，了解学生的数学学习过程和思维形成过程，进而因材施教，进行有目的、有计划、有效果的教学。

（三）课时安排模式

"魔方世界"作为学校的一门配方课程，每周 2 课时，每课时 45 分钟。

表 17 "魔方世界"课程安排

单元	单元名称	内容	学时
第一单元	简单介绍	魔方背景、故事	1
第二单元	入门学习	观察、认识魔方	1
第三单元	三阶魔方还原	还原三阶魔方的技巧、方法，选出魔方小高手	18
第四单元	还原三阶魔方数学思考	魔方中的数学，玩魔方的体会	2
第五单元	二阶魔方还原	还原二阶魔方的技巧，选出魔方小高手	8
第六单元	研究性学习	还原四阶魔方、金字塔魔方、镜面魔方，技巧分享	20

五、课程评价

（一）评价类型

日常评价、阶段性评价、期末评价。

（二）评价方式

自评、互评、师评、家长评相结合。

(三) 主要评价等级

采用五星评价法（一星为入格；二星为合格；三星为升格；四星为出格；五星为风格）。

(四) 具体评价办法

1. 日常评价。

(1) 课堂学习记录：记录学生学习态度、课内表现和反应。

(2) 平时表现：根据课内学生实际情况进行评价，给出成绩，随机评分。

2. 阶段性评价。

(1) 小组评价，评出组内优胜者。

(2) 定期进行魔方小高手比赛，展示学生快速还原魔方的能力。

3. 期末评价。

评价分四部分，自评部分、互评部分、师评部分、家长评部分。

(1) 自评部分：20分（自我评价，为自己的作品打分）。

(2) 互评部分：20分（同伴之间互相打分）。

(3) 师评部分：30分。

(4) 家长评部分：30分。

空间创意课程

　　每一种智能代表着一种不同于其他智能的独特思考模式，然而它们却并非独立运作，而是同时并存、相互补充、统一运作的。这些智能之间通常以复杂的方式共同起作用，我们在教学中应有意识地培养这些智能，因此，我们设立了关于视觉空间的各种艺术课程。

　　空间创意课程为发掘每一位学生的天赋打开了一个新的视野。那么，在教学实践中如何更好地发掘学生的这些潜在智能，使得学生的空间创意天赋得以更充分展现，从而优化学习，使每一位学生都可以获得最大的成功呢？为学生提供直接用于激发某种智能的素材可能并不是最主要的，而设计出一些让学生感到有意义的课程来激发他们的智能，才是最重要的。

　　本部分14门课程都是围绕发展视觉空间素养所开展的，并将视觉空间理念带入趣味性、逻辑性、空间性、游戏性的思维创作活动，包括"青花之韵""花样剪纸""创意版画""绘我心梦""泥形我塑""3D智造师""编织小课堂""魔术观堂""影视小制作"等。

　　我们以学科打通为核心，以提高学生创造力为切入点，激发学生的创新思维和创作热情。如手工课，学生在作品的设计中，在有趣的动手过程中，能轻松地认识事物的特性，提高认知能力，促进手脑的协调发展，提升观察力。如绘画课，学生在实践操作的过程中，将艺术、历史、自然科学等学科进行了综合运用并加以升华，是他们观察力和创造力的展示。如3D课，运用平面空间、立体空间、多维空间之间的转换构建或重构平面或立体的物体，通过自己的双手将自己的想象变成具体成果。

　　在空间创意教学中，除了在课堂教学中应用多元智能理论，还要树立灵活多样的多元评价观。评价的导向作用或者说"指挥棒"的作用是不言而喻的。根据多元智能理论，我们应树立多元化的评价观，通过多渠道、采用多种形式，在多种不同的学习情境下进行评价。要关注学生在学习过程中的参与意识、合作精神、审美情趣、学习态度、创新能力等，使每个学生都能看到自己的进步和闪光点，从而树立起学习信心，并能在原有的基础上得到提高。

核心能力

- 观察能力

①促进学生视觉的敏感性和准确性。

②准确地感知视觉世界，重造视觉体验，能把所感知到的形象表现出来。

- 思维能力

①促进右脑在空间信息处理时的作用。

②促进对空间关系的把握，促进视觉、听觉、触觉等多器官协同参与信息筛选。

③加强多种思维活动的并存性与联系性，即通过多种思维形式来揭示事物的多层次联系。

- 空间知觉能力

①培养运用平面空间、立体空间（三维）、多维空间之间的转换构建或重构平面或立体的物体的能力，促进学生有效地感知事物的整体。

②培养精确的视觉记忆能力和知觉能力。

- 创新能力

①发展思维的形象性，培养学生的想象力。

②学习和使用意象法。

3D 智造师

课程类型：空间创意课程
开发教师：何俊校
学习对象：小学 5—6 年级学生
学习时间：每周 2 课时

一、课程背景

3D 打印技术是一种以素质模型文件为基础，运用 ABS、PLA[①] 等塑料，或是粉末状金属材料，通过逐层打印的方式来构造物体的技术。这种技术无须机械加工或其他任何模具，就能直接从计算机图形数据中生成任何形状的零件或成品，从而极大缩短工业产品的研制周期，提高产业生产能力和降低生产成本。

3D 打印技术今后会在世界上取代大部分制造业传统技术。倘若我国不能在 3D 打印技术领域中占有一席之地，则在未来的国家博弈中难以占据优势地位。因此，走近 3D 打印技术，了解并学习 3D 打印技术，对学生今后的学习与就业有着非常重要的现实意义。

本课程旨在满足学生个性化发展需要，使他们在对"具有工业革命意义的制造技术"的学习与实践中，不断提高空间智能，发展观察力、思维力和创造力，培养团结合作精神和实践创新品质。

二、课程目标

"3D 智造师"课程以国家《基础教育课程改革纲要（试行）》为指导，结合我校学生发展实际，旨在充分挖掘学生的潜能，促进学生个性和谐发展，为学生的终身发展奠定基础。本课程通过一系列创意性的实践活动，让学生在合作中学会想象、创造、交流、协调；培养学生的创新思维能力和创造力；让学生成为第三次工业革命浪潮的实践者、参与者。

[①] ABS 即 Acrylonitrile Butadiene Styrene；PLA 即 Polylactic Acid。

（一）知识与能力

1. 通过学习，了解 3D 打印技术的现状，开阔学生的视野，丰富学生的生活，发展学生的空间创意思维，激发学生学习技术的兴趣与热情。形成初步的 3D 制造技术概念，以及对技术与作品的鉴赏能力。

2. 学习 3D 建模技能，提高学生的动手能力。

3. 实现能力的迁移与拓展。

（二）过程与方法

1. 课堂教学与课后网络学习互相促进，指导学生对 3D 建模作品鉴赏能力的形成与提升，以及初步了解 3D 建模的方法。

2. 学会对 3D 作品的正确借鉴与自主创新，自主学习与合作学习相辅相成，在自主创新的过程中不断探索，感受技术活动的艰辛与乐趣。

（三）情感态度与价值观

1. 营造浓厚的学习气氛，让学生在借鉴中模仿，在模仿中思考，在思考中创新，提高科学精神和创新素养。

2. 通过交流探讨，提高批判反思能力。

3. 形成合作学习、终身学习的良好风气，促进师生共同发展。

三、课程内容

本课程内容计划用一学年完成。上学期主要学习 3D 打印的基本操作和基本建模，让学生能够熟练操作 3D 建模软件与 3D 打印机器；能够参考其他优秀的 3D 打印作品，建模并打印出属于自己的作品。下学期主要通过小组讨论、合作创造，培养学生空间艺术审美观和产品实用性测评能力，提高学生的空间想象能力以及创造力。必要时可结合机器人课程，创作并打印有机器人功能的 3D 打印作品。具体课程安排如下。

（一）上学期

第一部分：3D 制造技术初步。

第一节：走近 3D 打印技术。

第二节：3D 打印技术原理初探（概要）、现状与未来。

第三节：3D 打印技术原理初探（FDM[①] 技术）。

第四节：FDM 技术 3D 打印机工作原理。

第五节：3D 打印技术器材。

第六节：3D 打印技术的规范操作。

第七节：3D 打印机的基本操作实践（上）。

① FDM 是 "Fused Deposition Modeling" 的缩写，即熔融沉积成型。

第八节：3D 打印机的基本操作实践（下）。

第九节：3D 打印作品的欣赏与借鉴（上）。

第十节：3D 打印作品的欣赏与借鉴（下）。

第二部分：3D 建模初步。

第一节：123Design 软件介绍。

第二节：123Design 软件基本操作。

第三节：123Design 建模（基本物体）。

第四节：123Design 建模（物体移动、旋转、缩放）。

第五节：123Design 建模（物体结合）。

第六节：123Design 建模（物体挖空与取交集）。

第七节：123Design 建模（切割物体）。

第八节：123Design 建模（添加文字与浮雕）。

第九节：学生创意制作（一）。

第十节：学生创意制作（二）。

第十一节：学生创意制作（三）。

第十二节：学生创意制作（四）。

第十三节：学生演示讲解。

第十四节：教师评价学生作品。

（二）下学期

第三部分：3D 建模进阶（循环 3 次，每次不同主题）。

第一阶段：教师拟定主题。

第二阶段：小组合作完成命题建模。

第三阶段：学生展示与教师评价。

第四部分：高级扩展。

四、课程实施

（一）坚持学生自主学习

本课程虽然是动手实践的课程，但是在建模方面，学生需要用建模软件制造出自己的作品。在教会学生各功能的使用操作后，由学生自主操作，学习建模软件各个功能的应用，这样有助于学生熟练掌握软件功能并能熟练地在自己的作品设计中使用这些功能。

（二）注重学生的思维发展

本课程需要发挥学生的空间思维能力与想象力。小学生想象能力丰富而空间思维能力较差，因此，在教学中，需要找到科学的方法去开拓学生的空间思维能力。

（三）发挥教师的辅导作用

本课程虽然以学生自主学习为主，但也离不开教师的辅导，教师应当在学生自学出现问题时，及时辅导，解答疑惑并纠正错误。另外，由于学生想象力过于丰富，容易将课堂思维带跑，教师应在保护学生学习兴趣的基础上及时予以引导，调控学情，保障课堂教学实效。

五、课程评价

（一）评价形式

把结果评价和过程评价、定性评价和定量评价结合起来。对学生的学习以"出勤率+课堂表现+3D 建模实践+3D 打印作品评分"几个方面的总体情况来进行测评。

（二）评价内容

建议：不仅要关注学生课堂上的学习过程，以及在具体的知识与技能方面的提高，还应重视活动中学生各方面能力的进步。

具体评价方案如下。

1. 日常评价。

课堂学习记录：记录学生学习态度、课内表现和反应。

平时表现：根据课内学生实际情况进行评价，给出成绩，随机评分。

2. 阶段性评价。

小组评价，评出组内优胜者。

小组间竞争，进行 3D 打印建模组间评比，决出优胜。

3. 期末评价。

评价分三部分，自评部分、互评部分、师评部分。

自评部分：30 分（自我评价，为自己的作品打分）。

互评部分：30 分（同伴之间互相打分）。

师评部分：40 分。

电子报刊制作

课程类型：空间创意课程
开发教师：苏子光
学习对象：小学 4—6 年级学生
学习时间：每周 2 课时

一、课程背景

信息技术课程是一门技术性非常强的课程。在新课程改革的要求下，对于学科之间的融合要求更加高。随着教学改革的不断深化，信息技术课程十分急切地需要利用本身的教学优势进行教学标准样式的创新改革，这是适合社会形态数码化、信息化建设的关键举动。

"电子报刊制作"配方课程以 Office 办公软件作为基础，把网络教学资源的研发和利用作为创新项，利用信息技术软件，使学生具有获取信息、传输信息、处理信息和应用信息的能力，培养学生良好的信息素养，把信息技术作为支持学生终身学习和合作学习的手段，培养学生对信息技术的兴趣和意识，使学生了解和掌握信息技术的基本知识和技能，让学生在创新的教学模式下感觉信息技术的吸引力。

二、课程目标

（一）知识目标

1. 初步了解信息技术的应用环境及信息的常见表现形式。

2. 掌握电子报刊封面、目录、版面、版式、内容、封底的设计方法及策略。

（二）能力目标

1. 掌握电子报刊的页面设置、版面设计、图文排版及微调。

2. 通过主题活动形式，以情境启发模式、任务驱动模式、自主探究模式、协作学习模式等方法组织信息技术学习，培养学生的实践能力和创新精神。

（三）情感目标

1. 借助信息技术，让学生学会与他人合作，与他人沟通，进行自主学习和合作学习。

2. 体验设计的技术在电子报刊中的魅力，激发学生的学习兴趣和创作欲望，增强创新意识，逐步提升学生的信息素养和审美情趣。

三、课程内容

"电子报刊制作"课程主要是引导学生运用各类文字、绘画、图形、图像处理软件，参照电子出版物的有关标准，创作电子报或电子刊物。制作过程中，指导学生进行封面、目录、版式、版面、封底的设计，同时结合文字、图片、声音、视频等多种元素，最后还可以加入一些动画效果，让电子报刊作品更加精美。

四、课程实施

（一）关注学生的情感，激发学生学习兴趣

学生只有对事物感兴趣，才会有积极学习的情感，才能保持学习的动力并取得成绩。因此，在本课程实施过程中，教师应将学生的情感放在第一位，努力营造宽松、民主、和谐的教学氛围，建立良好的师生关系。同时，教师通过丰富多彩、形式多样的活动，激发学生探究新知识的好奇心和自信心，使学生形成一定的学习动力。

（二）加强对学生学习策略的指导，使他们养成良好的学习习惯

使学生养成良好的学习习惯和形成有效的学习策略是校本课程的重要任务之一，本课程在实施过程中也应做到这一点。指导学生抓住知识由浅入深的规律，由易到难，使学生掌握起来不感到吃力；个别辅导时，注意学生的个体差异，有针对性地进行指导；引导学生使用多种方法来解决问题，如向同学请教，向老师请教，向家长请教，向互联网的搜索引擎请教，向书籍请教，等等。

（三）突出实践性，让学生学有所用

书本上的很多知识，学生学完之后感觉和现实生活没有直接的关系，也就削弱了学生学习的热情。如果我们突出"电子报刊制作"这一校本课程的实践性，学生学起来就感觉有目标了。所谓学有所用，让学生感觉学习这些是马上就可以拿来用的。

（四）建立相应的激励制度，促进学生学习能力的提高

将激励制度贯穿于课程实施的全过程，有利于学生对学习始终保持高亢的劲头。如将学生分成若干小组，小组之间相互竞争，相互对比，相互学习，

让学生在竞争中学会有效的学习，在学习中学会必要的竞争，从而促进学生学习能力的提高。

五、课程评价

评价类型：日常评价、阶段性评价、期末评价。

评价方式：自评、互评、师评、家长评相结合。

主要评价等级：A、B、C、D四档。（A为优秀，B为良好，C为合格，D为待合格）

具体评价方案：

（一）日常评价

1. 课堂学习记录：记录学生学习态度、课内表现和反应。

2. 平时表现：根据课内学生实际情况进行评价，给出成绩，随机评分。

（二）阶段性评价

1. 小组评价，评出组内优胜者。

2. 定期进行学生电子报刊制作比赛，展示学生优秀作品。

（三）期末评价

1. 评价分四部分，自评部分、互评部分、师评部分、家长评部分。

自评部分：20分（自我评价，为自己的作品打分）。

互评部分：20分（同伴之间互相打分）。

师评部分：30分。

家长评部分：30分。

2. 评价标准。

（1）体现学生在评价中的主体地位。

本课程建议让学生成为评价的主体，因为这样有益于学生认识自我、树立自信，有助于学生反思和调控自己的学习过程，从而有利于促进学生操作技能的发展。

（2）注重形成性评价对学生发展的作用。

评价是为了学生更好地发展，因此，本课程建议对学生进行形成性评价。对学生每一堂课上的表现、所取得的成绩以及所反映出的情感、态度、策略等方面的发展做出客观的评价。同时让学生、教师和家长共同参与评价，注意评价的正面鼓励与激励作用。

（3）注重评价方法的多样性和灵活性。

教师应注意根据学生的年龄特征和学习风格的差异采取适当的评价方式。如学生对某一次的测试过关情况不满意，教师可暂不记录等级，允许其进行再次尝试。

影视小制作

课程类型：空间创意课程
开发教师：李　恺
学习对象：小学 4—6 年级学生
学习时间：每周 2 课时

一、课程背景

本课程精选若干部影视经典名作进行欣赏学习以及动手拍摄制作，简要介绍影视艺术的发展历史，就每一部影视名作的产生背景、制作情况、艺术性、拍摄手法等各个方面，进行品评及模仿拍摄。重点进行欣赏，引导学生学习影视的拍摄及制作。本课程对于改善小学生知识单一、知识面狭窄，拓宽其知识结构及提高动手能力具有重要意义。

本课程面向全校中高年段学生，通过本课程的学习，要求学生初步掌握影视欣赏，了解影视艺术的基本知识和基本特征，掌握影视视频的制作流程和方法，学会影视新闻的拍摄和制作，从而提高学生影视艺术作品欣赏能力和动手拍摄制作能力，并提高学生综合文化素质。

二、课程目标

通过介绍相应影片拍摄背景、场景人物等，模仿拍摄方法，评析影片的表现方法和技巧，使学生能掌握影视的拍摄方法；分别从数字媒体设备、拍摄角度、技术特点、剪辑技巧等角度对作品进行深入的分析。增强学生欣赏电影和拍摄视频的能力和水平，加深他们对影视视频的了解，培养学生的审美情趣，开阔学生的视野，提高学生的文化艺术修养。

三、课程内容

（一）课的类型及功能

"影视小制作"是一门动手制作的课程，要让学生学习对于画面的审视，对于技巧的研究与使用。借助设备拍摄，选取合适、正确、优美的视频画面，结合视频的后期制作，合成影视视频，学会将生活中的美景收集并记录成为作品，将学校生活中的故事记录下来并讲述给同学、老师及家长听。

（二）课程课例具体目标

表 18　"影视小制作"课程课例具体目标

年级及对象	课例	目标
中高年级学生	校园电视台 视频拍摄	了解影视的拍摄制作流程
		了解影视设备，学习使用方法
		掌握视频拍摄角度选取及拍摄技巧
		培养学生的审美能力及提升审美水平
		视频制作的软件使用
		影视制作的美化合成
		学生学会拍摄制作校园电视台新闻

（三）课程的设计基本要素

根据学生的年龄特点和实际情况，教师设计相关的拍摄主题方案。一个方案里包括拍摄主题、拍摄对象、设计理念、拍摄目标、场地设计、拍摄准备、拍摄过程（其中包括拍摄技巧、注意事项）、视频制作等。

四、课程实施

（一）课程学习对象

本课程针对中高年段学生，选取适合拍摄需要和拍摄要求的学生，在教师的带领下开展拍摄活动。课程实施的地点根据课程方案来确定。

（二）课程实施注意事项

影视小制作课程是技能型动手课程，它要符合动手制作的一些原则，因此在实施过程中要注意以下事项。

1. 坚持学生自主学习拍摄为主。

"影视小制作"的首要目的不在于解决学习内容的问题，而是通过学习拍摄技巧和拍摄手段，开展视频拍摄活动来培养学生的动手能力和提升学生的审美水平。在视频拍摄制作的过程中，我们要坚持让学生自主拍摄，以学生为主，教师引导为辅的原则。教师提出拍摄的要求与主题，引导学生进行拍摄活动，让学生主动积极地参与拍摄活动过程，得到充分的情感体验与动手能力的锻炼。

2. 注重课程的心育功能。

"影视小制作"课程以校园为阵地，开发丰富多彩的校园生活故事的拍摄，并在校园内系统性地开展视频拍摄，以此来培养学生积极的心理素质，促进学生观察生活、记录事情，最终推动学生审美能力与动手拍摄能力的发展与成熟。

3. 发挥教师的辅导作用。

儿童的任何学习都必须以自动自发为原则才能真正有效，但影视制作并不是让学生自由玩耍，而是有计划地指导。如果在拍摄过程中教师不做任何反应，就会使拍摄过程混同于一般的游戏活动。因此，教师作为辅导者要在组织视频拍摄时充分发挥自己的辅导作用。例如，教师要创设情境主题，讲清拍摄内容；接着组织学生进行主题拍摄，过程中关注学生的技巧及画面选择，及时进行反馈与回应；然后组织学生进行视频的审阅，引导学生相互交流、分享体验，让学生在分享交流中获得共同成长；教师还可以引导学生进行讨论与分享，促进学生之间的互动与经验的整合。

4. 注意安全和规则。

课程中所设计的拍摄要求的危险程度应考虑小学生的承受能力，场地器材的摆放应考虑小学生的身体条件，拍摄的组织方法与规则应合理安排，符合安全的要求。此外，在拍摄过程中，要提出安全措施以及注意事项，并对学生进行适度的保护和帮助。

5. 适度向课外延伸。

为了让影视小制作更有实效性，视频的拍摄可以适当延伸到课外。例如，一些班级里会有一些趣事，可以让学生自己拍摄记录，家庭的出游可以让学生进行旅行拍摄记录等。通过这些课外拍摄让学生更多地进行拍摄练习。

五、课程评价

（一）评价的原则

1. 以促进审美能力与动手能力的发展为重点的原则。

这一原则是指本课程的评价要以学生审美能力与动手能力的提高为重心，在评价中，要以人为中心，挖掘积极因素，促进学生能力的发展和成熟。

2. 体验分享的原则。

这一原则是指在评价中，通过引导学生广泛交流彼此在活动中的感受和经验，交换相互的意见和看法，将每一个人的收获变为大家共同的精神财富。

3. 以学生自我评价为主的原则。

这一原则是指在评价过程中，教师应引导学生自主地开展评价，培养其自我认识的自觉性，并提高其独立的分析能力。

4. 差异性原则。

这一原则是指根据学生的年龄特点和个人发展水平来加以把握。

（二）评价的方法和方式

1. 教学活动的评价。

校本课程是一种新兴的事物，正处于起步阶段，学校、教师都在摸索中探出一条适合本校、满足学生发展需要的路子。因此，教师要注重学生反馈，经常与其他教师交流，善于总结反思，不断改进与提高。

（1）注重学生的反馈与活动记录。

在每节课结束后，教师多与学生交流，做好每次活动的记录，及时发现问题，以便调整活动内容，改变教学方法。

（2）及时反思，及时改进。

在每节课后，教师可以针对活动过程中出现的问题进行自我分析，思考改进的措施，并写下来。也可以请其他教师来现场观察，课后进行研讨，提出建议，来帮助自己改进活动设计。

2. 学生活动评价。

（1）写随笔。

学生平时上完拍摄课程后，可以写随笔，与教师、同学进行分享，不仅可以促进学生与学生、学生与教师之间的交流和沟通，也可使学生学会自主性评价，同时促进学生自我教育能力的形成。

（2）课程期末评价表。

为了能使评价更客观、更全面、更有可感性，我们制定了一份课程期末评价表（学生评价），见表19。

表19 "影视小制作"课程期末评价表

项目	内容	评价指数（0—10）
1	我喜欢这门课程	
2	我在课堂上学习到知识	
3	我觉得通过这门课程我学会了观察环境和人物	
4	参加这门课程让我感到对自己越来越有信心	
5	在活动中，我乐意与他人分享我的经验	
6	在拍摄过程中我学会选取美丽的画面	
7	我能自如地画出想要表达的画面	
8	我觉得通过这门课程，我的审美能力有所提高	
9	我喜欢老师对待我们的态度和方式	
小计	累加以上评价指数的和	
我的建议	我认为这门课可以改进的是：	

魔术观堂

课程类型：空间创意课程
开发教师：何丽琴
学习对象：小学 1—6 年级学生
学习时间：每周 2 课时

一、课程背景

魔术是一门集科学性与趣味性于一身的表演艺术。而小学生由于年龄小，好奇心强，对魔术就有着浓厚的兴趣，对魔术的奥秘充满了强烈的好奇心和探究欲，更想了解魔术的奥秘所在。同时，也由于小学生的好奇心强，思维活跃，想象力丰富，更容易对观察生活、发现问题、探究问题产生浓厚的兴趣。因此，让孩子们与魔术零距离接触，开展"魔术观堂"这门课程，能激发学生的探究热情，发展学生的想象力、观察力、专注力，发展兴趣爱好。

二、课程目标

（一）知识与能力

1. 通过观看与魔术有关的电影、视频，初步了解魔术以及进一步欣赏魔术表演，体验魔术的魅力，开阔学生视野。

2. 了解魔术的起源、分类、形式等，学习简单的魔术表演。

（二）过程与方法

通过观看魔术视频，引导学生探究魔术奥秘，学习魔术中蕴含的原理，培养学生学会大胆猜测、善于分析、善于解决问题的探究能力。

（三）情感态度与价值观

1. 通过"小小魔术师"的表演，激发学生的探究热情，发展学生的想象力、观察力、专注力，培养学生的创新意识和发散思维。

2. 通过系列研究，揭开魔术的神秘面纱，使学生树立科学的世界观。

三、课程内容

"魔术观堂"，顾名思义，魔术、观看，这门课程会采用理论与实践相结合的方法。一方面，讲解关于魔术的各方面的知识，包括魔术的起源与发展、萨士顿原则、表演形式、效果分类、几大流派、注意事项等理论知识，在理论中穿插魔术视频的观看。另一方面，欣赏魔术表演，并且学习一些简单的小魔术。例如，扑克魔术、心灵魔术、生活小魔术等。通过观看魔术视频以及学习简单的小魔术，引导学生探究魔术奥秘，发展学生的想象力、观察力、专注力。

具体课程内容如下。

第一节：观看视频，欣赏魔术表演。

第二节：讲解魔术的起源与发展。

第三节：讲解与魔术相关的萨士顿原则与相关戒条、注意事项。

第四节：了解著名魔术师以及欣赏魔术。

第五节：了解魔术的分类，并且穿插学习一些小魔术。

第六节：了解魔术的表演形式以及相关的流派。

第七节：观看近景魔术，大胆揣测以及探究其中奥秘。

第八节：了解相关词典以及学习魔术语言的艺术。

四、课程实施

（一）观看魔术，激发学生对魔术的热情

1. 利用录像、网络等手段为学生播放国际大师的精彩魔术表演。

2. 学生根据自身爱好，采取翻阅书籍、浏览网页等方式查阅相关资料进一步开阔视野。

（二）教师引导学生自主观察、思考探究魔术

1. 以小组的形式针对观看的魔术展开讨论，引导学生自主观察和思考探究，运用方法破解魔术的技巧，从而达成探究目标。

2. 指导学生运用观察对比法、查找资料法、否定排除法等对魔术进行探究，不断激发学生掌握方法的需求，充分经历探索和分享方法的过程。同时发挥教师的主导作用，帮助学生提炼方法，引导学生实践方法，从而提高方法指导课的效率，使之在学生综合实践能力的提高中发挥应有的作用。

（三）激发学生的探究兴趣，调动学生的参与热情

魔术对于学生来说既常见，又充满神奇，还不易现学现会。怎样才能引发学生对魔术探究的热情，并能主动地提出问题，带着好奇带着兴趣研究下去，是本课程需要下功夫之处。从观看精彩的魔术表演导入，激发学生对魔术的兴趣，然后教师表演魔术，让学生认真观察，大胆猜测，运用方法，引

导学生从自己的生活中主动地发现问题，激起他们"想问，想做，愿做"的热情，用最浓缩、最有代表性的情境，去点燃学生内心的热情，激发学生的兴趣和积极性，激起他们对问题研究的渴望。

（四）强调学生是活动的主体，让学生合作设计表演魔术

1. 在课程中，无论是学生提出的问题、方法的运用，还是计划的制订，教师都应尽量放手，及时地把握关键时的引领，"形散神不散"，有效地发展学生的思维，这样也充分体现综合实践活动以"学生为主体"的原则。

2. 教师指导学生设计魔术所需的器材，弄明白相应知识点等，鼓励学生争做"导演"，进行魔术设计，教师随时对学生设计提出修改意见，完成设计目标。

3. 以小组合作的形式进行合作表演，评选出最佳魔术小组。

五、课程评价

（一）评价形式

把结果评价和过程评价、定性评价和定量评价结合起来。对学生的学习以"出勤率+课堂表现+魔术表演成果"几个方面的总体情况来进行测评。

主要评价等级：A、B、C、D 四档。（A 为优秀，B 为良好，C 为合格，D 为待合格）

（二）评价内容

1. 日常评价。

（1）课堂学习记录：记录学生学习态度、课内表现和反应。

（2）平时表现：根据课内学生实际情况进行评价，给出成绩，随机评分。

2. 阶段性评价。

（1）小组评价，评出组内优胜者。

（2）定期进行学生魔术表演分享，展示学生的魔术表演。

3. 期末评价。

（1）自评部分：20 分（自我评价，为自己的作品打分）。

（2）互评部分：20 分（同伴之间互相打分）。

（3）师评部分：30 分。

（4）家长评部分：30 分。

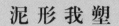

泥 形 我 塑

课程类型：空间创意课程
开发教师：喻文舟
学习对象：小学 3—6 年级学生
学习时间：每周 2 课时

一、课程背景

我国泥塑艺术可上溯到新石器时期。浙江河姆渡文化遗址出土的陶猪、陶羊时间为 6000—7000 年前；河南新郑裴李岗文化遗址出土的古陶井及泥猪、泥羊头时间约为 7000 年前，可以确认是人类早期手工捏制的艺术品。泥塑活动的开展使学生从小了解民间美术、接触民间美术，而捏泥也是一个培养孩子动手创意能力的活动。有专家指出，孩子的智慧存在于他的四肢上，通过各种动手经验，孩子不仅可以锻炼手指灵巧的控制力，更能激发出专注力、意志力、想象力和创造力。泥塑教学在我校经过几年的实践，学生在学习兴趣、审美能力、个性培养上有了长足的发展。

二、课程目标

小学的泥塑活动是学生感受世界、表达情感的重要途径，也是学生创造力培养的重要手段。在实施泥塑课程时以"学生的发展"为核心，以激发学生的兴趣为出发点，为学生感受世界、进行艺术创造提供广阔空间。

（一）知识与能力

1. 培养学生的空间知觉能力。注重对学生手眼协调能力、想象力与创造力的培养，同时加强对学生的耐心细致、勇于实践等良好品质的培养。

2. 运用传统的泥塑造型方法，欣赏古今泥塑作品的艺术特色及审美价值，关注民族文化遗产，感受泥塑的独特艺术美感。

（二）过程与方法

1. 引导学生在自己观察、理解的基础上通过泥塑创作表现自己特有的形体感受和泥塑语言。

2. 通过泥塑创作活动，培养学生的审美能力、思维能力和动手能力，促进学生特长发展，提高学生的综合艺术素养。

（三）情感态度与价值观

1. 营造浓厚的学习气氛，让学生在模仿中思考，在思考中创新，不断提高创新素养。

2. 培养学生团队合作意识、合作技能和人际交往能力。

三、课程内容

（一）第一部分：泥塑制作的基本方法

第一节：泥塑的历史及发展。

第二节：古代经典故事人物解说。

第三节：古代经典故事人物浮雕初稿。

第四节：泥塑工具、材料的运用解说。

第五节：古代经典故事人物浮雕人物制作。

第六节：古代经典故事人物浮雕背景制作。

第七节：民间泥塑的制作方法。

第八节：我们身边的民间泥塑大师（上）。

第九节：我们身边的民间泥塑大师（下）。

第十节：我国各地的民间泥塑。

（二）第二部分：泥塑的基础造型训练

第一节：浮雕动物——挂鱼。

第二节：浮雕动物——马。

第三节：浮雕植物——藤蔓。

第四节：浮雕植物——荷花。

第五节：浮雕人物——飞天。

第六节：浮雕人物——八仙。

第七节：圆雕动物——十二生肖。

第八节：圆雕人物——儿童。

第九节：圆雕人物——老太太。

（三）第三部分：作品赏析

第一节：凤翔泥塑。

第二节：淮阳、浚县泥塑。

第三节：无锡惠山泥塑。

第四节：宁夏杨氏泥塑。

第五节：广东大吴泥塑。

第六节：高密聂家庄泥塑。

第七节：白沟、玉田泥塑。

第八节：北京泥塑。

第九节："泥人张"彩塑。

四、课程实施

(一) 从生活中发现美

学习泥塑构图方法及基本原理。将身边熟悉的动物、植物、景物、人物等作为塑造的对象，短期内进行强化训练，要求学生每天对自己提出新的要求。

(二) 发展立体思维

学习泥塑基本方法和制作规律。以一些经典泥塑作品和学生练习作业为范例进行分析和解说，帮助学生在相对比较抽象的构思构图创作阶段找到具体的范本和例子，使学生迅速地找到泥塑构思的途径。引导学生在练习的基础上把小稿放大成为正稿，讲解泥塑的制作方法（压、揉、搓、拧、捏），学习手工制坯、绘彩。

(三) 全面发展和个性形成

培养全体学生的创作意识和表现能力，充分发挥学生的个性特长，使学生在自由创作中获得个性表达的愉悦。

五、课程评价

(一) 评价形式

泥塑艺术创作评价分两部分：定性评价和定量评价，即作品评选和师生共同评价。

(二) 评价内容

1. 日常评价。

（1）课堂学习记录：记录学生学习态度、课内表现和反应。

（2）平时表现：根据课内学生实际情况进行评价，给出成绩，随机评分。

2. 阶段性评价。

（1）小组评价，评出组内优胜者。

（2）小组竞争，进行泥塑组间评比，评定优胜者。

3. 期末评价。

（1）自评部分：30分（自我评价，为自己的作品打分）。

（2）互评部分：30分（同伴之间互相打分）。

（3）师评部分：40分。

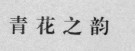

青花之韵

课程类型： 空间创意课程
开发教师： 符秋虹
学习对象： 小学 5—6 年级学生
学习时间： 每周 2 课时

一、课程背景

线描画是一种带有游戏性质的美术创作活动，它是一种特别适合小学生的绘画新形式。在小学美术教学中，线描内容所占的比重越来越大。通过研究发现，线描画不但有利于儿童表现自己的情感，而且可以激发学生的绘画潜力，为以后的绘画打下坚实的基础，同时也有利于儿童其他智力的开发。

我们以学科打通为核心，以提高学生创造力为切入点，以美术线描课作为渠道，开发和研究出小学生创意青花线描课程。力图冲破原有学科界限，打通学科间知识，实现学科间知识的融合。

二、课程目标

（一）知识与能力

1. 了解如何通过线条的粗细、长短、曲直、轻重、穿插等变化来表现曲面的空间层次。

2. 了解"青花"的艺术特点，学会结合现代装饰画，运用各种材料进行青花线描创作的方法。

（二）过程与方法

1. 通过学习本课程，进行利用废旧的瓶子制作"青花瓶"、利用纸制作"青花画"、利用伞创作"青花伞"、利用蛋糕盘创作"青花盘"、利用扇子制作"青花扇"等一系列活动，提高学生绘画的积极性，提升绘画水平。

2. 通过青花线描的学习，激发学生的创新思维和创作热情，以多元的、网状的思考模式理解与学习美术。

（三）情感态度与价值观

1. 通过学习，有效地激发学生学习美术的兴趣，增强学生对社会美、文学美、自然美、音乐美的体验与感悟，能融会贯通。

2. 树立热爱艺术、崇尚艺术的人生观和价值观。

三、课程内容

本课程将积极贯穿落实"学科打通"理念，因材施教地整合教学内容，创造性地使用教材，运用新颖的教学方法，通过构建选材创意、指导创意、体验创意、评价创意四个教学板块，以学生喜欢的方式进行"创意课堂"教学。

图5　"青花之韵"课程结构

以上所示的"青花之韵"课程根据学生年段的不同和学生知识水平差异安排相应的教学内容，目标、要求逐渐增高，难度、内容的侧重点逐级增加，分别是在废旧的瓶子、纸、伞、蛋糕盘、扇子上画"青花"。

四、课程实施

（一）中国传统文化和美术课堂的融合

在美术配方课程教学中，应不断拓展工具材料的新鲜性和独特性，引发学生兴趣。注重中国传统文化和美术课堂的融合。然而，由于我国传统文化年代久远、内容较多、深奥复杂，美术教材中与传统文化相关的内容分布零散、形式单一，无法吸引学生的注意力。因此，在美术校本课程开发实践过程中，我们不断尝试，广泛搜集各种资源，选择青花这一元素，有效融合中国传统文化，并在课堂教学中结合传统经典与当代元素，别出心裁地对课程进行设计。

（二）体验青花线描，其乐无穷

本课程对学生创造能力的培养具有很重要的作用，为美术课堂练习注入了新的活水。在课堂上，学生可以体验变废为宝的神奇，也可以实现"变丑为美"的奇迹。

（三）激趣造型，贴近生活

学生有了一定的基础能力就可以自由创作了，教师只需提供主题。如"校园八节""京剧进校园""快乐的我""我和妈妈""我的一家人""我心中的宝安"，学生的创作激情便可以得到充分的激发。

（四）引导创新，艺塑童心

让学生在愉悦中不知不觉地掌握所学的知识，能够使美术教学变得更加生动、有趣，从而使学生对美术产生浓厚的兴趣。线描内容要选择学生所熟悉的，先易后难。这门课程为了贴合儿童的心理特点，通过线的安排组织来反映物象的空间、结构、质地等，也能增强儿童的审美力与构造力。

五、课程评价

（一）评价形式

把结果评价和过程评价、定性评价和定量评价结合起来。对学生的学习以"出勤率+课堂表现+美术作品评分"几个方面的总体情况来进行测评。

（二）评价内容

1. 日常评价。

（1）课堂学习记录：记录学生学习态度、课内表现和反应。

（2）平时表现：根据课内学生实际情况进行评价，给出成绩，随机评分。

2. 阶段性评价。

（1）小组评价，评出组内优胜者。

（2）定期进行学生青花物件绘画制作比赛，展示学生优秀作品。

3. 期末评价。

（1）自评部分：20分（自我评价，为自己的作品打分）。

（2）互评部分：20分（同伴之间互相打分）。

（3）师评部分：30分。

（4）家长评部分：30分。

花样剪纸

课程类型： 空间创意课程
开发教师： 游妙凤
学习对象： 小学 3—6 年级学生
学习时间： 每周 2 课时

一、课程背景

剪纸是流传于民间的一种艺术形式，有着悠久的历史。剪纸以其强大的装饰性、趣味性显示出独特的生命力，是一种亲切、朴素、通俗、美观的艺术表现形式。

作为一门传统的民间艺术，剪纸是对儿童进行美育的有效途径之一。学生在剪纸作品的设计中，以自己独特的眼光看世界。这是学生发现自我、表现自我的过程，对启迪学生智力，开发学生思维，提高学生的审美情趣，培养学生个性有着重要的作用。同时，在有趣的剪纸过程中，学生能轻松地认识事物的特性，提高认知能力，手脑能协调发展，提升观察力；也可以张扬个性，发挥想象力和创造力，享受前所未有的愉悦感和成就感。

二、课程目标

（一）知识与能力

1. 系统学习剪纸的各种表现手法和方法，掌握剪纸造型艺术的基本技巧，依托"剪、刻、贴"等动作锻炼学生的左右脑平衡协调的能力及双手配合能力，促进学生动手能力的提高。

2. 动手搜集剪纸材料、搜集民间剪纸作品的相关资料，学习前人的知识文化遗产，充实剪纸理论知识，提高审美素养。

（二）过程与方法

1. 让学生学会辨认不同形状的纸所表达的意思，培养学生的立体思维、立体表现能力以及学生的动手能力和创造能力，让学生能借助剪刀和彩纸来表达个人情感，创作各种纸手工艺品，培养生活的小情趣。

2. 在规范有序的造型训练中能够运用所学知识，在阶段学习中，要使学生在动手能力和色彩审美能力上都有所提升，从而树立学生的自信心。

（三）情感态度与价值观

1. 让学生感受生活与艺术的丰富多彩，体验剪纸作品的美感，体会中国剪纸文化的深刻内涵。

2. 培养学生热爱剪纸，关注剪纸历史发展和这门艺术为社会所做出的贡献。

3. 树立热爱艺术、崇尚艺术的人生观和价值观。

三、课程内容

剪纸教学开展以来，我们经历了由开始随机教学到零星的经验课的串联，再到有意识地编排教学内容三个阶段的实验与整理，初步形成了具有我校特色的剪纸教材。为使教材内容有计划、有系统地让学生学习并吸收，方便学生了解教材的内容安排与衔接，我们又进行了多次的尝试和实践，将教材做一些主题性的连贯、层次性的衔接，现已整理出较为完整的"花样剪纸"配方课程，并构建学生学习剪纸知识层面的框架结构。在教学实践中，教师努力做到课时固定、时间固定、场所固定，循序渐进地进行丰富多彩、形式各异的剪纸教学。

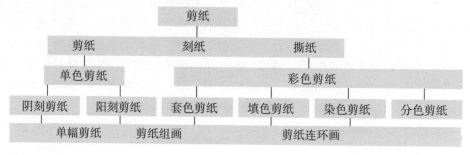

图6 "花样剪纸"配方课程知识层面框架

以上所示的"花样剪纸"配方课程知识层面框架，根据学生年段的不同和学生知识水平差异安排相应的教学内容，目标、难度、要求和内容的侧重点有所不同。以剪纸的制作方法为例，3、4年级侧重让学生了解工具和培养兴趣，学习基本的单幅剪纸的制作方法，单元内容安排上以体验和激趣为主；5、6年级侧重于学习彩色剪纸等内容，进行随意创作，单元内容安排则以引导创新和感受文化为主。

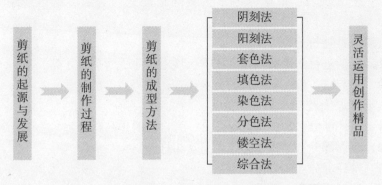

图7 "花样剪纸"配方课程知识层面的设计框架

四、课程实施

(一) 寻找日常生活中的美术元素

选择适合学生身心发展的生活素材，并结合学习方法的趣味性、多样性，让他们在愉悦中创作，在激情中不断进步。依托学校"校园八节"，为学生创造展示的机会，让他们把握每次展览的机会，提高积极性，增强自信，全面提升审美素养。

(二) 合理设置教学难度

小学剪纸课程设置应遵循儿童的认知规律，体现新课程美术教学的人文主义倾向，以艺术能力和人文素养的培养为价值取向，注重学生综合能力的发展，使学生对物体形的感知既有量的扩展又有质的提升。

(三) 明确剪纸教学教育主题

1. 感受剪纸文化，陶冶艺术情操。
2. 体验剪纸技艺，其乐无穷。
3. 创意造型，贴近生活。
4. 引导创新，艺塑童心。

五、课程评价

(一) 评价形式

把结果评价和过程评价、定性评价和定量评价结合起来。自评、互评、师评、家长评相结合，对学生的学习以"出勤率+课堂表现+作品评分"几个方面的总体情况来进行测评。

(二) 评价内容

1. 日常评价。
(1) 课堂学习记录：记录学生学习态度、课内表现和反应。

（2）平时表现：根据课内学生实际情况进行评价，给出成绩，随机评分。

2. 阶段性评价。

（1）定期进行学生剪纸作品比赛，展示学生优秀剪纸作品。

（2）参与省、市、区举行的美术比赛，获得一定的成绩。

3. 期末评价。

（1）自评部分：20%（自我评价，为自己的作品打分）。

（2）互评部分：20%（同伴之间互相打分）。

（3）师评部分：30%。

（4）家长评部分：30%。

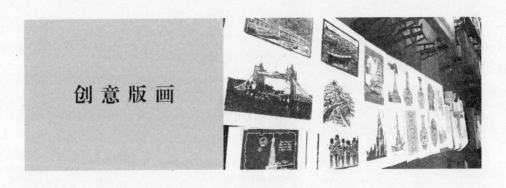

创意版画

课程类型：空间创意课程
开发教师：余 琦
学习对象：小学 3—6 年级学生
学习时间：每周 2 课时

一、课程背景

版画是中国美术的一个重要门类。古代版画主要是指木刻，也有少数铜版刻和套色漏印。独特的刀味与木味使它在中国文化艺术史上具有独立的艺术价值与地位。

版画是趣味性、创造性、知识性和时间性极强的一门艺术。学生在实践操作的过程中，特别是刀刻与印制过程中，可以将艺术、历史、自然科学等学科进行综合运用并加以升华。版画的独特性决定了它具有认识功能、教育功能和审美功能，创新是版画发展的永恒主题和本质内涵，因此，版画教育能对学生进行审美教育、创新教育与师生互动协作进取的动手能力教育，是促进学生全面发展的有效途径与方式。

制作版画的过程，是学生通过双手将自己想象变成具体成果的过程，这是学生所学知识的展示，是他们观察力和创造力的展示。尽管他们的作品并不完美，但正是在这种不完美中培养了学生的动手能力和创造精神，在这一过程中每一位学生都将终身受益，为他们今后在各行各业成就自己的事业奠定重要的基础。许多实践证明，版画教育是素质教育非常有效的载体之一。因此，开设本课程，具有现实和长远的意义。

二、课程目标

（一）知识与能力

1. 系统学习和掌握版画制作的各种表现手法和方法，了解制作版画造型艺术的基本技巧。

2. 动手搜集版画历史、搜集民间版画制品的相关资料，学习前人的知识文化遗产。

（二）过程与方法

1. 学生亲自动手制作版画作品，动手写作，交流感受和心得体会。学生在制作版画的过程中，掌握动手刻的方法，培养做的能力。

2. 在规范有序的造型训练中能够运用所学知识，在阶段学习中能提升创新思维和动手能力，从而树立学生自信心。

（三）情感态度与价值观

1. 增强学生对不同地区、不同时代版画文化含义的领会，体会中国版画文化的深刻内涵。

2. 通过对版画创新思维的训练，培养学生热爱版画艺术，关注版画历史发展和艺术为社会所带来的贡献。

3. 树立热爱艺术、崇尚艺术的人生观和价值观。

三、课程内容

版画教学开展以来，我们一直在实践中摸索与探寻，逐步形成了如下内容设置。

 "创意版画"配方课程内容

（单元一）版画艺术概述
- 溯源
- 特征
- 版文化
- 复数性
- 黑白基础

（单元二）原理与版种
- 版种的特征
- 木刻版画
- 工具材料
- 运刀
- 印制

版画

（单元三）引导创新
- 我刻我画
- 我来装饰校园
- 版画设计
- 小小版画展

（单元四）感受文化
- 金刚般若波罗蜜经
- 南无释迦牟尼佛像
- 三大民间年画版画
- 葛饰北斋——神奈川海浪
- 黄永玉版画作品集

以上所示的"创意版画"配方课程，根据学生年段的不同和学生知识水平差异安排相应的教学内容，目标、难度、要求和内容的侧重点有所不同。以版画的制作方法为例，中年级侧重让学生了解版画的历史；高年级以上侧重于画稿、运刀、印制等内容，进行随意创作，单元内容安排则以引导创新和感受文化为主。

四、课程实施

（一）确定实施研究步骤

美术科组的教师共同商讨研究课题的主题，在确定主课题的方向后，搜集相关文献资料与理论进行学习，制订课题设计方案和目标，建立科学的研究方法，实施科学的研究步骤。

（二）合理调整课程设置

小学版画课程设置应遵循儿童的认知规律，体现新课程美术教学的人文主义倾向，以艺术能力和人文素养的培养为价值取向，注重学生综合能力的发展，使儿童对物体形的感知既有量的扩展也有质的提升。因此，提高版画课堂教学的效率与质量，必须要对儿童版画教学的内涵、版画教学的方法和目的等有一个清晰的认识，从而找到可操作的科学的教学模式。经过反复试教，不断思考，我们为版画教学设计了以下三个教育主题。

1. 感受文化，陶冶情操。

中国的版画是中华民族文化的象征之一，在几千年的上层文化和市井文化中都能找到它的身影。但是历史的变迁，经济的飞速发展，导致大多数人对版画文化的疏远，这种社会意识直接影响到了学生，可见教师任重而道远。学生对版画文化的疏远不是因为失去兴趣，而是缺乏环境和相应的指导。我们坚信那些经过历史淘涤的古代瑰宝，只要教师能够创设情境，拨开历史的迷雾，认真地进行讲解与分析，学生定会被深深地吸引，一起被带进绚丽多彩的版画文化之中。

基于这样的认识，我们美术科组的教师利用校园文化建设，以版画装饰校园的方式营造出一种浓厚的校园版画文化氛围，并且广泛搜集版画文化资料，未来将自编适于学生接受的版画欣赏教材，对学生进行版画文化的熏陶。

2. 体验版画，其乐无穷。

如果说绘画是人们和生活对话的产物，那么版画将是人与木版交流时所留下刀语的痕迹。学生对版画的制作或许懂得不多，但让他们去刻木版，对他们来说是最惬意的事。每一位创造中的儿童都与艺术家一样，是在创造一个他自己的世界，以一种使自己快乐的新方式重新安排他世界里的东西，并在自己的作品中赋予了极大的感情。

这种造型游戏，是融合造型与游戏为一体的美术活动，在这个游戏中学生自由地发挥创意，表达出自己的感受。让学生自己感受版画的魅力，才能激发学生创造出蕴有他们内心情感的版画作品来。

3. 引导创新，艺塑童心。

版画课教学中，如果局限于某种技巧的学习或对某种创作对象的单一模仿，不利于扩大学生的视野，有违儿童本身的创造天性，限制学生形象思维、想象力和动手创造能力的发展，抹杀学生独特的感受力和个性化的表现力。学生创造什么东西并不重要，重要的是怎样去创造，怎样按照自己的感觉创造一种新的形象，体现各自独特的个性，以此来促进学生积极主动地去学习。

以上三个主题的内容在技能方面是由浅入深、循序渐进地排列起来的，这三个主题内容在各年级段是重复出现的，只是难点和侧重点上要求不同。因为各个主题也要有一个由浅入深、由表及里的过程，这样一来，将每个年级段组合到一起的同一主题又是一个完整的体系，所以我们在课程安排上要螺旋上升，交叉出现，递进式地展开教学。

(三) 课时安排

为了体现课程的多元性，我们还调整了课程表，将国家课程、地方课程和配方课程做了统一的安排。在按国家教育部门的规定开足开齐美术课程外，还适当安排了版画配方课程的内容，每周开展一次配方课程活动（2 课时）。既培养了学生的美术技能，又激发了学生的兴趣，扩大了学生的美术视野；既没有加重学生的课业负担，又保证配方课程的具体落实，努力使配方课程成为国家课程和地方课程的有力补充及有效延伸。

五、课程评价

1. 评价类型：日常评价、五星评价法。

2. 评价方式：自评、互评、师评、家长评相结合。

3. 主要评价等级：采用五星评价法（一星为基本合格；二星为合格；三星为良；四星为好；五星为优）。

4. 具体评价方案：

（1）日常评价。

课堂学习记录：记录学生学习态度、课内表现和反应。

平时表现：根据课内学生实际情况进行评价，给出成绩，随机评分。

不定期进行学生版画制作比赛，展示学生优秀版画作品。

（2）期末评价。

自评部分：20%（自我评价，为自己的作品打分）。

互评部分：20%（小组间互相打分）。

师评部分：30%。

家长评部分：30%。

每学期评选出两名明星学员。

绘 我 心 梦

课程类型：空间创意课程
开发教师：吴昕桐
学习对象：小学 1—6 年级学生
学习时间：每周 2 课时

一、课程背景

绘本出现于 19 世纪晚期，到 20 世纪中期开始获得发展，是由传统的高品位的文学和艺术交织出的一种新样式，是最适合孩子阅读的图书形式。

近年来，绘本逐渐进入我国人们的视野，其以生动的人物形象、丰富的场景和绘画技术的穿插而逐渐被广泛应用于小学美术教学。绘本的魅力在于其以真实的形象带给学生视觉上的冲击，激发学生的绘画兴趣，集有趣的情节、富有教育意义的内容、多样的绘画风格、多元的文化观于一身，能激发学生对绘画的欲望和激情，为学生提供艺术养分，为美术教育提供丰富的资源支持，引导学生进入美妙的图画世界和艺术殿堂。

二、课程目标

（一）知识与能力

1. 学生学会搜集绘本的相关资料，学会进行简单的绘本评价。

2. 通过系统学习，掌握绘本制作的各种表现手法和方法。

（二）过程与方法

了解和掌握儿童绘本的表现技法：铅笔画、蘸水笔画、版画、水彩画、油画、亚克力颜料画，以及照边拼贴、电脑制作等。

（三）情感态度与价值观

1. 通过搜集绘本资料，启发学生感知世界文化的多元性，了解不同国家文化的独特性。

2. 通过绘本制作，培养学生热爱艺术、崇尚艺术的人生观和价值观。

知之不如乐之，乐之不如好之。作为教师不仅要善于发现学生的喜好，而且要及时地抓住时机组织教学。我们把学生对儿童绘本的阅读热情迁移为学习美术的动力，根据绘本自身的内容、绘画风格、创作形式，从不同价值角度设计了一系列主题性的课程内容，建构出以下三种循序渐进的绘本课程模式。

（一）"启发+总结式"绘本课程内容

让学生在听绘本故事的过程中，逐渐学会文字与视觉语言的相互转换。听故事容易调动学生的学习积极性，直接把美术导入学生的心灵。先让学生自己看无字的书，完全靠视觉元素来读懂故事内容。然后闭上眼睛，根据老师导读的故事情节，再现画面。通过这样的练习可以丰富学生大脑中的视觉形象，养成看到精彩的文字描写马上就能转化成画面情景的习惯。

根据绘本原来的风格，续画故事。在儿童绘本中学习其中的构图、色彩等绘画技巧，以及画面叙述的方法，了解绘本中潜在的节奏，掌握如何表现细节等方法，自己尝试续编。

从阅读中学习儿童绘本的表现方法。每一本儿童绘本中处理图画与文字的关系、文字的排列设计等方面，给在学生中开展封面设计、装帧设计等活动提供了丰富的资源和可借鉴的实例。

（二）"临摹+创作式"绘本课程内容

让学生临摹绘本以及给文字类书籍创编绘本，提高视觉表达能力。学习用绘画的形式表现文学之美，用五彩的颜色、大胆的想象，将自己的理解通过笔尖落到"童画"上，描绘出自己对生活的美好愿望，使文学之美和色彩之美生动地融为一体，积极培养学生的综合艺术素质。

以学生自己的生活为蓝本，做视觉日记。这是用绘画、照片和文字记录生活的一种方式。用自己纯真的眼睛看世界，用自己纯真的画笔勾勒生活。因为是绘画日记，所以笔下的文字和绘画便没有了刻意设计，没有了粉饰雕琢，而是真实地记录学生的日常感受。其间流淌的是朴实、自然、细腻、鲜活。

引导学生独立创编绘本。通过视觉日记的积累，鼓励学生根据自己的想法，用自己擅长的表达方式尝试自创绘本。逐步学会自己寻找题材，自己写脚本，自己根据情节做绘本。

（三）"主题+探究+合作式"绘本课程内容

让学生小组合作完成绘本并设计系列书签和藏书票、绘本宣传海报。让学生享受阅读优秀绘本带来的快乐，体验小组合作创作绘本的甘苦，适时地对学生开展情感性的美术学习活动，拓展合作学习的空间。

四、课程实施

(一) 合理调整课程设置

从绘本自身的内容、绘画风格、创作形式对小学美术教学产生不同价值角度，我们设计了一系列主题性的课程内容，建构出循序渐进的绘本课程模式，提高绘本课堂教学的效率与质量，对教学的内涵、课堂教学的方法和目的等有一个清晰的认识。

(二) 精心解读，选择适宜的绘本

经过实践运用，用于美术创造活动的绘本应具备以下特点。

1. 能吸引与打动人的绘本。绘本可以图案简单，文字不多，简洁明了，但会让人不由自主地产生快乐的情绪。运用到课堂教学的绘本要能打动学生、打动教师，这样才能在教学中取得好的教学效果。

2. 富于想象的绘本。绘本图画中出色的创意和联想能让学生展开想象的翅膀，绘画出一幅幅有趣的作品。

3. 能挖掘出美术元素的绘本。从开展美术教学活动的角度考虑，绘本要具有美术教育价值。绘本中多元的美术信息值得研究和利用，但也要注意取舍。

(三) 巧妙选择绘本中有价值的资源，为美术教学活动增色添彩

根据绘本所隐含的美术元素进行分析与思考，并注意取舍（完整运用绘本，还是根据需要节选）。绘本美术教学一般遵循以下程序：学生阅读，理解绘本（初步了解绘本内容）；师生共同分析绘本中精彩的艺术表现形式（绘本中所蕴含的美术元素）；提升理解（运用各种教学策略让学生对绘本中的美术表现形式进一步理解与感知）；创造与表现（以美术特有的表现形式表达与创造）。

五、课程评价

(一) 评价形式

把结果评价和过程评价、定性评价和定量评价结合起来。对学生的学习以"出勤率+课堂表现+作品评分"几个方面的总体情况来进行测评。

(二) 评价内容

1. 日常评价。

（1）课堂学习记录：记录学生学习态度、课内表现和反应。

（2）平时表现：根据课内学生实际情况进行评价，给出成绩，随机评分。

2. 阶段性评价。

（1）小组评价，评出组内优胜者。

（2）定期进行学生绘本制作活动，展示学生优秀绘本。

3. 期末评价。

（1）自评部分：20分（自我评价，为自己的作品打分）。

（2）互评部分：20分（同伴之间互相打分）。

（3）师评部分：30分。

（4）家长评部分：30分。

花 艺 讲 堂

课程类型：空间创意课程
开发教师：钟　妮　赖淑霞　曾雪莲
学习对象：小学 1—6 年级学生
学习时间：每周 2 课时

一、课程背景

　　小学教育是为学生的终身发展奠定基础的教育。学生不仅需要科学文化知识，而且需要一定能力，正确的情感态度与价值观。在当今时代，要更加关注公民的责任、个性发展与生存能力、创造力与批评性思维、交流合作与团队精神。

　　坪洲小学的学生兴趣爱好广泛，有强烈的动手欲望和能力，为了提高学生的手工制作技能，增强动手能力和创新思维能力，引导学生热心观察大自然，热爱大自然，我们决定开设花艺课程。花，日常生活中最常见的事物，我们把"花的艺术"融入课堂，在学生的生活中渗透花的元素，通过开展花品花德、花闻花趣、观花赏花、做花爱花等系列活动，来系统地提高学生的鉴赏品位，并陶冶学生的品德情操，培养有气质的现代文明都市人。

二、课程目标

（一）第一阶段任务及目标

1. 对花卉的物理属性有初步的认识与了解。

2. 初步了解花卉的价值所在。

（二）第二阶段任务及目标

1. 观察生活中的花花草草，了解一些简单的创意，表达自己对作品的感受与理解。

2. 学会在绘画作品中运用花的元素。

（三）第三阶段任务及目标

1. 掌握简单的插花方法与艺术。

2. 能选择合适的工具和材料，在教师指导下独立或小组内完成丝网花制作的整个过程。

（四）第四阶段任务及目标

1. 对花的内涵、文学价值有更深刻的了解。

2. 把爱花护花落实到行动中。

3. 通过种花活动激发学生浓厚的兴趣，让他们热爱自然与生活，陶冶他们的情操。

（五）最终目标

增强学生对美的感知能力，让学生善于发现美、捕捉美、欣赏美、表现美、创造美，培养有气质的现代文明都市人。

三、课程内容

表20　"花艺讲堂"课程内容

阶段	目标	措施		教师活动	学生活动
第一阶段	识花	了解常见的花的种类、花语及各国国花		PPT 讲解	观看，聆听
		了解花的用途（食用、医用）			
		观察学习我们身边的花（颜色、大小、形态、香味、生长季节）		校园内现场观看	观察，记录
第二阶段	画花	学习花的简笔画及画法		视频讲解	观察，绘画
		到校园、户外进行现场写生		指导	
		制作具有花元素的贺卡、明信片		视频讲解	观看，创作
第三阶段	做花	纸花	樱花的折法	PPT 出示步骤、教师示范	观看，制作
			康乃馨的折法		
			九重葛的折法		
			国花牡丹的折法		
		丝网花	学会绕圈：单圈绕法、多圈绕法、多节绕圈法、波浪绕圈法、初步定形	PPT 出示步骤、教师示范	观看，制作
			学会丝网制作：单圈丝网、多节丝网		

阶段	目标		措施	教师活动	学生活动
第三阶段	做花	丝网花	学会造型：花瓣、花托和叶子拉伸、弯曲等的整理和定型，获得不同的效果	PPT出示步骤、教师示范	观看，制作
			永恒的誓言——马蹄莲的制作		
			清雅秀逸——百合的制作		
			热情奔放——火鹤的制作		
			热情浪漫——玫瑰的制作		
			谦谦君子——君子兰的制作		
			上帝的信使——鸢尾花的制作		
			光明炽热——太阳花的制作		
			山林沼泽中的女神——睡莲的制作		
第四阶段	爱花		了解有关花的诗句、内涵	PPT讲解	搜集，记录
			学习古今中外关于花的文学作品	布置任务，补充	搜集，展示
			在校园内开展"争当护花使者"活动	户外护花行动	记录，感想
			种植一种花	布置任务	写观察日记

根据学生的年龄特点和实际情况，教师设计讲学方案。一个方案里包括框架结构、课题名称、适用对象、设计理念、教学目标、场地设计、课前准备、展示工具、课堂反馈等。

四、课程实施

（一）课程建议

教授人员以女教师为主，也可以邀请家长群体中的花艺爱好者参与到课堂教学中来。教学地点应开放，可以是室内、室外，甚至校外，但凡有花元素的场所都可成为教学地点。教学形式多样化，可独立完成、小组合作完成、家校合作完成。

（二）课程实施注意事项

花艺课程是培养学生生活素养的课程，因此在实施过程中要注意以下事项。

1. 以学生自主学习为主。

在课程实施过程中，要坚持以学生为主体的原则。教师负责讲解、示范，

空间创意课程

引导学生参与活动。让学生在主动、积极的状态下参与学习，学会仔细观察、记录、联想，得到充分的情感体验。

2. 充分发挥教师的辅导作用。

花艺是一门培养学生动手能力的课程。在课堂教学中，教师要结合学生的实际情况给予一定的引导、指导和辅助，如此方能达到理想的学习效果。

3. 课程向生活开放。

生活中，花随处可见，并不只出现在花艺课堂上。因此，想要提升学生对美的感知以及对大自然的热爱，则需要把课堂引向生活。一切与花有关的元素都应是我们的教学素材，引导学生在生活中也要拥有一双捕捉美的眼睛，以及创造美的双手。

五、课程评价

（一）评价原则

1. 以培养生活素养、审美能力为重点的原则。

这一原则是指花艺课程的评价要以提高学生生活素养、审美能力为宗旨，在评价中，要以人为中心，要挖掘积极因素促进学生生活素养的提高。

2. 体验分享的原则。

这一原则是指在评价中，通过引导学生广泛交流彼此在活动中的感受和经验，交换相互的意见和看法，将每一个人的收获变为共同的精神财富。

3. 以学生自我评价为主的原则。

这一原则是指在评价过程中，教师应引导学生自主地开展评价，培养其自我认识的自觉性，并提高其独立的分析能力。

4. 模糊评价的原则。

这一原则要求对学生应以鼓励为主，激发每个学生的上进心，调动其自我教育的积极性。评价方法以模糊评价为主，不宜采用精确记分的方法去评价学生。

5. 差异性原则。

这一原则是指根据学生的年龄特点和个人发展水平来加以把握，从实际出发，讲究实效。

（二）评价方法

1. 教学活动的评价。

教师要注重学生反馈，经常与其他教师交流，善于总结反思，不断改进与提高。

（1）注重学生的反馈与活动记录。

每节课后，教师应多与学生交流，如让学生谈谈："这次活动（这节课），你听懂了多少？还存有哪些疑惑？""你还想知道什么？""你最想研究哪一方面的内容?"教师做好每次活动的记录，及时发现问题，以便调整活动内容，改变教学方法。

（2）及时反思改进。

课后，教师可以针对活动过程中出现的问题进行自我分析，思考改进的措施，并写下来。也可以请其他教师来现场讲解，或者旁听、观察，课后进行研讨，提出建议，来帮助自己改进课程设计。

2. 学生活动的评价。

（1）完成作品。

通过作品来检验学生是否掌握了技能。

（2）课程期末评价表。

为了能使评价更客观、更全面、更有可感性，我们制定了一份期末评价表（学生评价），见表21。

表21 "花艺讲堂"课程期末评价表

项目	内容	评价指数（0—10）
1	我喜欢这门课程	
2	常见的花，我能说出它的名称，并能说出15种（或以上）花卉的花语	
3	我能说出各国的国花，并说出其中的一些典故	
4	我能独立完成5种（或以上）丝网花制作	
5	我能折3种（或以上）纸花	
6	我能背诵20句（或以上）与花有关的诗句	
7	生活中，我比以往更仔细观察花了	
8	在家里，我的物品增加了花的元素	
9	我悉心照料了家里的花	
10	通过对花的学习，我感到了大自然的美好	
小计	累加以上评价指数的和	
我的建议	我认为这门课可以改进的是：	

简 笔 画

课程类型：空间创意课程

开发教师：香　惠　郑　资

学习对象：小学 1—3 年级学生

学习时间：每周 2 课时

一、课程背景

简笔画是通过目识、心记、手写等活动，提取客观物象最典型、最突出的特点，以简洁的线条表现事物的绘画形式。小学生学习主要是靠形象思维和形象记忆，而简笔画使用尽可能少的笔画线条，塑造简洁、生动、易懂的形象，可见，它是适应儿童的心理特征和审美情趣，备受儿童欢迎的教学手段。因此，合理运用简笔画，在教学中将发挥不可低估的作用。

我们充分利用自身特点，将美术与语文两门课程打通。一方面培养学生的动手绘画能力，另一方面以画带读、以画带说、以画带写，引导学生在画画过程中发展其阅读及表达能力。

二、课程目标

（一）知识与能力

1. 学生了解更多的儿童简笔画技法方面的知识，学会运用多种表现形式来展示各种主题内容。

2. 在画画的过程中积累文学知识。

（二）过程与方法

1. 学生的特长得到更好的发展，使学生受到艺术的感染和熏陶。

2. 在画画与阅读过程中，养成爱观察、会分析、勤思考的良好学习习惯。

（三）情感态度与价值观

激发学生的兴趣和想象力，拓展想象空间，实现简笔画课与语文课的打通，使学生既能感受简笔画生动形象的魅力，同时也能产生阅读相关文本的兴趣。

三、课程内容

表22 "简笔画"课程内容

课时	绘画内容	拓展内容
第一章	人物类	依据人物表情、动作等说故事
第二章	昆虫类	听讲相关童话并自编童话
第三章	禽鸟类	听讲相关童话并自编童话
第四章	花木类	阅读、朗诵相关诗歌，积累好词好句
第五章	蔬果类	阅读相关文章，了解有关各种蔬果的童谣
第六章	景物类	阅读、朗诵相关诗歌，积累好词好句

四、课程实施

在课程实施过程中，我们将深入浅出地给学生讲明儿童简笔画的基础性知识，让学生通过临摹或模仿的方式来进行练习和创作，再教给学生器物、动物、植物、人物和景物等一些巧妙的绘画技法，最后利用各种主题创作的形式来引导学生进行创造性练习。在教学过程中，还要努力做到以下方面。

1. 以学生为主体，通过欣赏不同的作品，使学生掌握它们的绘画方法，开拓学生的眼界，培养学生的欣赏和审美的能力。

2. 鼓励学生大胆地表现自己的想法，增强学生的自信心，让学生知道自己是最棒的。

3. 让学生欣赏更多不同表现手法的创意画，开拓学生的眼界，扩大学生的想象空间。

4. 引领学生欣赏美的同时让他们在艺术创造过程中获得审美体验、创造能力和表现能力。

5. 艺术源于生活。我们力图从学生的生活经验中选择活动的素材，激发学生学习的兴趣。

6. 在教学中，引导学生充分运用语文学科当中学到的古诗、童话故事、好词好句等，做到本课程与语文课程真正的整合。

五、课程评价

1. 评价方式。

通过教师的课堂教学情况给予评价：主要通过听课，观察学生在课堂教学过程中的目标达成情况。

通过学生的创作作品情况给予评价：主要通过检查的方式，查看学生在学校及课外完成作品的情况。

2. 评价建议。

体现学生在评价中的主体地位，有利于学生认识自我、树立自信，有利于促进学生绘画能力的发展和提高。

注重形成性评价对学生发展的作用，对学生课堂上的表现及所反映出的情感、态度、策略等方面的发展做出客观的评价，同时也促进教师的专业发展。

注重评价方法的多样性和灵活性，尊重学生差异，并采用不同层次的评价方式。

学校课程将学生的情感培养放在首位，自评和他评相结合，定性评价和定量评价相结合。

3. 评价方案。

表23 "简笔画"课程教师评价表

项目	所占比重	具体细则	评分
课堂常规	20%	1. 是否按时上课，不迟到不早退	
		2. 是否遵守课堂纪律、尊敬老师	
		3. 是否积极参与课堂互动	
绘画情况	40%	1. 笔画是否流畅，线条不生硬	
		2. 图画是否形状合理，页面整洁	
		3. 图画是否生动有趣，富有童趣	
		4. 是否熟悉各类简笔画的基本画法	
语文能力	40%	1. 阅读作品，是否识字量增加	
		2. 是否积累好词好句	
		3. 表达能力是否提高	

编织小课堂

课程类型：空间创意课程
开发教师：刘晓明　李俊慧
学习对象：小学 3—6 年级学生
学习时间：每周 2 课时

一、课程背景

　　手工编织不仅是中国而且也是世界盛行的手工艺术，深受广大人民群众的喜爱和重视。它在增强学生的审美情趣的同时，提高了学生的动手能力；丰富学生课余生活的同时，陶冶了他们的情操；让他们心灵手巧的同时，激发了他们的自信心和成就感。

　　手工编织品需要靠智慧和耐力，一针一线完成一件工艺美术品，需要编织者经过反复构思，精心设计、巧妙施工才能完成。我们开设这一课程，是想通过一系列手工编织活动，培养学生耐心、细心的学习品质，提高学生的观察力、创造力，从而使他们更加热爱生活，在生活中发现美、创造美。

二、课程目标

（一）知识目标

1. 通过丰富多彩的毛线编织，使学生能初步分辨各种毛线、各种编针。

2. 自己了解查阅相关编织的历史，知道如何看编织的图纸，帮助自己完成简单图形的编织。

（二）能力目标

1. 学会和掌握手工编织的基本针法。

2. 能够自己单独编织一些简单的饰品。

3. 提升仔细观察的能力和动手操作的实践能力。

（三）情感目标

1. 通过毛线编织，培养学生热爱劳动、珍惜劳动成果的品质。

2. 通过毛线编织，让学生感受到编织艺术的美，激发学生对美好生活的热爱。

3. 培养学生团结协作、吃苦耐劳的精神，让学生享受劳动的快乐感，体会到生活的不易。

三、课程内容

 "编织小课堂"配方课程内容

基础针法（一）
- 编织材料展示
- 棒针基本针法
- 平针打法
- 加针、减针
- 花样编入、欣赏

基础针法（二）
- 围巾作品欣赏
- 认识和选择钩针
- 钩针打法
- 编织围巾
- 作品展示

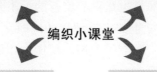 编织小课堂

基础针法（三）
- 杯垫作品欣赏
- 选择合适针法
- 练习编织杯垫
- 作品展示

基础针法（四）
- 十字绣作品欣赏
- 起头、换线、结尾
- 十字绣针法
- 编织十字绣
- 作品展示

四、课堂实施

（一）注重安全知识的教育

编织需要用针，而毛衣针是一种尖锐的东西，容易刺伤人，特别是眼睛。而小学生初学编织，手法笨拙，容易无意伤害别人。要教育孩子们小心用针，同时防范受到别人的伤害。

（二）营造愉快学习的氛围

在少儿毛线编织教学中，我们一开始就要考虑到孩子们的年龄特点，理解孩子的思想，采用人性化的教学，努力创造宽松愉快的氛围。

（三） 明确熟能生巧的道理

学习是一个循序渐进的过程，可谓熟能生巧，而学习编织更是如此。对于小学生来说，初学握针有一定的难度。我们要针对每个学生的特点因材施教，循序渐进，不要揠苗助长。让他们在学习的过程中既掌握了知识，又没有感觉到学习的困难，在轻松愉快的体验中信心倍增。

五、课程评价

（一） 评价方式

1. 过程评价。

（1） 上课实行点名制度，不能无故缺席、旷课，有事必须提前向指导教师请假。

（2） 上课时要认真听讲，积极参与，听从指导教师的安排，按时完成布置的作业。

2. 阶段性教师评价与学生评价。

（1） 小组评价，评出组内优胜者。

（2） 定期进行学生作品制作比赛，展示学生优秀作品，教师和学生共同评选出优秀作品奖。

3. 期末总结评价。

挑选出自己最得意的作品，进行评分，包括自评、互评、师评、家长评。

（1） 自评部分：20 分。

（2） 互评部分：20 分。

（3） 师评部分：30 分。

（4） 家长评部分：30 分。

（二） 评价等级

五星：作品完整美观，平整无错针漏针，花色搭配合理，有创意。

四星：作品完整美观，平整无错针漏针，花色搭配合理。

三星：作品完整美观，无错针漏针。

二星：作品能够独立完成，但不够美观。

一星：作品未能完成。

快乐"布"落

课程类型：空间创意课程
开发教师：余　苏　刘汐尧
学习对象：小学 1—6 年级学生
学习时间：每周 2 课时

一、课程背景

　　传统手工布艺，是古代中国民间工艺中的一朵瑰丽的奇葩，主要用于服装、鞋帽、床帐、挂包、背包和其他小件的装饰等。

　　本课程力图引导学生学会欣赏、品鉴手工布艺作品，并学习利用不织布、零碎布头等材料制作手工布艺制品，提高学生感知美、鉴赏美的能力。强调学生的亲身经历，要求学生积极参与到各项活动中去，在做、考察、实验、探究、设计、创作、想象、反思、体验等一系列活动中发现和解决问题、体验和感受生活，发展实践能力和创新能力，提升审美水平，关注学生在这一过程中获得的丰富多彩的学习体验和个性化的创造性表现。

二、课程目标

（一）知识与能力

1. 让学生认识手工布艺这一传统工艺，初步了解布艺的历史特色。

2. 了解不织布等布艺材料的用途及属性。

（二）过程与方法

1. 通过学习配色以及基本的针法，初步掌握缝纫的方法。

2. 学习制作手工布艺作品，能够创造新的布艺作品，并将制作过程、方法、制作感受及评价与教师和同学分享并记录下来。

3. 通过学习，掌握多角度欣赏和评价他人的手工布艺作品的方法。

（三）情感态度与价值观

1. 培养学生热爱祖国、热爱劳动、热爱技术、热爱传统文化的思想感情。

2. 培养学生的安全意识、经济意识、质量意识、效率意识、审美意识等与技术相关联的基本意识。

3. 培养学生的吃苦耐劳、坚持不懈、持之以恒的精神，使他们认识到，做任何事情都要认真、耐心、细心，并使学生树立正确的审美观。

三、课程内容

（一）低年段（1—2年级）——欣赏

1. 欣赏布艺民间手工艺品，了解和感受工艺品在色彩、形体等方面的艺术美。

2. 自主搜集上述工艺品的文本或电子资料并交流、展示，讲述对上述工艺品审美及实用方面的感受与理解，形成喜爱中华民间艺术的情感。

3. 初步学习手工布艺制作的基本技能，学习布贴画的简单制作方法，形成动手动脑的好习惯。

（二）中年段（3—4年）——尝试

1. 了解手工布艺作品的制作过程。

2. 在教师的指导下制作各种手工布艺作品，如小包、装饰摆设品、实用小物件、玩偶等。

3. 与教师同学分享制作方法、过程、感受，欣赏并评价教师和同学的作品。

（三）高年段（5—6年级）——探索

1. 作品欣赏，了解布艺发展演变历程。

2. 中外服装、居室饰物对比欣赏，在对比中初步了解布艺中蕴含的民族文化及特别的审美标准。

3. 运用所学知识与技能为班级文化活动设计制作简单饰物及道具等。

4. 能运用语文、美术、信息技术等相关学科知识为作品写推销词、制作平面或多媒体广告，自主开展作品展销会。

四、课程实施

低年级选择一些比较简单的植物、动物入手，由简到繁、由易到难，循序渐进地过渡到高年级的自我设计和创造作品等，从而形成阶梯形的教学模式。学生通过制作布贴画、手工布艺作品，分享与评价布艺作品，使实践能力、审美素养和多学科知识整合能力得到培养。

（一）充分挖掘资源，深化布艺的制作

在教学实践过程中，教师带领学生观看中国家纺装饰城资料，了解各种布料特点、花色、布艺品等，同时收集一些废弃的布边、布条，回到课堂上，学生互相交流探讨，比较哪一种布料更适合进行对应图画的编织。通过借鉴美术课本、图案资料等进行绘画，构思布艺作品。

（二）将德育寓于布艺教学中

引导学生感受布艺的艺术魅力，发展学生的特长，渗透德育、美育内容，提高审美能力。学生在布艺作品创作中，成立创作小组，培养学生之间的团队合作精神。

（三）注重培养学生自主探究能力

鼓励学生在学习过程中深入开展探究性学习。学生对布艺的表现手法、制作方法等感兴趣的问题，以小组的形式提出来进行研究探讨，培养学生的自主探究的能力。

五、课程评价

（一）评价形式

把结果评价和过程评价、定性评价和定量评价结合起来。对学生的学习以"出勤率+课堂表现+作品评分"几个方面的总体情况来进行测评。

（二）评价内容

1. 日常评价。

（1）课堂学习记录：记录学生学习态度、课内表现和反应。

（2）平时表现：重在评价情感态度与价值观及技能，适当评价知识。

2. 阶段性评价。

（1）小组评价，评出组内优胜者。

（2）采用交流、展示等方式进行评价打分。

3. 期末评价。

期末评价采用"五星评价法"。基本合格为一颗星，合格为两颗星，良为三颗和四颗星，优为五颗星。

女 红

课程类型：空间创意课程
开发教师：苏卫敏　王　军
学习对象：小学 5—6 年级学生
学习时间：每周 2 课时

一、课程背景

"女红"同"女工"。明、清年间，"女红"所指的是纺织、刺绣、缝纫、编结、剪纸等手工艺技术。作为中国传统文化的一部分，作为女红文化的载体，女红自有其独特魅力。

小学开展女红教学，不但能让学生在动手实践中领略、弘扬中国传统文化，感受、传承中华文明，更能让学生在质朴的气息中启迪智慧，发散思维，锻炼技能，培养动手实践能力和创新精神，并在无形中培养出学生独特的艺术美感。女红的独特性决定了它具有认识功能、教育功能和审美功能，创新是女红发展的永恒主题和本质内涵，因此，女红教育是对学生进行审美教育、创新教育与动手能力教育的方式，是促进学生全面发展的有效途径与方式。

二、课程目标

（一）知识目标

1. 了解女红的意义，弘扬中国传统文化的内涵与精神。

2. 从学生的实际情况出发，从动手教育到心灵教育，使孩子成为心灵手巧的人。

3. 中国女红集观赏价值和实用功能于一体，它不仅唤起了我们对于中国女红久违的回忆、迟到的欣赏，更唤起了我们保存它、爱护它的责任心，和发掘它、弘扬它的使命感。

（二）能力目标

培养孩子的动手能力，学会熟练地穿针引线，享受劳动的乐趣和成果。

（三）情感目标

1. 使当代的孩子喜欢我国的传统文化，深切了解到传统文化对国人普及的重要性。

2. 了解各地民族习惯。

3. 树立热爱艺术、生活的人生观。

三、课程内容

小学课程设置应遵循儿童的认知规律，体现新课程美术教学的人文主义倾向，以艺术能力和人文素养的培养为价值取向，注重学生的综合能力的发展，使儿童对物体形的感知有量的扩展也有质的提升。因此，提高女红课堂教学的效率与质量，必须要对女红教学的内涵、方法和目的等有一个清晰的认识，从而找到有关的可操作性的科学的教学模式。经过我们反复试教，不断思考，我们设计了女红教学的四个教育主题。

第一章　女红概述

（一）教学内容

1. 女红的起源与发展。

2. 女红的种类与艺术特征。

3. 女红的文化内涵。

4. 女红在当代的发展。

（二）学时安排：2 学时

第二章　刺子绣

（一）教学内容

1. 刺子绣基本针法。

2. 刺子绣的不同图式。

3. 随身包制作。

（二）学时安排：4 学时

第三章　口金零钱包

（一）教学内容

1. 了解各种口金包。

2. 口金包制作步骤。

3. 口金设计制作。

（二）学时安排：2 学时

第四章　剪纸艺术

（一）教学内容

1. 剪纸的历史演变。

2. 剪纸的流派和艺术特征。

3. 团花剪纸制作。

（二）学时安排：4 学时

四、课程实施

本课程每周开展一次教学活动，既锻炼了孩子的动手能力，又丰富了孩子的生活，更深层次地影响孩子，使孩子成为心灵手巧的人；既没有加重学生的课业负担，又保证了校本课程的具体落实，努力使校本课程成为国家课程和地方课程有力的补充及有效的延伸。

1. 多做示范。教师可直接实物示范制作，让学生直观地了解相关工具或制作步骤。

2. 可结合多媒体进行教学，让学生多欣赏女红艺术作品及教学课件，以提高学生的学习积极性。

3. 加强学生的动手实践操作能力的培养，每个单元都有相应的作业，都需要学生完成一个独立作品，从而提高他们的创作兴趣。

五、课程评价

评价类型：日常评价、阶段性评价、期末评价。

评价方式：自评、互评、师评、家长评相结合。

评价等级：A、B、C、D 四档。（A 为优秀，B 为良好，C 为合格，D 为待合格）

具体评价方案：

（一）日常评价

1. 课堂学习记录：记录学生学习态度、课内表现和反应。

2. 平时表现：根据课内学生实际情况进行评价，给出成绩，随机评分。

（二）阶段性评价

1. 小组评价，评出组内优胜者。

2. 展示学生优秀女红作品。

（三）期末评价

评价分四部分：自评、互评、师评、家长评。

自评部分：20 分（自我评价，为自己的作品打分）。

互评部分：20 分（同伴之间互相打分）。

师评部分：30 分。

家长评部分：30 分。

运动健康课程

　　现代教育制度形成以来，体育教学一直是学校教育的重要手段和学校课程体系的重要内容。课程的科学化倾向和学科中心倾向日益加强，其主要表现是"增强体质"和"技能传授"逐渐成为学校体育的主要目的，在实践中甚至成为唯一的目的。早期学校体育指向受教育者的人格完善逐渐变为主要指向受教育者的身体完善。但是现代人越来越重视生命质量和生活质量。人们越来越清楚地认识到体育运动是提高人的生命和生活质量的重要基础与保证，体育运动在现代社会中的独特作用和重要性日益突出。体育课程作为素质教育重要组成部分的性质也越来越鲜明。

　　促进学生全面发展和健康成长是学校体育教育的根本目的。青少年学生在校学习期间，也正是他们身体发育和成长的关键时期。因此，为了保证和促进学生的健康，必须对学生进行体育教育和其他有关教育，这是学校教育的重要内容之一。但是，增进健康并不是体育的唯一功能，因而也不是体育课程的唯一目标。作为学校教育的重要组成部分，体育课程的另一项重要任务，是促进学生的全面发展。从体育课程的角度看，学生的全面发展当然首先是指学生健康水平的提高，同时也包括通过体育课程的学习促进学生思想意识、情感意志和道德品质方面的发展。在这个意义上讲，体育是顶级的挑战，是不懈的创新，是高峰的体验，是拼搏的意志，是文化的积淀，是个性的张扬，是精神的力量。

　　体育教育要树立"健康第一"的思想，切实加强体育工作，使学生掌握基本运动技能，养成终身体育意识和坚持锻炼身体的良好习惯。因此，在开放式教育的背景下，我们开设以体育教师特长为主线的配方课程来补充日常教学的缺陷。开设的配方课程包括田径、健美操、武术、跆拳道、篮球、乒兵球、跳绳、太极拳、瑜伽。

这些课程与其他文化课不同，主要是一种技能性的课程。这就是说，体育课程学习的结果主要不是体现在认知性知识的积累和深化上，而是表现在体能的增强、技能的掌握和行为态度等的改变。这决定了体育课程教学的主要手段，是以活动性游戏和各种运动方法构成的身体练习。在体育学习的过程中，每个学生既是学习的主体，同时也是学习的手段和对象。没有身体力行，体育学习就无法进行，体育学习的效果是通过学生自身身体和行为的变化而表现出来的。在体育学习中当然也有知识的学习和道德品质的教育等，但这些也主要是在运动实践的过程中完成的。正如霍华德·加德纳的著作《智能的结构》中"身体—动觉智能"章节里提出的：运动员过人的优美姿势、力量、速度、准确性以及集体合作的能力，不仅为运动员本人提供了快乐的源泉，而且还为无数的观众提供了娱乐、刺激与放松身心的手段。这是体育课程的最大特征。

核心能力

• 运动认知能力

①对身体形态、身体机能、身体素质、身体适应环境的认知。

②如何掌握锻炼身体的知识和方法。

③表现出可以通过身体活动来感知、塑造自己，做到以身体为本，实现体魄康健、激情丰沛、智慧非凡。

• 体能

①促进学生机体心血管系统、呼吸系统和肌肉工作的耐久力的改造。

②不断发展学生的基本活动能力，增进学生身体体能，使其全面协调发展。

• 坚强意志能力

①支配自己的行动并在行动时自觉克服困难的能力。

②拥有良好的意志品质是走向成功的关键，学生在跑、跳、投掷的学习中可以不断培养自己的独立性、果断性、坚持性和自制力等意志品质。

• 团结协作能力

①团结协作是体育竞赛成功的基础，个人和集体只有依靠团结的力量，才能发挥最大效应。

②积极参加集体活动，增强学生的团结协作能力，进而产生协同效应。在篮球、足球、排球的运动中，团队合作更能凸显集体凝聚力。

悦 动 健 美

课程类型：运动健康课程
开发教师：张道明　张太方
学习对象：小学 1—6 年级学生
学习时间：每周 4 课时

一、课程背景

健美操是具有健身、健心一体性的体育项目。它的动作多变，体态柔软，能帮助学生提高身体协调性，增强体能体质，培养表现力、创造力。在欢乐、愉快、激情的气氛中，在锻炼过程中，学生能享受快乐，能获得健身、健心和增长知识、收获友谊的整体效益。

随着深圳市"八大素养"[①] 的提出，对中小学生的身心素养的要求越来越高，但目前，小学生的体质、自我主动活动意识、社会适应能力、动手能力不强。因此，在校内开展推广富有时代气息和节奏感的健美操，既丰富了校园文化生活，又能让学生的身心健康得到发展，培养学生的表现力，丰富学生的想象力和增强学生的集体意识。

在坪洲小学，健美操已成为一个品牌精品项目，我校健美操队伍五年来参加过多次大型比赛、演出并屡获嘉誉，当之无愧地成为我校配方课程的中流砥柱。我们根据学情，精选和创编了不同类型、不同难度和不同运动负荷的健美操组合套路，使不同基础的学生能够在短期内对健美操产生浓厚的兴趣，提高体能素养，为学生全面发展奠定良好的基础。

二、课程目标

1. 增强学生的心肺功能，改善学生的形体，培养学生良好的节奏感和表现力，提高学生对健美操运动的基本认识，掌握编排原则与方法，培养学生的自编能力。

---

① 深圳市"八大素养"即品德、身心、学习、创新、国际、审美、信息、生活八个方面的素养。

2. 帮助学生树立正确的审美观、价值观，提高观赏能力、团结协作精神和创造力，陶冶高雅情操。

3. 让学生享受学习的过程，培养人际交往能力，实现知识、技能的同步增长，帮助他们身心健康成长。

三、课程内容

（一）训练常规

1. 师生问好。

2. 教练宣布本节课训练内容。

3. 进行常识教育。

（二）热身活动

1. 基本柔韧的拉伸：左、右、横叉，分腿、并腿前屈，肩关节拉伸。

2. 小肌肉群的刺激：（1）基本身体姿态保持；（2）半蹲加震动；（3）击腿练习；（4）俯卧抬手抬脚；（5）站立的上下击掌；（6）把杆抬腿。

（三）专项练习

1. 支撑。

2. 柔韧。

3. 跳步。

4. 俯撑。

（每周二至周五为一个周期，每天一个专项，依次轮换。）

（四）素质练习

1. 俯卧撑。

2. 两头起。

3. 侧腰。

4. 背起。

（每周二至周五为一个周期，每天一项素质，依次轮换。）

四、课程实施

（一）实施原则

1. 遵循科学规律，包括人体发育和心理发育的一般规律，对队员进行有针对性的训练。

2. 严格要求，培养队员的责任感和积极向上的心态，在硬件允许的条件下，满足所有训练课的要求，教练员与学员多进行沟通，促进团队凝聚力。

3. 目标明确，各个训练课应按时按量完成，教练员应根据具体情况对训练课进行适当调整。

4. 因材施教，必须充分考虑队员的个性和比赛训练的条件，训练计划必须根据学员的个性特点和能力制订，同时要考虑到比赛的情况，和所能提供的训练条件，最大限度地实现训练目标具体化和精细化。

（二）实施步骤

1. 训前，以常识教育为引导，强调队规训练。

2. 训中，对技术点进行提醒、强调。

3. 训后，注重拉伸放松，放松身心。

（三）具体实施

第一步，基本功练习。

（1）素质练习。

（2）专项练习。

第二步，比操。

展示每个学员对训练的掌握情况，并让学员清楚了解自身的情况，对以后训练做出计划。

第三步，比赛。

（1）参与各级各类比赛，展示学生的能力和水平，获得荣誉。

（2）调动学生的积极性。

（3）为学生提供更多学习的机会。

（四）课程建议

1. 选择合适的健美操训练服，因为小学阶段学生身体发育很快，所以训练服装主要以纯棉质的略贴身训练服为主，以便在跳操过程中能更清楚地看到学生的身体姿态与动作。

2. 健美操属于有氧运动，因此在运动之前注意适量地饮食，不宜过饱，适量地饮水，不宜大口大量。

3. 跳健美操务必先做拉伸热身活动，防止不必要的拉伤。

4. 通过练习健美操让学生对美有新的定位。

5. 课程训练过程中要教会学生如何面对困难与挫折，并学会坚持。

五、课程评价

在开放式教育的大环境下，结合健美操训练的性质，健美操课程运用形成性评价对学生进行阶段性考核，以学习内容的每个阶段为评价点，采用及时反馈的方式，让学生了解自身存在的不足。同时根据各项比赛的表现，学员间进行相对性评价和个体内差异性评价，配合家长反馈性评价，加大对优等生的强化训练和对差生的补差训练，最后结合配方课程的五星级评价方式进行学期检测。

表 24 "悦动健美"课程五星级评价表

(以小周期训练计划为单位的训练评价为评价依据)

技术训练	素质训练	心理训练
基本姿态、步伐	柔韧、耐力	表现力
操化动作、跳步类动作	力量、速度	意志磨炼
小套路	跳跃	团队意识
难度动作	协调性	自我暗示
成套动作	放松跑	放松、注意力集中
检验赛		自我评价

按照以上三个方面的基础情况分为：A 组、B 组、C 组，分别评为五星、四星或三星、二星或一星。

评价内容和标准如下。

（一）技术训练（占 40%）

1. 基本步伐考核（几种基本的步伐如踏步、后踢腿等）占 20%。

2. 体能状况考核占 10%。

3. 创编能力（自己编排 4 个 8 拍的动作，教师设置考核标准）占 10%。

（二）专项练习、心理训练（共占 40%）

1. 进步幅度的相对评价标准 =（后期成绩-初始成绩/目标成绩-初始成绩）×100%×20%，以此来激发学生参与体育锻炼的兴趣。

2. 学生自评、互评（心理训练）占 20%。这就给了学生评价自己一个很大的空间，以此培养教育学生的认知判断能力，考验学生的诚信度，培养学生的价值观。

（三）出勤（占 20%）

活 力 灌 篮

课程类型：运动健康课程

开发教师：杨子龙

学习对象：小学 3—6 年级学生

学习时间：每周 2 课时

一、课程背景

深圳市"八大素养"的提出，对新时代的高素质人才的培养提出了明确的要求。篮球运动能提升学生的身心素养：篮球是极具竞争性、对抗性，也具有极高的锻炼和健身价值以及欣赏和审美价值的运动项目。学生参与篮球校本课程的学习，能掌握一定的基本技术技能、基本战术、简单配合与比赛方法，并通过身体练习提高身体运动能力、体能和智能等多方面的能力，以达到健身的目的。

在体育课教学改革的背景下，过去体育课程教学大纲对教学内容规定得过多过细，过于强调运动技能和知识系统化而忽视了学生的身心需要和对体育的需求，不利于激发学生的体育兴趣、终身体育意识，不利于习惯的培养。针对这些情况，我们开设了"活力灌篮"课程。如今，新课标的实施对篮球教学有着极为积极的作用。

二、课程目标

1. 在奔跑、跳跃的过程中，发展力量、速度、耐力和灵敏等素质。
2. 能在复杂多变的赛场上，提高分析能力和应变能力。
3. 能在激烈对抗的环境里，磨炼意志，发展个性和智能。
4. 能在相互配合的过程中，培养团队精神和集体主义思想。
5. 能在观赏比赛的过程中，培养审美情趣，丰富课余文化生活。

三、课程内容

1. 了解篮球运动的起源、简单规则，学习基本站立、移动的方法。

体育常识：篮球。

重点：知道篮球运动的起源，了解一些简单的规则。

难点：采用现代教学技术法——情景教学法、裁判法、直观法、思考法、动作模仿法、观察法等。

2. 移动、持球的方法，发展协调性和控球能力。

原地行进间运球。游戏：活动篮筐。

重点：臂带手腕、指按。

难点：手和脚的协作配合。动眼、动耳、动口、动脑、动手。

3. 逐步掌握原地传、接球的方法。单手肩上投篮基本动作技能。

单手肩上投篮游戏：活动篮筐。

重点：手腕前屈，手法正确。

难点：脚蹬、臂伸腕外翻，上、下肢协调。教师讲解、示范，学生模仿投篮练习，体会投篮要领。徒手练习，以一球模仿投篮，体会用力顺序。

4. 进一步掌握综合运用基本技能的能力。

快乐篮球——争当小姚明。

重点：熟悉篮球的基本技能，弘扬个性。

难点：各种活动的科学创想。教师引领、师生互动、引导体验、创想练习。发表看法，互观、互帮、互学、评价。

四、课程实施

（一）体验法

1. 烘托气氛，激发兴趣。播放 NBA 精彩的比赛片段及雄壮的进行曲，让学生仿佛置身于激烈的赛场。

2. 学习简单的规则。

3. 进行小组交流，汇总学生对篮球知识的了解情况。

4. 播放讲解"篮球知识"课件，通过"篮球运动的起源""比赛场地""得分""简单规则""优秀运动员——姚明、胡卫东"等栏目，向学生系统介绍篮球知识。

5. 请学生观看 CBA 联赛片段，使学生马上联系实际，在使感观得到满足的同时，进一步激发兴趣。

6. 在观看的过程中，鼓励学生对疑点进行提问，教师及时释疑。

7. 边指导学生看球赛，边运用裁判手势进行讲解和示范。

8. 遇到比赛中常见的手势，让学生和老师一起学打裁判手势，如"走步"等。

9. 学生分小组讨论，学生回答问题，教师及时引导小结。

（二）操练法

1. 球性练习：抢、断、运球。

2. 双手胸前传接球。

3. 行进间单手低手投篮。

4. 行进间组合技术技能练习。

5. 攻防基础配合（传切、突切、掩护配合）。

6. 简化规则的教学比赛。

（三）采用以"篮球基本技能学练"为主体的篮球游戏教学

融球性球感练习、基本技术技能学习于游戏之中，使基本技术技能的学练过程游戏化、情景化，让学生在快乐的游戏活动中学会和应用简单的篮球技术技能，提高控制和支配球的能力，形成初步的时空概念。

（四）采用竞赛学练法

将基本技术技能的学练与游戏化的竞赛融为一体。变篮球教学为亦游戏亦竞赛的活动形式，把基本技能的学练与各种竞赛结合起来，营造有趣的、竞争的学练氛围。在竞赛活动或教学比赛中应用篮球技术技能，享受打篮球的乐趣，增强合作与竞争意识。

五、课程评价

评价类型：日常评价、阶段性评价、期末评价。

评价方式：自评、互评、师评相结合。

主要评价等级：采用五星评价法。一星为基本合格；二星为合格；三星为良；四星为好；五星为优。

（一）日常评价

1. 根据学生的考勤情况，登记记录。

2. 课堂学习记录：记录学生学习态度、课内表现和反应。

3. 平时表现：根据课内学生实际情况进行评价，给出成绩，随机评分。

（二）阶段性评价

1. 小组评价，评出组内优胜者。

2. 定期进行各阶段的技能学习、掌握情况考核，进行评比。

（三）期末评价

评价分三部分，自评部分、互评部分、师评部分。

自评部分：30分（自我评价，为自己的技能学习情况打分）。

互评部分：30分（同伴之间互相打分）。

师评部分：40分。

乒临城下

课程类型： 运动健康课程

开发教师： 陈少锋

学习对象： 小学 2—6 年级学生

学习时间： 每周 2 课时

一、课程背景

乒乓球是一项极易普及和开展的优秀运动项目，符合学生身心发展规律，能发挥学生主观能动性，使学生在教学活动过程中的行为更自觉、更主动、学习过程更优化，更有利于培养学生的自主精神和创新意识。

开放式教育是人的教育，是培养学生综合素养的教育，尊重学生身心发展规律，开放的校园环境为学生提供了良好的学习环境。在这样的背景下，配方课程"乒临城下"应运而生。

二、课程目标

1. 了解乒乓球的基本技术和基本战术。

2. 发展灵敏、速度、力量、协调等素质。

3. 培养发现问题、解决问题等自主学习的能力。

4. 培养团队精神，普及和提高学生的乒乓球技能，稳固和提升我校乒乓球队优势地位。

三、课程内容

1. 理论部分。

（1）乒乓球运动的概述及其简史。

（2）乒乓球运动的技术特点及身体锻炼价值。

（3）乒乓球简单裁判法及竞赛的组织与编排。

2. 基本技术部分。

（1）乒乓球站位姿势、握拍法、步法。

（2）发球技术：正（反）手发平击球、正（反）手发上（下）旋球、正手发左侧上（下）旋球。

（3）接发球技术：接平击球技术、接下旋球技术。

（4）推挡技术：平推、快推（介绍加力推、推侧旋球）。

（5）攻球技术：正手近台快攻、正手远台攻球（介绍快点、滑拍）。

（6）搓球技术：正（反）手快、慢搓（介绍搓转球与不转球）。

3. 基本战术部分。

（1）发球抢攻战术。

（2）左推右攻战术。

（3）对攻战术。

4. 身体素质部分。

（1）一般身体素质：托球接力跑。

（2）专项身体素质：步伐移动、折返跑、灵敏度。

四、课程实施

在抓好体育课堂教学主阵地的同时，把乒乓球教学向课外延伸，组建校级、班级乒乓球代表队，定期开展活动。

（一）实施措施

1. 开设乒乓球配方课程，普及乒乓球教学。在各年级开展乒乓球教学，真正让国球进课堂。2—6 年级每周在体育课中拿出一节课进行乒乓球的教学。

2. 开展乒乓球课外活动，组建班级代表队。各年级利用每周的课外文体活动课，由乒乓球指导老师对各班级代表队的乒乓球技术、战术进行深入指导，开展班际的乒乓球教学比赛。

3. 开展校际乒乓球联赛，提供广泛交流的平台。将此打造成学校一项传统特色品牌赛事。

（二）实施途径和方法

1. 体育教学——抓好普及。

根据各年级学生的生理、心理特点和学生的乒乓球技能原有水平，确定各年级段的教学内容，各年级段的教师有针对性地选择一些练习手段和训练方法，不断提高学生的乒乓球基本功。

2. 课外活动——促进提高。

课外体育活动具有有效锻炼身体、增强体质、满足学生对乒乓球的不同需求的作用。同时，对加强人际交往、丰富课余文化生活、促进精神文明建设、推动普及与提高的结合等多方面都具有重要意义。活动形式可以是小组活动、班级活动、年级活动等。活动内容有技术训练、战术训练、教学比赛、游戏等。成立"风雷"乒乓球校队，加强队员训练，提高竞赛水平。

3. 乒乓球比赛——展示自我。

在体育教学及课外体育活动的基础上，学校开展校级乒乓球比赛。每次乒乓球比赛都能吸引大批学生参与竞赛，同时也为学生提供展示乒乓球技术水平的舞台，这个舞台能让学生体验成功与喜悦。通过比赛发现一些优秀的乒乓球苗子，为校乒乓球队提供有力的后备力量。

五、课程评价

通过学习评价，促进学生自主学习的能力，激发学生对乒乓球的兴趣，为以后申报特色项目打好基础。

（一）评价原则

1. 体验分享的原则。

这一原则是指在评价中，通过引导学生广泛交流彼此在活动中的感受和经验，交换相互的意见和看法，将每一个人的收获变为大家共同的精神财富。

2. 以学生自我评价为主的原则。

这一原则是指在分组练习评价过程中，教师应引导学生自主地开展评价，培养其自我认识的自觉性，并提高其独立的分析能力。

3. 差异性原则。

这一原则是指根据学生的年龄特点和个人发展水平来加以把握，从实际出发，讲究实效。

（二）评价形式

根据教学目标，对本课的考核在学期末进行，考核的内容结合学期所学的基本内容进行。综合评分：考试成绩80%+平时成绩20%。

1. 评价内容：挡球，推挡球，发奔球，正手攻球。

2. 测评方法：

（1）两人对推。

（2）发奔球。

（3）两人对攻。

3. 评分标准：

（1）理论部分：满分10分。

（2）技术达标：满分40分。包括：两人对推40次为20分，每次为0.5分。发奔球10次为10分，每次1分。攻球40次为10分。

（3）动作技评：满分30分。包括挡球、推球、削球。每一项为10分。

（4）学习态度：满分20分。课堂表现10分；出勤10分。

综合以上得分，根据配方课程的五星评价标准，对学生进行评定。

田径小超人

课程类型：运动健康课程

开发教师：林秋宏　冯　冰

学习对象：小学 1—6 年级学生

学习时间：每周 2 课时

一、课程背景

　　深圳特区建立以来，教育锐意改革，勇于进取，率先成为广东省教育强市和推进教育现代化先进市。然而，当前教育仍然存在重分数轻素质、重知识轻能力、重书本轻实践等现象，学生身心健康、创新实践、生活能力等综合素养仍需进一步加强。面对现代化、国际化、信息化对人才素养的新要求和广大市民对教育的新期盼，张云鹰校长提出了开放式教育和配方课程。

　　本课程是贯彻"健康第一"的指导思想，根据学生的身体素质和学生的现状设立的课程。田径是各运动项目之母，跑是人体的本能。在本课程内通过快速跑、耐久跑、接力跑等多种形式发展学生的身体素质。在开发的过程中，虽不需要投入太多的器械，但能起到引导全体学生参加体育锻炼的效果，可操作性强。对于学生来说，跑步是最实际可行的锻炼方式，但是缺乏正确的方法和技巧。因此，本课程既培养学生如何正确地跑步，正确地使用技巧提高速度，也通过接力跑培养学生间相互配合、团结协作的精神，使学生树立健康意识和体育精神，为终身锻炼奠定坚实的基础。

二、课程目标

1. 掌握田径的动作方法，发展学生的弹跳、速度、耐力和爆发力。
2. 提高运动兴趣，树立终身锻炼的体育意识，形成坚持锻炼的习惯。
3. 培养竞争意识和吃苦耐劳的优良品质。
4. 培养团结协作、互相帮助的集体主义精神。

三、课程内容

1. 简单介绍田径运动的起源和发展：短距离跑、中长距离跑、接力跑、障碍跑、跳高、跳远、全能运动。

2. 了解田径运动的分类（田赛、径赛），明确今后课程的主要方向。

3. 学习田径有关的基础理论知识。

4. 传授基本的技术动作。

5. 发展全面的身体素质。

6. 培养良好的心理品质和坚忍不拔的意志品质。

四、课程实施

（一）快速跑

1. 课程要点：

（1）掌握起跑动作要领。

（2）掌握途中跑动作要领。

（3）掌握冲刺动作要领。

（4）掌握 30 米全程跑动作要领。

2. 具体目标：

（1）掌握站立式起跑的动作方法。

（2）发展学生身体的爆发性。

（3）培养学生乐于学习和展示所学动作的优良品质。

3. 教学方式：

（1）教师示范站立式起跑的动作方法，学生观察模仿。

（2）教师根据学生存在问题进行指导。

（3）在教师组织下分组练习。

4. 授课时数：4 课时。

（二）耐久跑

1. 课程要点：掌握 800—1500 米耐久跑动作要领。

2. 具体目标：

（1）掌握耐久跑的动作方法。

（2）发展学生身体的耐力素质。

（3）培养学生吃苦耐劳的精神。

3. 教学方式：

（1）教师讲解耐久跑的动作方法，学生自学。

（2）教师根据学生存在问题进行指导。

（3）采用定时跑或计时跑的方式进行练习。

4. 授课时数：6 课时。

（三）接力跑

1. 课程要点：掌握传接棒技巧。

2. 具体目标：

（1）掌握传接棒的动作方法。

（2）发展学生传接棒时的空间感觉。

（3）培养学生互相合作的意识。

3. 教学方式：

（1）教师示范传接棒的动作方法。

（2）教师根据学生存在问题进行指导。

（3）采用短距离传接棒的方式进行练习。

4. 授课时数：6 课时。

五、课程评价

（一）教师教学评价

1. 学校领导针对课程的实施，对于是否目的明确，是否针对各种跑步动作技术性较强的特点，是否突出了重点、难点，是否在教学过程中做到了有的放矢，是否针对学生身体情况分层次设计教学内容，做到了因材施教，使每个学生都有机会参与，经过练习学生的身体素质是否得到显著提高等，进行教学效果的评价，用等级制记录。

2. 通过与学生家长代表互动，了解家长对本课程设置及评价标准的看法，并请家长对老师的工作提出可行的改进意见，记录在家校联系卡中。

（二）学生学习评价

根据教学对象间的关系，从师生评价、生生评价、自我评价三个不同的维度进行。包括：出勤、主动参与、意志情感、掌握技能。

1. 学生参与积极，几乎没有缺勤现象。跑步过程中，特别是接力跑中学生热情参与，认真分析最佳组合，主动练习，大多数学生都能掌握科学跑步的方法。

2. 本课程有明确的教学目标，但在评价过程中并不统一画线，而是对不同身体情况的学生设置了不同的评价标准，做到让每个学生都能学到正确的跑步方法，又能体会到努力后有所进步和收获，能得到老师和同学表扬的成就感。

3. 通过组织同年级学生分组比赛，考察学生的学习成果，激发学生学习和练习的兴趣，提高学生快速跑和耐久跑的能力。

4. 教师每学期对每个年级学生的学习情况写出相对应的教学总结各两份。

5. 学生对自我进行评价，让学生通过自我评价，养成主动学习、自觉锻炼的习惯，使学生的身体素质不断得到提高。

6. 根据以上标准综合评分，优秀为五星，良好为三星或四星，及格为二星或一星。

跳动的旋律

课程类型： 运动健康课程
开发教师： 扶文勇
学习对象： 小学 1—6 年级学生
学习时间： 每周 2 课时

一、课程背景

跳绳是我国民间广为流传的一项体育活动。据记载，早在一千多年前的唐朝就有跳绳活动，那时称跳绳为"透索"或"跳白索"。可见，跳绳作为我国的一项民间传统体育活动，已有悠久的历史。

跳绳运动在各项民俗体育运动中是最普遍的项目，一人一绳、多人一绳、多人多绳均可开展，其动作可简可难，变化多样，趣味无穷。更不受年龄、性别、场地的限制，人人可行，在我校开展跳绳运动，既是一种传承，更是一门课程。

近年国内外研究发现，跳绳对儿童身心健康和智力发展有诸多好处：能促进儿童健康发育，跳绳能加快胃肠蠕动和血液循环；能确立儿童的数字概念，有助于他们把抽象的数字与实际事物联系起来，使其初步理解数字的实际含义与概念；能提高儿童记忆能力，有助于其将抽象记忆转化为形象记忆；能促进儿童心灵手巧，人的机体在运动时会把信息反馈给大脑，从而刺激大脑进行积极思维；等等。

我校是一所开放的学校，开展跳绳配方课程，能进一步提高学生的综合素质，培养学生的品德素养、身心素养、学习素养、创新素养等，养成终身锻炼的习惯。

二、课程目标

（一）知识目标

1. 掌握双脚跳绳的方法，发展弹跳、协调能力。

2. 学习各种跳绳的动作方法，使学生掌握各种跳绳的要领。

（二）能力目标

1. 利用多种跳绳练习发展学生的弹跳能力，提升协调、灵敏、耐力等身体素质。

2. 通过跳绳活动培养学生勇于创新、团结协作的意识。

（三）情感目标

1. 培养学生时间与空间的感觉，激发学生主动参与体育的兴趣。

2. 增强群体意识、竞争意识、创新意识，发挥潜能，养成终身运动的习惯。

三、课程内容

课时安排如下：

第1周：阅读性内容——跳绳常识；课堂常规。

第2周：体验性内容——跳跃：双脚连续跳上跳下。

第3周：延伸性内容——双脚交换跳单绳。

第4周：体验性内容——双脚交换跳单绳，看谁跳得多。

第5周：体验性内容——并脚跳单绳。

第6周：体验性内容——看谁跳得多（一分钟跳绳比赛）。

第7周：运动参与——行进间跳绳。

第8周：运动参与——跳绳游戏。

第9周：体验性内容——绳操。

第10周：体验性内容——绳操和跳绳游戏。

第11周：体验性内容——花样跳绳。

第12周：体验性内容——行进间跳绳比赛。

第13周：运动参与——夹物跳绳。

第14周：延伸性内容——体验双飞。

第15周：体验性内容——跳绳游戏。

第16周：运动参与——自己创新跳绳。

第17周：体验性内容——考核跳绳。

四、课程实施

（一）自主与探究：原地练习

1. 单人跳绳练习：在篮球场进行。将全班学生分成两组面对面站立，距离4—5米，每人左右之间相距2—3米。两手分别执绳的两端，持绳于身后，进行正反单、双足跳或单、双足交替跳，正反夹花跳，单、双足双飞跳，蹲着跳（将绳对折单手执绳的一端，蹲下单手贴地摇绳跳）等。

2. 两人同跳一根绳练习：一人摇绳两人同跳（没摇绳的人站在摇绳同学

的前面或后面）；两人同摇同跳（两人同站一排，各执绳的一端，同摇齐跳）；两人同摇一人跳（跳绳人外侧手执绳的一端，未跳者执绳的另一端，同时摇绳）。

3. 夹物跳练习：双踝夹物跳；双膝夹物跳；双腋夹物跳；双踝、双膝、双腋同时夹物跳。要求：跳绳过程中要控制所夹物体不掉地。

4. 自我展示跳绳练习：将学生分成几组，依次进行，每组6—8人，让学生自择或自创跳绳方法进行表演。要求：学生进行自我评价、互相交流技艺。

5. 牵绳练习：两人一组，自由组合，绳子从腰间绕过，两人分别各执绳子一端，通过牵、放绳子来较量，看谁脚下稳或移动来决定胜负。要求：要学会用巧劲来取胜。

（二）运用与合作：跑的练习

1. 你追我逃：在篮球场进行。将学生分成4大组，分别站在4块区域中，每组再分2小组进行：一组跳绳逃跑，另一组跳绳追，被追上的同学站到场外，直至最后一位同学被追上为止，然后两小组角色互换再进行练习。要求：A. 逃的同学不能出界；B. 追的同学不能停绳追，用手拍击逃跑者的身体。

2. 跳绳往返接力跑：距离10—15米，将全体队员分成人数相等的几组，成纵队站立，每组只用一根绳。比赛开始后，每组的第一位同学跳绳向前跑出，绕过终点标志物返回，将手中的绳交给第二位同学，第二位同学重复第一位同学的动作，其余同学依次进行，看哪一组最先跑完。要求：用手交接绳，不得抛绳。

3. 跳绳迎面接力跑：距离15—20米分别画两条平行线，将学生分成人数相等的4组，面对面纵队站立，每组用一根绳。准备好后教师发令，每组第一位同学跳绳跑向对面同伴，将绳交给同伴进行，看哪组最先完成来判定胜负。要求：A. 必须跳绳跑进；B. 接绳之前不得跨越起跑线。

4. 三人两足跑：距离20—30米，分别画两条平行线，将学生分成多组，站于起跑线后，各组学生两两一组，可自由组合，用跳绳将自己的一只脚和同伴的一只脚绑在一起。准备好后教师发令，各组学生快速走或跑向终点。要求：配合协调，步调一致，注意安全。

5. 蜈蚣赛跑：距离100米，分别画两条平行线，在田径场上进行。将学生分成4组，每组10—12人，成纵队站于起跑线后，每组用各自连接好的两条长绳：一条用来系住各人的左脚踝关节，另一条系住各人的右脚踝关节，每人前后相距一臂距离，后面的人双手搭在前面的人肩上。准备好后教师发令，各组学生快速走向终点线，以最后一人先过终点线的组为胜。要求：A. 各组之间相距1—1.5米，注意安全；B. 协调一致，走成直线。

（三）创新与发展：跳长绳练习

在篮球场上进行练习。将学生分成2—4组，每组将短绳接成长绳，进行集体跳长绳练习。要求：A. 学生可自行编制与选择跳长绳的花式。B. 多人花样跳时要注意安全。

五、课程评价

本课程制定了可操作性强、方法科学、具有激励性作用的评价标准。包括定性评价和定量评价。在课程评价过程中，把定性和定量评价二者结合起来。

定性评价一般适合于花样跳绳、双人跳绳、集体跳绳的评价，定性评价应注重过程性评价和激励性评价。

定量评价一般适合于个人跳绳评价，定量评价时应因人而异，对不同年级、性别和基础的同学要用不同的标准来衡量。

表25 "跳动的旋律"课程评价标准

评价方式	评价标准（1—3年级）	评价标准（4—6年级）
定性评价（花样跳绳）	掌握的熟练程度，根据年龄特征：能够掌握6种跳绳方法为优秀；4种为良好，2种为合格	掌握的熟练程度，根据年龄特征：能够掌握8种跳绳方法为优秀，6种为良好，4种为合格
定量评价（个人跳绳）	规定时间内跳的个数：一分钟跳绳90—120为优秀，70—89为良好，50—69为合格	规定时间内跳的个数：一分钟跳绳150—170为优秀，110—149为良好，70—109为合格

采用五星评价法：

优秀，评为五星。

良好，评为三或四星。

合格，评为一或二星。

少儿武术

课程类型：运动健康课程

开发教师：陈杰波

学习对象：小学 1—6 年级学生

学习时间：每周 2 课时

一、课程背景

武术是我国宝贵的文化遗产，是具有独特民族风格的传统项目，它历史悠久，内容丰富，深受广大青年学生喜爱。它对增进健康，增强体质，陶冶情操，防身卫国都有重大的作用。

武术课程为学生进行终身体育锻炼提供了一种选择途径。本课程能增进学生心理与生理的健康、身体协调能力，促进学生全面发展，陶冶情操，提高审美能力，增强综合素质，全面发展学生的身体素质，培养学生的道德情操、自觉锻炼的意识和能力，促进学生身心的健康发展，为终身锻炼打下良好的基础。

本课程旨在通过武术基本套路的教学，让学生掌握武术运动的简单套路，使学生具备观赏一般武术套路的能力。

二、课程目标

1. 初步了解武术的含义，初步了解武术的精神文化，初步了解学习武术的意义以及武术的健身和健心功能。

2. 阅读学习武术家的故事，学习他们的武术精神，培养爱国和爱家的情怀，激发学习武术的兴趣。

3. 学习武术基本功和基本动作，学会一套简单的武术操，了解并学会一些武术的练习方法，了解武术的一些常用术语。

4. 通过学习武术发展身体的柔韧、灵敏、协调、力量和平衡等技能，培养勇敢、顽强和克服困难的精神，增强学习武术的自信心。

5. 提高自学、自练的能力，初步学会自评和评价他人的方法；学会在学习中与同伴团结协作。

三、课程内容

（一）理论知识

1. 武术的概述。

2. 武术的发展过程。

3. 武术动作的分类。

4. 武术的基本步型、手型、动作名称。

（二）基本技术

1. 基本动作：

（1）武术基本步法（并步、弓步、马步、仆步、虚步、歇步等）。

（2）武术基本手型（拳、掌、勾手等）。

（3）武术基本手法（冲拳、穿掌、挑掌、撩掌、推掌等）。

（4）五步拳基本动作（弓步冲拳、弹踢冲拳、马步架打、歇步冲拳、提膝穿掌、仆步穿掌、虚步挑掌、收式）。

（5）少年拳基本动作（并步抱拳、垫步弹踢、马步横打、弓步撩掌、虚步架打、震脚架打、蹬踢架打、跳步推掌、撩掌收抱等）。

2. 身体素质：

（1）一般素质：柔韧素质、灵敏素质、协调性等。

（2）专项素质：腰腹、腿部、脚踝及拳掌力量、节奏感、动作表现力等。

3. 套路练习：

（1）五步拳。

（2）少年一、二路拳。

（3）长拳。

四、课程实施

（一）学科渗透法

将武术特色渗透到各门学科的教学中，结合学科特点，渗透武术教育，丰富学生的审美意识，培养学生感受美、鉴赏美、创造美的能力。按照美的要求，造就身心和谐发展、志向高远、品行高尚、性格优良、知识丰富、举止文明、体魄健美的人。

（二）实践活动法

把武术教育寓于丰富多彩的学校各项活动中，要求学生具有琴、棋、书、画、唱、舞等才能，促进学生的五育和谐发展。通过实践活动培养学生，开展各种富有武术特色的活动。

（三）可控性与开放性结合法

学校为每一位学生创设有利于全面提高心理素质，促进学生个性专长发展，提高学生武术素养的最优化条件。既要利用好学校内部的可控性教育条件，又要充分利用家庭教育、社会教育资源的开放性外部条件，使两者结合起来，以达到促进学生武术素养全面提高、个性充分发展的最佳教育效果。

（四）常规教学法

武术教育既需普及，又要提高，要充分利用好学校优良的专业师资队伍，抓好常规教学。

五、课程评价

1. 评价内容：所学的武术套路。
2. 评价方法：5 人为一组进行考试。
3. 评价要求：
（1）能基本未完成武术套路中的基本步型、基本手型。
（2）动作舒展到位，形神兼备。
4. 评分标准：

五星学员（90—100 分）：套路熟练，动作标准连贯，身体姿态协调，动作幅度大，有节奏、有力度，具有较强表现力。

四星学员（80—89 分）：套路熟练，身体姿态一般，动作较标准连贯，动作幅度较大，有节奏、有力度，具有一定表现力。

三星学员（70—79 分）：动作较标准，动作幅度一般，动作基本连贯，有个别小错误，表现力一般。

二星学员（60—69 分）：动作不太标准，能连贯完成，有个别明显错误。

一星学员（60 分以下）：套路有所遗忘，错误动作较多，连接有错误。

气 韵 太 极

课程类型： 运动健康课程
开发教师： 钟晓辉
学习对象： 小学 4—6 年级学生
学习时间： 每周 2 课时

一、课程背景

本课程是一项男女生兼收的修身养性、内外兼修的拳种课程。"24 式太极拳"也叫"简化太极拳"，它是国家体育运动委员会（现为国家体育总局）于 1956 年组织太极拳专家汲取杨氏太极拳之精华改编而成的。其内容精练，动作规范，易学易练，能充分体现太极拳的运动特点。

为推进立德树人，全面实施素质教育，主动应对未来经济社会发展新挑战，根据深圳市"八大素养"，本课程对小学生综合素养提出以下要求：

1. 品德素养提升：坚定理想信念、弘扬传统美德、培养文明行为、传承深圳精神。

2. 身心素养提升：增强学生体质、促进心理健康、培育健全人格。

3. 学习素养提升：培养学习兴趣、提升学习能力、养成学习习惯。

4. 审美素养提升：提升审美品位、丰富美育形式、营造艺术氛围等。

基于以上背景，我们开发了太极拳课程，以期提高学生综合素质，培养学生良好的品德、身心健康、学习能力、审美等核心素养。

二、课程目标

（一）知识目标

1. 掌握太极拳套路的基本理论。

2. 了解太极拳进攻、防守的基本理论。

3. 了解太极拳的传统养生知识。

（二）能力目标

1. 运用所学的太极拳套路进行自身的体育锻炼，让其成为自身拥有的一项技能。

2. 运用所学知识指导初学者进行太极拳练习。

3. 运用太极拳文化提升观赏太极拳比赛的能力。

4. 提高人体的灵活性和对意外情况的应变自卫能力。

（三）情感目标

1. 培养尊师重道、讲理守信、宽以待人、严于律己的道德情操。

2. 培养顽强拼搏的竞争意识和积极进取的创新能力。

3. 养成终身参加体育锻炼的意识和习惯。

三、课程内容

1. 了解太极文化的起源和历史变迁。

2. 了解中国传统哲学并正确地思考人生。

3. 了解太极拳的基础理论知识；练习简化太极拳。

具体课时安排如下：

第1—2课时：理论课（气韵太极拳简介）

第3—4课时：1. 起势　　　　　2. 左右野马分鬃

第5—6课时：3. 白鹤亮翅　　　4. 左右搂膝拗步

第7—8课时：5. 手挥琵琶　　　6. 左右倒卷肱

第9—10课时：7. 左揽雀尾　　　8. 右揽雀尾

第11—12课时：9. 单鞭　　　10. 云手　　　11. 单鞭

第13—14课时：12. 高探马　　　13. 右蹬脚　　　14. 双峰贯耳

第15—16课时：15. 转身左蹬脚　16. 左下势独立

第17—18课时：17. 右下势独立　18. 左右穿梭

第19—20课时：19. 海底针　　　20. 闪通臂

第21—22课时：21. 转身搬拦捶　22. 如封似闭

第23—24课时：23. 十字手　　　24. 收势

四、课程实施

（一）分三个阶段进行

第一阶段：学习普及阶段。

本阶段的主要任务是要在学生中全面普及并开展太极拳教学工作，到本阶段结束，学生要掌握太极拳28式的基本动作和套路。

第二阶段：开展太极拳展演和比赛活动。

开展太极拳展演和比赛活动，充分调动学生的积极性和兴趣，让学生体验到学习的成就，在一招一式丰满圆润、绵延不绝，尽显太极拳刚柔并济、绵长柔缓的特色中感受到学习的成功。

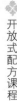

第三阶段：巩固提高阶段。

本阶段的主要任务：一是充分利用太极拳课积极组织学生强化训练，促使学生能够熟练掌握太极拳基本动作；二是及时发现学生太极拳演练中存在的问题，对不规范的动作进行纠正，促使学生掌握正确的技术动作。从本阶段开始，建立长效机制，组织学生利用课间操或下午的课外活动时间进行太极拳集中演练。

（二）学习方式

1. 理论学习式。以教师讲授为主，让学生了解太极文化的起源和历史变迁；了解中国传统哲学并学会思考人生；了解太极拳的基础理论知识和演练太极拳要注意的事项及口诀要领。

2. 互助合作式。学习较好的学生在课下进行一对一的帮助，让学生掌握更熟练，也增进学生间友谊。

（三）教学方式

主要采用教师演练、学生互帮等方式。教师在具体的教学过程中，可灵活掌握教学的进度。

五、课程评价

对学习简化太极拳建立一种客观、合理、准确、全面的评价新模式，评价中更注重学生的学习过程，注重学生的参与情况，课程评价采用理论与实践相结合、过程性评价和终结性评价相结合的方式，重实践，重过程，采用五星评价标准，学生自评和教师评价相结合。

1. 学生是否积极参与，上武术课是否严肃认真努力训练，对所学武术动作及技术、技能掌握的程度进行评价。

2. 对学生学习态度与行为进行评价，主要看学生学武术的态度以及在练习中的行为表现。

3. 对学生的创新意识和学习的进步程度进行评价，主要看每一个学生在原来的基础上经过自己创造性的学习，对所学的动作和套路的掌握及提高的幅度。

4. 对学生交流和合作精神进行评价，主要看学生在学练中能否和同学相互学习，虚心学习。

5. 武术技术水平的评价要对学生所学动作、套路，从动作规格、劲力、精神、节奏、风格等多方面进行。

采用五星评价标准：

五星为风格；四星为出格；三星为升格；二星为合格；一星为入格。

（一）自评参照表

表26　"气韵太极"课程自评参照表

等级内容	五星	四星	三星	二星
动作技能	动作方法正确，姿态舒展大方	动作方法基本正确，姿态不够舒展	动作方法不正确，姿态不舒展	动作错误，姿态松懈
学习态度	有信心、不怕失败、不怕苦、用心学练	想学但基础差，不严格要求自己	不能正确对待自己、遇到困难退缩	动作没有完成
心理素质	有勇气、敢于战胜自己、知难而进	较有勇气，但自信心不够	优柔胆怯、害怕不成功	胆怯、害怕
合作意识能力	能和同学一起完成动作，礼让谦虚	有时能和同学一起完成动作，稍有自私，但能互助	和同学合作意识差	无法和同学合作
自练自评能力	没有教师指导能自己练习，能对自己进行评价，看练结合，坚持练习	没有教师指导能和同学一起进行练习，能对同学的动作正确与否进行评价	自练、互练能力较差，看完后不会反思、评估	不能自主练习，不会反思

（二）五星评价参照表

表27　"气韵太极"课程五星评价参照表

等级	简化24式太极拳评价标准
五星	套路熟练，姿态大方，动作规范，精神饱满，刚柔相济，手眼相随，动作与音乐配合自然
四星	套路熟练，姿态大方，动作较规范，精神饱满，用力较好，动作与音乐配合一致
三星	套路基本熟练，姿态较好，动作基本规范，力度一般
二星	不能完成套路，动作松懈

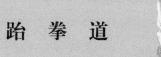

跆 拳 道

课程类型：运动健康课程

开发教师：袁世武　蔡怀飞

学习对象：小学 1—6 年级学生

学习时间：每周 2 课时

一、课程背景

跆拳道（Taekwondo）运动起源于韩国，是一项在两人之间按照特定规则进行的搏击运动。跆拳道又分传统跆拳道和竞技跆拳道两种。该运动具有搏击、健身等多种功能，因而跆拳道运动深受世界各国人民的喜爱，爱好者遍及世界各地。

小学生处于身心发展的重要时期，跆拳道的严格的技术水平等级制度和晋级升段考核要求，对提升学生综合素养有着重要的作用。跆拳道练习者水平的高低，以"级""品""段"来划分。不同的级别代表了不同的要求和理念，从入门的"白带"，到要取得跆拳道"黑带"，必须经过科学系统的长时间练习（至少一年以上），除了功夫水平要高，还要达到一定的年龄和训练年限，对文化素质、礼仪修养等方面也要进行综合评估。

开放式教育为学生的身心发展提供了广阔的平台，本课程主要介绍竞技跆拳道基本技术、战术以及防身自卫术和跆拳道品式等，教学由浅入深、循序渐进，注重基本动作、各种辅助练习和实战演练的结合，使学生能较快地掌握和运用。

二、课程目标

1. 初步掌握跆拳道的基本步法、基本腿法。

2. 进一步掌握跆拳道的基本腿法及基本腿法的连接技术。

3. 掌握跆拳道的组合技、战术及实战演练。

三、课程内容

（一）理论部分

1. 跆拳道运动概述。
2. 跆拳道运动的特点及对身体锻炼的价值。
3. 跆拳道运动技术、战术分析。
4. 跆拳道竞赛规则和裁判法。

（二）技术部分

1. 基本姿势。
2. 基本步法：前后滑步，上步，退步。
3. 基本动作技术：前踢技术，侧踢技术，后踢技术，下劈技术，勾踢技术，后旋踢技术，横踢技术，推踢技术，跳踢技术，单腿连踢技术，双腿连踢技术。
4. 基本战术。

（三）身体素质部分

训练学生的速度、耐力、力量、弹跳、灵敏性、柔韧性、协调性。

四、课程实施

1. 在教学中注重开发跆拳道课程的教育功能、贯彻素质教育思想，严格要求，全面提高学生综合素质。
2. 充分挖掘跆拳道课程的运动文化价值、课程知识价值、强身健体价值。
3. 制订学期教学工作计划，安排好进度，撰写理论课讲稿和书写教案时，依照有关规定、要求以及教学资源状况，选择和整合教学内容，并结合教学对象情况去撰写，以达到跆拳道课程的教学目标。
4. 注重与学生的交流与互动，重视教学方法和手段的改革与创新，注重采用多样化的教学手段，采用启发式教学、研究性学习的教学方法，教学相长，培养学生的自学能力与创新能力。
5. 认真执行教学常规，严格要求，严格管理，严格考核。

五、课程评价

1. 本课程评价采用结构考核、综合评分方法进行，成绩用百分制记分，各项考核内容及权重见表28。

表 28 "跆拳道"课程考核内容及权重

考核内容	跆拳道专项	身体素质	体育理论	学习态度
权重（%）	40	20	20	20

2. 出勤：根据出勤的情况进行评分。

3. 考级通过：综合对基本功的掌握情况和跆拳道的文化精神的领会程度进行考核，根据配方课程的五星评价表进行评定。

优秀：五星，良好：四星或三星，及格：二星或一星。

4. 特殊评定：将根据学生的不同特长和突出的表现，开设"精神文明奖""刻苦钻研奖"等特殊奖项激发学生的学习热情。

修美瑜伽

课程类型：运动健康课程
开发教师：谢秀蓉
学习对象：小学 4—6 年级学生
学习时间：每周 2 课时

一、课程背景

瑜伽是起源于古印度的一种健身术，是一种生活方式、一种生活理念，是一种指导生活的思想体系，又是一种博大精深的哲学体系。

本课程符合以"育人"为原则的教育理念，利用古老传统的瑜伽健身方式，增进学生的身体健康及心智和精神上的健康，赋予学生人生责任感、社会责任心，能够使他们充分认识自我，充实自我，完善自我，发展自我，超越自我。

本课程响应开放式教育提出的"文明都市人"的培养目标，学生通过练习，能够掌握一种终身受用的健身方式，克服生活中种种恶习，建立一套健康的生活方式。同时，它不仅能强健肌肉骨骼，而且还能通过神经腺体的刺激，使身心得到完全放松，促进学生养成良好的人格气质。

二、课程目标

（一）知识与能力

1. 学习瑜伽的基础理论知识。

2. 掌握瑜伽健身方法、手段。

3. 根据需要、自创独立的个人瑜伽健身动作或组合。

（二）过程与方法

1. 学习成套的具有实用价值、健身健美价值、艺术观赏价值的动作，并尝试简单的编排。

2. 通过学习、考试，培养学生的独创力、想象力和表现力，培养学生的团结协作的精神、组织及训练的能力。

开放式配方课程

（三）情感态度与价值观

注意培养、提高个人的智能、智商，向团结协作、扩展情商转化，面向未来发挥更大才干。

三、课程内容

瑜伽理论课主要内容有：瑜伽文化、瑜伽流派、瑜伽生理学、瑜伽动作的创编及练习方法。技术课主要内容有：基础瑜伽、瑜伽体位法、呼吸、冥想、组合瑜伽。

（一）理论部分

1. 瑜伽的基本理论。

2. 如何安全地练习瑜伽和预防损伤。

3. 瑜伽与饮食。

4. 瑜伽的作用、功效。

5. 瑜伽的创编原则及组织教法。

（二）瑜伽特色课程简介

1. 体位法。站、坐、卧的各类伸展、扭转、挤压、平衡等动作。

2. 呼吸法。胸式、腹式、风箱式、完全式。

3. 冥想法。呼吸冥想、语音冥想、烛光冥想。

4. 动作、呼吸、冥想的结合。

（三）具体安排

1. 概论（介绍瑜伽的基础知识），掌握学习瑜伽的入门功夫。

2. 瑜伽练习的入门基础。

3. 常规的瑜伽准备活动，仿生爬行动作和滚动式练习。

4. 复习准备活动组合、学习完全呼吸法，掌握瑜伽呼吸方法，课下多做呼吸练习。

5. 学习蕙兰瑜伽一套，单臂风吹树、肩旋转、简易双角式。

6. 基本体能练习，腰转动、跳水式。

7. 基本体能练习，克尔史那、磨豆、半箭、分腿扭身触趾。

8. 复习，提高呼吸与动作间的协调，复习动作分析要领要点，提高动作质量。

9. 学习简易轮功，坐撑扭脊。

10. 学习半弓一，初级仰卧起。

11. 学习摆头功、炮弹式、仰尸功。

12. 配合音乐复习，熟悉全套动作，分析要领及用力点。

13. 提高动作质量，强调呼吸，介绍编排方法，对易出现错误的动作进行分析、讲解、示范。

14. 自己分组编排 10 分钟适合自己的动作组合。

15. 分组再编动作准备考试，调动学生积极性，自主动脑创编，培养能力。

16. 复习，熟悉掌握体位。

17. 复习。

18. 考试（含基础理论考试）。

四、课程实施

少儿练习瑜伽功效很多，但由于少儿身体发育所处阶段的特殊性，在练习中一定要注意以下问题。

1. 强调顺畅呼吸，避免憋气以及头部向下体位练习。

憋气时，肺停止于扩张状态，腹肌紧张，胸腔和腹肌内压力加大，回心血量减少，心脏输出血量减少，对心脏本身的血液供应也会减少。憋气后，反射性地使呼气加深，这时胸内压和腹内压突然降低，大量血涌入心脏，使心脏充盈过度，负担加大。因此，在练习过程中，强调顺畅呼吸。此外，倒立和背桥等动作由于头部朝下，头部血液回流困难，使心脏处在正常位置时的阻力加大，也会增加心脏的负担，因此，这类练习尽量保持较短的时间。此外，肩倒立亦应保持较短时间，因为头部与颈部的垂直会促进甲状腺素的过多分泌，从而影响身体的正常发育。

2. 教学组织遵循孩子特点。

少儿瑜伽的目的就是让少儿痛快地玩、认真地学，而不是剥夺少儿的本性。在课堂上，教练需要持续不断保持趣味和愉快的气氛，让孩子们在充分发挥想象力的表达中和玩耍中完成动作，而不能是苛求孩子如成人瑜伽课般处于安静状态。

五、课程评价

（一）评价形式

把结果评价和过程评价、定性评价和定量评价结合起来。对学生学习以"出勤率+课堂表现+作品评分"几个方面的总体情况来进行测评。

（二）评价内容

一星为入格；二星为合格；三星为升格；四星为出格；五星为风格。

一星为入格。

动作规范、准确，呼吸和动作不太一致。

动作紧张、松弛，两方极限反差大。

二星为合格。

动作与动作协调一致。

对失误动作应变能力强。

能掌握动作的基本分类。

能领悟到动作的对称性。

动作面的链接合理、协调、巧妙、自然。

个体的呼吸与团队场面的呼吸节奏产生共振，观赏性强。

三星为升格。

动作和呼吸合理。

双人或多人配合良好。

较好地利用场地、平面、空间、造型。

动作、音乐、指令巧妙、自然、和谐。

四星为出格。

精神面貌好、应变能力强。

有表现力，优美、自然、感染力强。

五星为风格。

完成动作形神俱妙。

开放式评价打破传统考评书本内容的局限，不拘泥于课堂讲授内容，侧重知识、能力、实践的发展，同时也能让教师和学生及时发现自己的不足之处和改正的方法。

通过开放式评价，可以使学生明白：只有通过自身调整、自己努力、自我付出，才能获得成果，杜绝虚假和侥幸心理。

学生能结合自己所学专业特点及特有的思维在编排训练上充分发挥有想象力的创意，能把所学到的知识运用于实践，并有一定的成就感。

音乐艺术课程

音乐的本质功能是审美，音乐教育是审美教育。坪洲小学开展的音乐类配方课程，其价值中一个很重要的方面，在于为学生提供类型丰富、风格多样的音乐审美体验，使学生充分体验蕴含于音乐形式中的美和丰富的情感，为音乐表达的真善美理想境界所陶醉，从而与之产生强烈的情感共鸣，达到陶冶情操、启迪智慧的作用。

音乐的审美体验必须通过具体的音乐实践活动才能获得，只有让学生亲身参与到聆听、歌唱、演奏、肢体律动、舞蹈等实践活动中，才能使他们形成对音乐的感受、理解、表现、创造等能力。因此，在课程菜单中，我们开设了管乐、民乐、手风琴、尤克里里、合唱、拉丁舞、民族舞、快板等课程，其目的是要给学生提供丰富多样的音乐实践机会。这些课程的开展为学生提供了表达个人情感的途径，因为学生音乐实践的机会越多，对音乐的审美感受就越丰富，自我表达的欲望就越强烈，创造的动力也就越强大，个性也会越鲜明。同时，根据加德纳多元智能理论中提出的音乐智能主要是指人能敏感地感知音调、旋律、节奏和音色等能力，表现为个人对音乐节奏、音调、音色和旋律的敏感以及通过作曲、演奏、歌唱、肢体表现等表达音乐的能力，我们鼓励孩子们多参与学校的音乐类配方课程，以达到训练其音乐智能方面的能力。

音乐类的课程在很多时候都是群体性的，比如齐唱、合唱、重奏、齐奏、合奏、群舞等，这些群体性参与性强的课程都必须相互配合，这个配合的过程就是以音乐为纽带的人际交往过程。学生在这个过程中，能形成共同参与的群体意识和互相尊重的合作精神。

此外，因为配方课程跟专业团队不同，专业团队是由教师们选择的"高精尖"学生所组成的，学生接受教师选择；配方课程是只要学生喜欢，他们就可以报名参加，学生挑选项目，也相当于间接地挑选教师，其中包括那些基础差、先天乐感不好的学生。在这种自由选择的文化中，学生没有受太多成绩、名次、展演、竞赛的影响，教师没有受太多功利、排名的束缚，因此其教学过程不拘泥于"必须要整齐划一""不允许任何瑕疵"的标准，整个教与学的过程相对更轻松和谐，学生也更乐于体验，其特点与个性会受到更多的关注、包容与接纳。这是一种适合学生发展的教育，而不是挑选适合教育的学生，这才是真正的以人为本。

也许配方课程中的学生其天赋、水平会有较大差异，大家只是基于"我喜欢""我有兴趣"而聚到一起。这对于实施教学的课程主持人来说，全部教学活动都要根据学生的基本水平来设计，充分考虑到学生个体间的差异，将学生对课程的感受与对活动的参与性放在最重要的位置，为每个学生提供适当的学习内容，并采取灵活有效的教学方法和方式，这才是真正的因材施教。

最后，我们将立足于多元智能理论，以审美教育为核心，让每一个学生在音乐的学习中体验成功、享受快乐。

核心能力

- 音乐感悟能力

①对节奏、音调、旋律、音色的敏感性。

②对不同音乐形式的认知。

- 音乐审美能力

①对音乐艺术美感的体验、感悟、沟通、交流。

②对音乐艺术的兴趣与爱好。

③在音乐的实践中，思考、探寻、创造音乐的美。

- 音乐表达与创造能力

①能正确演唱、弹奏、表演相应音乐艺术作品。

②具备一定的音乐技能。

③能创作简单的音乐作品。

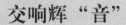

交响辉 "音"

课程类型： 音乐艺术课程
开发教师： 张文明
学习对象： 小学 1—6 年级学生
学习时间： 每周 2 课时

一、课程背景

音乐，是人生最大的快乐；音乐，是生活中的一股清泉；音乐，是陶冶性情的熔炉！

没有艺术的教育是不完整的教育。

——冼星海

伴随着素质教育不断深入，社会、学校、家庭都已经意识到综合素质对学生全面发展的重要性。我校在抓好素质教育的同时，坚持不懈地致力于搭建适合学生全面发展的平台。面向全校学生，通过艺术教学和丰富多彩的艺术活动，推进校园文化建设，提高学生艺术素养，形成学校艺术培训特色。

学生通过管乐合奏的学习与训练，掌握一门乐器的演奏，形成特长，成为终身的爱好；在学习的过程中，学生将不断地提高自己感受美、表现美、鉴赏美、创造美的能力，并在亲身参与这些活动的实践过程中获得对音乐、音响的直接经验，丰富对艺术的情感体验，在合奏的过程中学会和他人的协作交流，培养与增强全体学员的合奏整体意识。

二、课程目标

（一）知识与能力

1. 通过学习乐器的构造了解乐器，学会保养乐器。

2. 通过学习管乐和相关音乐知识，掌握音乐基本知识和基本技能，为学生终身学习打下基础。

（二）过程与方法

1. 通过合奏训练，训练学生注意力，发展学生的创造性思维，培养学生团队成员之间的相互信任、相互协作、相互鼓励与支持的团队精神。

2. 通过合奏的训练和演出等活动，让学生体验彼此信任、融洽沟通、团体合作的成功与快乐，感受信任与被信任、爱与被爱的快乐，树立互助意识，培养学生自主学习和与他人合作的能力。

（三）情感态度与价值观

1. 通过学习，了解本国与世界各国的音乐文化，拓展艺术视野。

2. 培养学生对音乐的感受力、表现力、鉴赏力、审美力，继而不断促进学生的人格完善。

三、课程内容

1. 乐器、乐理的学习。学生各自查阅资料，介绍自己所学乐器的构造，老师介绍各种乐器的日常保养。从五线谱、节奏开始，掌握乐器的正确发音方法，学习演奏姿势、手型、吐音、连音。

2. 开放管乐团课堂。开放管乐课堂有助于学生学习状态的保持，也能激发家长走进管乐课堂的兴趣，感受开放的课堂，促进家长主动加入管乐团，突破仅师生授受的局限状态，形成教师、家长、学生三位一体共同成长的局面，这样一个互助、互促、互相影响的开放状态，有助于提高管乐团队成员的凝聚力，也有助于培养学生的审美能力。

3. 通过管乐团的学习，学生不仅能学会一种技能，更能在学习中得到愉悦的体验。同时，在学习过程中，学会理解、欣赏、团队协作以获得快乐，发扬团队正能量。在开放式教育中，挖掘学生的潜能，激发学生对生活更高品质的追求，促进学生的学习自主性，提升学生的综合素养。

4. 开放式的学习状态突破了经验式学习的局限，教学相长，教师与学生共同学习、共同研究互动，促进管乐的学习。师生共同吹奏演绎，互相交流探讨，在互学互助的过程中，取长补短，共同提升。这种螺旋式上升的教学模式，有助于提高学生的积极性，满足学生的兴趣，提高其审美能力。

四、课程实施

（一）坚持学生自主学习为主

管乐训练过程中举行"乐队吉尼斯纪录""音乐会""训练成长记录袋"等活动，让单调的训练时常融入几个活泼、跳跃的音符。队员们在"比方法、比干劲、比效率、比进步"的四比赛中，个个跃跃欲试，互不示弱，并把每周评出的"音乐之星"头衔看得很重。每次演出，将表现出色声部的照片贴在乐队宣传栏上，利用个别学生的摄影机将训练刻苦的声部拍摄下来，利用录音机将吹奏水平高的声部录制下来，通过玩玩唱唱、吹吹打打，使学生获益于趣味游戏之中，进而达到思想品德的熏陶、心灵的净化、性情的陶冶。

(二) 注重课程的心育功能

音乐可以陶冶一个人的情操，洗涤一个人的灵魂，完善一个人的性格，激发一个人的意志。本课程的目的之一是让学生深深地感受到音乐给自身带来的改变。音乐是最迅速敏捷、最深入持久地打动人心的艺术。

(三) 注意事项和规则

课程中所设计的乐器应考虑小学生的承受能力，场地器材的摆放应考虑小学生的身体条件，组织方法与规则应合理。此外，在外出过程要提出安全措施、注意事项及适度的保护和帮助。

(四) 适当向课外延伸

为了拓展艺术视野和提高演奏水平，管乐可以适当延伸到课外。例如，参加学校演出、区、市器乐比赛，并及时表扬和肯定那些能坚持完成演出的孩子，强化孩子的良好行为习惯和积极表现。

五、课程评价

(一) 评价形式

坚持过程导向和结果导向相结合，充分激发每个选课学生的积极性。

(二) 评价内容

1. 评价等级：优、良、合格、不合格（85 分以上为优，84—70 分为良，69—60 分为合格，60 分以下为不合格）。

2. 评价分值分配：

（1）出勤分值：20 分。

（2）过程分值：30 分（即课堂评价 30 分，要求学生积极参与、完成每个章节的课后作业）。

（3）结果分值：50 分（即考核分数 50 分，分别为：规定曲目演奏 25 分，自选曲目演奏 25 分，按照优、良、合格等不同档次给予相应评价）。

古筝神韵

课程类型：音乐艺术课程
开发教师：宋　豫
学习对象：小学 1—3 年级学生
学习时间：每周 2 课时

一、课程背景

坪洲小学作为深圳市的一所"最具变革力学校"，深入践行"开放式教育"理念，创造性地实施开放式配方课程。古筝是学校配方课程的一个项目。该项目受到学生的喜爱，对培养学生综合素养发挥了积极作用。

古筝是一种古老的乐器，一直以其典雅的音色受人青睐。古筝课程不但能满足学生艺术发展的需要，还能传承民族文化，弘扬民族精神，提升学生的民族自豪感。在古筝课程的学习中，学生通过全面了解古筝的历史、流派、结构，系统学习演奏技法，演奏不同地域、不同时期、不同风格的作品，能够丰富其音乐理论修养，培养审美情趣，促进个性的和谐发展，同时也能提高演奏能力、音乐表现力、鉴赏力、创造力。在古筝艺术学习中进行齐奏、重奏、合奏，还能进一步提高学生的合作意识和协调能力。

二、课程目标

（一）知识与能力

1. 系统了解古筝的历史、流派、种类、结构。

2. 掌握古筝演奏的姿势，系统学习古筝的演奏技法。

3. 以古筝为载体，丰富学生的音乐理论修养，提高听音识谱及音乐记忆能力，开发思维力和想象力。

（二）过程与方法

1. 通过学习不同地域、不同时期、不同风格的作品，让学生在理解和把握作品风格的基础上，能准确地表达出乐曲的音乐风格。

2. 在古筝演奏过程中，坚持理论与艺术实践相结合，进一步提高学生的古筝演奏能力、音乐表达能力、鉴赏能力和创造能力。

（三）情感态度与价值观

1. 通过体验古筝这种民族乐器的艺术魅力，激发学生对中华民族音乐的兴趣，增强学生的民族自豪感。

2. 通过古筝音乐实践活动，丰富学生的情感体验，提高审美情趣，促进个性和谐发展。

三、课程内容

（一）古筝的简介

1. 历史起源。

2. 流派。

3. 结构。

（二）古筝的演奏技法

1. 右手技法。

勾：演奏时中指向里拨弦。抹：演奏时食指向里拨弦。托：演奏时大指向外拨弦。大撮：大指用托，中指用勾，两种指法在两根弦上同时相对拨弦。小撮：大指用托，食指用抹，两种指法在两根弦上同时相对拨弦。琶音：用无名指、中指、食指、大拇指四指由下而上顺音的弦序拨奏，或用大拇指、食指、中指、无名指四指由上而下顺音的弦序拨奏。泛音：左手食指虚按泛音点，右手食指或大指拨弦，右手拨弦时，左手碰弦并随即离去。指摇：食指或者大指连续交替向里向外快速拨弦。历音：顺着弦序，用右手或左手自下而上（即自低音而高音）或自上而下（即自高音而低音）连续拨弦，也称"刮奏"。

2. 左手技法。

揉弦：右手拨弦后，左手的食指、中指二指（或食指、中指、无名指三指）在该弦码外弦段上，做轻快而有规则的连续颤动，使古筝发出悦耳的音波。上滑音：右手拨弦后，左手进行按弦，在按弦的过程中使音产生滑动，滑到一定的高度而停止（保持音高）。下滑音：左手先行按弦，按到一定程度后保持住，然后右手拨弦，随即左手抬起向上滑动，将弦松回原位或松回到一定的音高。

四、课程实施

（一）激发兴趣，淡化技能训练

器乐学习技能性强，而且练习过程千篇一律，非常枯燥，但我们要改变这种现状，在教学中明确乐器只是一个载体，淡化器乐的技能训练，不断提高学生的审美能力。

（二）循序渐进，教学内容生活化

制订一套完整的教学计划，从整体上把握学习进度，按层次设定好阶梯性的目标。如第一阶段：选择学生耳熟能详、贴近学生生活的乐曲，激发他们的学习兴趣，引发他们的共鸣。

（三）开放式教学方法

1. 探究法。

探究问题。例如，古筝是如何发声的、古筝的构造是怎样的、如何将古筝演奏得好听。

2. 趣味游戏法。

课堂教学游戏化，设计学生感兴趣的游戏来改变枯燥的练习。如设计演奏对话、演奏回声、接龙等形式的游戏来丰富课堂教学形式。

3. 歌曲伴奏法。

学生可以以伴奏的形式参与歌曲伴奏，感受歌曲情绪，避免单纯的乐器技术训练。

4. 伴奏训练法。

在乐曲熟练后，播放伴奏，让学生跟着伴奏练习。

5. 音乐创作法。

将学生创作的节奏或者旋律通过乐器弹奏出来，提高学生的学习兴趣。

（四）开放式学习空间

开放我们的课堂，让学生将自己学会的乐曲带回家演奏给父母听，还可以让他们当"小老师"教家里其他人。让学习进度快的学生发挥优势，帮助其他同学练习。鼓励学生参与学校和社会上的文艺演出，积累演出经验。

五、课程评价

（一）评价的目的

通过评价，鉴别学生的学习能力、学习状况和发展水平，及时发现教学问题，实现自我反思，促进教学质量的提高。在评价过程中，主要以鼓励性评价、学习习惯形成性评价等定性评价为主，采用自我评价、教师评价相结合的评价方式。评价标准注重反映学生的个体差异，关注学生学习过程中的参与意识和个体发展，促进学生综合素养的提高。

(二) 期末评价表

表29　"古筝神韵"课程期末评价表

评价项目	评价内容	分值
自主评价	学习的出勤率、参与学习的态度和学习任务完成情况	20
教师评价	学习的出勤率、参与学习的态度和学习任务完成情况	20
基础知识评价	1. 乐理知识；2. 视唱谱例	25
基本技能评价	1. 视奏谱例；2. 演奏本学期学习过的乐曲一首	25
参与表演评价	积极参与班级、校级或者社会组织的比赛或者表演，每次获得2分	10

以100分为满分，90—100分的获得五星，80—89分的获得四星，70—79分的获得三星，60—69分的获得二星，60分以下则获得一星。

古韵琵琶

课程类型： 音乐艺术课程
开发教师： 顾冰如
学习对象： 小学 1—6 年级学生
学习时间： 每周 2 课时

一、课程背景

琵琶，被称为中国民乐之王，已有近两千年的历史，是我国民族乐器中表现力最为丰富的弹拨乐器。琵琶又称"批把"，最早见于汉代刘熙《释名·释乐器》："批把本出于胡中，马上所鼓也。推手前曰批，引手却曰把，象其鼓时，因以为名也。"意即批把是骑在马上弹奏的乐器，向前弹出称作批，向后挑进称作把；根据它演奏的特点而命名为"批把"，大约在魏晋时期，正式称为"琵琶"。琵琶已经逐渐成为中国的一张名片，杭州 G20 峰会开幕式晚会第一首乐曲《春江花月夜》就是由琵琶领奏的。

琵琶的音色古典优美，音域宽广，富有表现力，便于携带。唐朝诗人白居易曾有"大珠小珠落玉盘"的诗句，为其音色所倾倒。现今，琵琶不仅作为我国民族乐器中的主要独奏乐器，还广泛运用于歌唱、曲艺、戏曲和歌舞的伴奏中。琵琶的演奏形式繁多，有合奏、重奏和领奏等，都取得了极好的艺术效果。

学习琵琶演奏对少儿益处很多。技法的练习能使他们手指灵活，胆大心细，反应更加灵敏。由于左右手指经常运动，对左脑半球与右脑半球的协调、平衡、和谐发展有着重大的作用与影响，有利于开发他们的智力。学习琵琶能增强学生对于中国传统民族乐器的认知和了解，还能增进学生对中国传统文化的了解，激发他们对祖国和传统文化的热爱。琵琶课程的开设是在已经成熟开设的民族器乐古筝配方课程的基础之上开设的，是对我校民族器乐类配方课程的有效补充。

开放式配方课程

二、课程目标

（一）知识与能力

1. 组织学生搜集琵琶的图片、音像及文字方面的资料，了解琵琶发展的历史以及琵琶形制的演变过程。

2. 系统学习琵琶弹奏的基本技法，掌握其表现方式，通过增加学生实践，提升学生演奏琵琶的能力。

（二）过程与方法

1. 学生能够掌握规范的琵琶弹奏技法，流畅视奏，有情感地表达作品的内容。通过学习琵琶，学生们自信心增强，热爱中国传统音乐文化。

2. 学生可以熟练弹奏琵琶，通过演奏体会琵琶的音乐之美。运用撰写演奏后心得体会的方式，加深对琵琶的理解，开展开放性的学习体验活动。

（三）情感态度与价值观

1. 利用多媒体，播放琵琶及相关弹拨乐器的演奏视频，创设传统音乐的情境，用音乐感染学生，激发学生对于琵琶艺术的兴趣。

2. 开设琵琶音乐赏析课，增进学生对不同时代、不同风格琵琶艺术的领悟，感受中华传统文化的魅力。

3. 通过对琵琶的学习，培养学生热爱琵琶艺术之情，关注琵琶的传承发展，为琵琶艺术的创新发展做贡献。

三、课程内容

"古韵琵琶"配方课程授课对象分为零基础学生和有基础学生两类，由于他们的程度不同，教学内容和教学目标也各不相同。零基础学生的教学内容和目标主要是掌握正确的琵琶弹奏姿势和基础弹奏技巧，能够熟练弹奏初、中级乐曲和练习曲，有一定的音乐表现力。有基础学生的教学内容和目标是规范演奏琵琶，掌握中、高级琵琶音乐作品，能够准确地表达琵琶音乐作品的内容和情感。具体课程内容如下。

零基础的学生

（一）教学内容

1. 左手基本指法（Ⅰ至Ⅲ把位按音和换把）。
2. 右手基本指法（弹挑类，轮类，划、拂、扫、撇类）。
3. 掌握基本乐理知识（简谱视奏）。
4. 掌握初、中级乐曲和练习曲。

（二）教学要求

1. 熟练掌握左手Ⅰ至Ⅲ把位的音位。

2. 熟练掌握右手常用基本指法的弹奏。

3. 能够快速视奏乐曲。

4. 熟练演奏初、中级琵琶音乐作品。

5. 有一定的音乐表现力。

有一定基础的学生

（一）教学内容

1. 熟练掌握 D、C、G 等各大调音阶。

2. 熟练掌握左手相，Ⅰ、Ⅱ、Ⅲ和Ⅳ把位的快速换把指法。

3. 左右手综合练习。

4. 能够弹奏中、高级别的中外乐曲。

（二）教学要求

1. 熟练掌握常用各大调音阶及其转调。

2. 熟练掌握左手各把位快速换把。

3. 在熟练掌握右手基本指法的基础之上，学习一些新的技法。

4. 熟练演奏中、高级别琵琶音乐作品。

5. 在有表情地演奏作品的基础上，能够准确表达作品的内容和情感。

四、课程实施

（一）课程设置的原则

1. 注重学生从实践中获得直接经验。

2. 以学生的主动学习为基本习得方式。

3. 以问题式、情感式、鼓励式等方式进行琵琶教学。

4. 有计划、有步骤、有目的地进行琵琶教学，以确保达到课程的预期目标。

（二）课程设置的特点

1. 开放性。本课程是面向全校学生开展的课程，关注学生在学习过程中的体验和个性化的创造性表现，因而采取多时空、多元化的课堂教学形式。

2. 主体性。以学生自主探索为主体，以教师为主导，激发学生学习兴趣，调动学生自主学习的热情。

3. 综合性。在教学过程中，注重各学科间知识的贯通，让学生在知识的比较和融合中获得新知识。

4. 实践性。引导学生通过练习琵琶，提出学习中的问题，设计解决问题的方案，寻找解决途径。

（三）课程教学的策略

1. 创设情境，教授式教学。教师利用多媒体播放和现场演奏的方式，生动教授琵琶艺术，激发学生的学习兴趣。

2. 引导学习，体验式教学。将体验学习作为学科活动教学的重要手段，强调学生是教学体验的主体。

3. 开放运用，探究式教学。教师引导学生搜集琵琶形制和发展历史的相关文字资料、视频，拓展学生学习的时空性，多角度培养学生自主、独立的学习能力。

五、课程评价

（一）评价形式

把结果评价和过程评价、定性评价和定量评价结合起来。对学生的学习以"出勤率+课堂表现+小组汇报演出评分"几个方面的总体情况来进行测评。参评人有学生自己、同学、教师、家长等。

（二）评价内容

1. 日常评价。

（1）课堂学习记录：记录学生学习态度、课内表现和反应。

（2）平时表现：根据课内学生实际练习情况进行评价，给出成绩，随机评分。

2. 阶段性评价。

（1）以日常评价作为参考依据，结合每月学习内容的掌握情况，评出每月优胜者。

（2）定期进行学生琵琶弹奏展示，作为月评价的重要考评项目。

3. 期末评价。

（1）自评部分：20分（自我评价，为自己弹奏的作品打分）。

（2）互评部分：20分（同学互相打分）。

（3）教师评价部分：30分（教师结合学生日常学习表现和期中、期末琵琶弹奏的成绩评定）。

（4）家长评价部分：30分（家长根据学生在家练琴的表现和汇报演出的成绩评定）。

风 "琴" 万种

课程类型：音乐艺术课程
开发教师：李　程
学习对象：小学 1—4 年级学生
学习时间：每周 2 课时

一、课程背景

手风琴属于西洋乐器，从发明至今已有两百多年的历史。相比于其他西洋乐器，手风琴是一件很年轻的乐器。手风琴的音色极其特殊，可以演奏各种风格的乐曲，演奏形式多样，可以独奏、重奏，也可以和别的乐器合作，还可以配以人声。这些年很多音乐制作人也对手风琴青睐有加，在流行歌曲中手风琴的音色频频出现。

深圳是全国手风琴发展较好的城市之一，学琴人数、活动比率等均在全国名列前茅。在深圳手风琴协会提出"把深圳建成手风琴之城"的目标下，越来越多的学校开设了手风琴课程。坪洲小学手风琴乐团经过几年的努力，现已初具规模，在各大专业比赛中取得了优异成绩。

二、课程目标

手风琴属于音乐中的一个分支，因此，学琴不仅要学演奏，更要通过学手风琴掌握相关音乐知识和理论。手风琴的教学要求系统、严谨、科学，入门时期的音乐启蒙非常重要。

（一）知识与能力

1. 学生通过学习，了解手风琴的基本构造和发声原理，能够辨识手风琴的声音，对手风琴产生兴趣。

2. 通过学习演奏手风琴，提高学生脑、眼、手、耳的协调能力。

3. 学生能灵活运用知识，创造力得到发展。

4. 学生通过手风琴学习，独立思考与辨别能力不断提高。

（二）过程与方法

1. 运用多元化思维启发学生对音乐的想象、创造及表达能力。通过唱、听、看、写、动等多样的教学形式，打开学生的多种感官，使学生视觉、听觉、动觉得到充分发展。

2. 对知识点进行细化，并通过多方面检验学生是否掌握了知识点。

（三）情感态度与价值观

1. 营造浓厚的学习氛围，培养学生的操作能力和独立思考能力。

2. 通过交流探讨，提高学生的音乐鉴赏能力。

3. 形成合作学习、终身学习的良好学风，促进师生共同发展。

三、课程内容

（一）上学期

1. 音乐启蒙。

音乐知识：分辨出高音谱号和低音谱号以及小节线和终止线。

音高：认识五线谱上的 c1—g1 音，分辨高低音。

节奏：建立 4/4 循环稳定拍概念，认识全音符、二分音符、四分音符。

2. 手风琴演奏入门。

演奏姿势，手指的编号，认识键盘，平风箱的基本运用，C 音开始的五指位置。

第一节：认识手风琴。

第二节：手风琴演奏及音乐基础知识入门 1。

第三节：手风琴演奏及音乐基础知识入门 2。

第四节：乐曲《爷爷的大钟》《皮鞋舞》《中央 C 进行曲》。

第五节：乐曲《摇啊摇》。

第六节：总结与复习。

第七节：乐曲《小铃铛》。

第八节：乐曲《划小船》。

第九节：乐曲《粉刷匠》。

第十节：复习与检测。

（二）下学期

1. 音乐知识：升降号，强和弱。

音高：g1—d2。

节奏：八分音符，附点，3/4 拍。

2. 演奏：连音和断奏。

第一节：复习上学期内容，认识八分音符。

第二节：掌握 G 音上的五指位置。

第三节：学习附点二分音符。

第四节：乐曲《青蛙合唱》。

第五节：F音上的五指位置。

第六节：乐曲《布谷鸟》。

第七节：乐曲《讨厌的啄木鸟》第一课时。

第八节：乐曲《讨厌的啄木鸟》第二课时。

第九节：音的强弱。

第十节：复习与检测。

四、课程实施

（一）引导学生独立思辨

在教学过程中，引导学生主动地表达自己的想法，启发他们积极思考，诸如"你认为这个音该如何演奏""你会怎样表达自己的情感"等。在学生还没有形成独立见解能力的时候，提供几种不同的思维方式供学生参考、选择。让学生在自主选择的过程中，不断提高思考与辨别能力。

（二）教授学生音乐知识

在教学过程中围绕教学目标，从不同的路径引领学生进行音乐学习。把视觉、听觉、动觉三方面作为学习的不同出发点，引领学生进行学习。在学习过程中先让学生通过感知来体会音乐的元素，再从听觉和视觉上来理解，使他们最终能够熟练地掌握基本的音乐知识。

（三）进行学生自主创作训练

写曲并不是作曲家们的专利，刚入门的学生也可以进行简单的创作。比如在感知音的高低时，引导学生利用高音和低音不同的声音效果，演奏出小猫等不同的音乐形象。在学习节奏时，让学生把节奏进行自由组合，创编节奏和旋律。在创作时，教师充分尊重学生的想法，鼓励学生大胆尝试和创新。

五、课程评价

（一）评价形式

对学生的出勤率、上课情况、演奏水平、音乐认知水平进行综合评价。

（二）评价内容

1. 日常评价。

（1）出勤率。

（2）平时表现：根据课内学生实际情况进行评价，给出成绩，随机评分。

2. 阶段性评价

每一个单元完成后，通过演奏、视唱、创编等形式检验学生学习成果。

3. 期末评价。

（1）自评部分：20分。

（2）互评部分：20分。

（3）师评部分：30分。

（4）家长评部分：30分。

天籁和声

课程类型： 音乐艺术课程
开发教师： 邹静颖　何洁莹
学习对象： 小学 1—6 年级学生
学习时间： 每周 2 课时

一、课程背景

坪洲小学以开放式教育理念引领师生前行。我们要培养怎样的学生？我们要培养"具有开放思想的文化素养与艺术素养并存"的学生。普及素质教育、提高学生音乐水平，合唱绝对是最佳选择。合唱指集体演唱多声部声乐作品的艺术门类，常有指挥，可有伴奏或无伴奏。它要求单一声部音的高度统一，要求声部之间旋律的和谐，是普及性最强、参与面最广的音乐演出形式之一。人声作为合唱艺术的表现工具，有其独特的优越性，能够最直接地表达音乐作品中的思想情感，激发听众的情感共鸣。

有一句名言："合唱是任何教育工作都不可替代的重要形式。"许多发达国家和地区都将学校的合唱活动当成培养学生高尚情操和团队精神的一项重要教学工作。对于学校来说，合唱教育具有"投资少、易操作、普及广、意义大"的特点，大力开展合唱教育活动能培养学生对经典音乐的兴趣，提高团队合作意识和集体主义、爱国主义精神，能启迪心智、净化心灵，使学习更富有实效。抒发爱国情怀、展示校园文化、歌唱美好时代的最好的方式就是合唱，大力发展合唱教育和开展合唱活动对于社会主义现代化建设的意义不容小视。

童声合唱，由尚未变声的少年儿童组织的合唱。包括小学男女组织的合唱、初中低年级尚未变声或变声初期的男女组织的合唱。合唱教育应该从娃娃抓起，童声合唱艺术也应该引起人们的重视。

二、课程目标

（一）知识与能力

1. 系统学习和掌握合唱的概念，了解演唱的基本技巧。

2. 学生能自主演唱歌谱，交流歌唱感受和心得体会。学生在合唱中，掌握歌唱方法。

（二）过程与方法

1. 进行规范有序的声音训练，扩展学生演唱的音域，从而更容易学习更多的歌曲。

2. 学习简单的乐理知识，提高学生的识谱视唱以及对音高听辨的能力。

（三）情感态度与价值观

1. 增强学生对不同地区、不同时代合唱风格的领会，体会中国歌曲合唱的艺术魅力。

2. 通过对合唱的训练学习，培养学生对合唱艺术的热爱，关注音乐历史发展和艺术为社会所带来的巨大贡献。

3. 树立热爱艺术、崇尚艺术的人生观和价值观。

三、课程内容

（一）呼吸训练

气息是发声的动力，只有掌握正确的呼吸后，才能获得理想的声音。我们在训练合唱前，首先要求学生掌握正确的呼吸方法，即胸腹式呼吸法。一般用两种呼吸方法训练。

1. 舒气练习。

吸气时，根据指挥手势，口鼻一起缓缓吸气，吸后停留瞬间，用轻柔的"嘶——"声，有控制地慢慢呼出。

2. 吐气练习。

缓吸后停一会儿，用跳音"嘶、嘶、嘶、嘶"将气呼出。这样经过一段时间的练习，学生在发声练习中便逐步感觉到了气息的支持，并能逐步运用到歌唱中来。

（二）发声训练

刚入合唱团的学生都未经过正规发声训练，声音"白"而"扁"，气吸浅，位置低，口腔打不开，下巴紧。针对这种情况，我们先采用哼鸣进行练习，以便尽快统一声音位置，取得声音的共性。

在发声训练中，我们注意结合咬字吐字进行练习，我们要求学生给不太容易读的字标上汉语拼音，每首歌的歌词都用普通话正确朗读，随时注意纠正不正确的咬字吐字，结合发声训练，对准同声母、韵母的正确口型，逐步学会自然圆润的发声。当咬字唱词训练有了一定基础之后，我们才进行合唱训练。

1. 和声练习。

大三和弦、小三和弦，注意中声部的音准要加强训练。

2. 音准练习。

半音阶的连唱，全音阶的连唱，滑音、音阶、声区的间音混合（真假声混合）训练，二度音程和三度音程的训练，四、五度音程的训练，六、七度音程的训练，八度音程的训练，半音音阶、小调音阶、灵活弹性的训练，变化的音阶、重复音、三连音、琶音、前装饰音、波音、附点音符、大小调音阶、半音音阶、三连音、切分音的训练。

3. 声音的渐强渐弱、重音、跳音等力度练习。

声音的渐强渐弱、重音、跳音等力度练习，可贯穿在练声中。

四、课程实施

（一）从简单易学的合唱歌曲入手

先从简单易学的合唱歌曲入手，让学生体会到成功的喜悦。如节奏规整的轮唱歌曲类，学生在老师手势的指引下比较容易掌握。针对这样的歌曲，教师还可以根据教学的具体内容适当地增加合唱的难度。

（二）增强基础训练的趣味性

基础训练是合唱教学中必不可少的一个重要环节，基础训练的好坏直接影响合唱效果。因此，教师可以设计一些对学生掌握合唱有帮助的小游戏。例如，柯尔文手势教学法。这个游戏可以训练学生的音准，对培养学生养成看教师指挥的习惯也是一个比较好的方法。

（三）加强节奏感训练

培养学生良好的节奏感是合唱教学中的一个重要方面。教师可加强平稳节奏训练、变化节奏练习等，提高学生对节奏变化的反应灵敏度，为合唱打下坚实的基础。

（四）培养对音乐敏锐的感知力

注意训练学生唱歌的反应灵敏度，即眼识谱（眼快于口），手划拍（统一速度），耳校音（注意每一声部的曲调），口轻唱（包括良好的发声），并且要求学生做到音准、节奏的准确以及各声部音量的均衡，不断地培养学生灵敏的反应辨别能力和对音乐敏锐的感知能力。

（五）选择恰当的演唱辅助形式

在日常的班级合唱教学中，教师根据教材内容适当地加入打击乐或者简单的声势律动，或加入简单的辅助性的动作，会对合唱歌曲的学习有一定的积极作用。根据歌曲的内容改编一些简单的多声部音效组合、声势组合或小组不同人物的合作，也会对合唱教学起到积极的推进作用。

（六）巧妙设计合唱教学，把握细节

教师要充分考虑到学生的年龄特点，课堂上单项进行合唱学习终究会将学生引入一个死胡同。教师要站在学生的角度，贴近他们的生活进行合唱教学。

五、课程评价

（一）评价的目的

合唱课程教学评价，是为了对该课程教学的过程及效果进行评估，鉴别学生的学习能力、学习状况和发展水平，对提高音乐课程教学质量有着极大的促进作用。

评价是整个教学的重要环节，通过正确的多方位的评价，让学生了解自己学习的进度和成绩，并能更有动力和目标地进一步学习。我们实行的方案是以新课标为标准，着重从全面发展或富有个性和独特的表达方式，或参与组合、汇报等形式进行评价，从多方位灵活地对学生的艺术能力和人文素养等方面做出评价。

（二）期末评价表

表30 "天籁和声"课程期末评价表

	评价项目	评价内容	分值
师生评价项	自主评价	学生的出勤率、参与学习的态度和学习任务完成情况	20
	教师评价	学生的出勤率、参与学习的态度和学习任务完成情况	20
学业评价项	基础知识评价	笔试（掌握基本音乐基础知识的情况）	25
	基本技能评价	面试（以小组为单位，演唱本学期学习过的歌曲1—2首）	25
实践评价项	积极参与表演评价	积极参与班级、校级或者社会组织的比赛和表演，每次获得2分	10

以100分为满分的标准，进行本课程的评价，最终90分以上的获得五星，80分以上的获得四星，70分以上的获得三星，60分以上的获得二星，60分以下的则获得一星。

尤克里里

课程类型：音乐艺术课程
开发教师：教育义工
学习对象：小学 1—6 年级学生
学习时间：每周 2 课时

一、课程背景

尤克里里是一种夏威夷的四弦拨弦乐器，发明于葡萄牙，盛行于夏威夷，归属在吉他乐器一族，简单易学。坪洲小学开放式教育办学理念赋予尤克里里以新概念，学校开展尤克里里配方课程，目的是学生的全面发展和各方面素质的提高。同时，丰富学生的课外生活，让学生爱上音乐，真正做到德、智、体、美、劳全面发展。

二、课程目标

通过尤克里里的学习，提升学生学习乐器的乐趣，提升学生的综合素养。

1. 独奏部分，通过简单的拇指单音的弹奏让学生感受每个音符，有利于培养学生的乐感。学生通过系统规范的训练，稳步掌握独奏的基本指法。

2. 弹唱部分，通过食指与大指的向上向下扫弦，让学生边弹奏边唱，培养学生的节奏感以及对音乐更深一层的认识。

3. 合奏部分，通过各个声部的分工合作让学生体验彼此信任、融洽沟通、群策群力、团体合作的成功与快乐，感受信任与被信任、爱与被爱的快乐，树立互助意识，培养学生智慧解决问题的能力和坚持到底不服输的精神，掌握一些自我放松的要领，学会调节自己的情绪。

三、课程内容

（一）旋律指法

拇指是尤克里里演奏中最为常用的手指。优点是：触弦在指外侧的肉部，比指甲感觉灵敏，既易于拨出柔美的音色，又便于控制力度的变化。不足是：

动作速率慢，缺乏音色层次的对比，不适合演奏快速的琶音。

本部分训练可使用以下歌曲。

《小星星》《小蜜蜂》《一分钱》《生日快乐歌》。

（二）织体指法

以拇指 p、食指 l、中指 m 三指分工来拨不同的弦位。通常拇指负责 3、4 弦，食指主拨 2 弦，中指主拨 1 弦。此拨法轻巧灵活，出音清晰，能展现多声部织体的层次变化。

可以通过以下歌曲进行练习。

《西班牙人》《乡村之舞》《欢乐颂》。

（三）琶音训练

和弦各音先后奏出并保持余韵共鸣即为琶音。

1. 四分拍音型 4/4 拍。

2. 四分拍音型 2/4 拍。

3. 三拍音型 3/4 拍。

4. 复拍音型 6/8 拍。

可以通过以下歌曲进行练习。

《凡丹戈舞曲》《拨弦华尔兹》。

（四）C 大调、F 大调练习

扫击是尤克里里的基础指法之一，其要领是右手以手腕来回转动控制速率，以手指关节屈伸动作控制力度，向下或是向上扫响四根弦。练习时须注意：食指关节动作下击是由屈变为伸直。上挑则是伸直变弯曲。要求有清晰统一的音色。

（五）滑音奏法

滑音极具魅力，其要领：利用左指在弦上滑行来连接音位。

（六）小调练习

可以通过以下曲目进行练习。

《土拨鼠》《精灵之舞》《喀秋莎》《三套车》《田野静悄悄》。

（七）把位指法

想自如地演奏音乐，仅靠第一把位是不够的，还需扩大音域使用其他把位上的音，本课程训练将使学生熟悉各种把位，掌握合理的指法移动，使学生能在演奏实践中有条不紊地运用。

换把训练，半音阶练习，C 大调/a 小调，F 大调/d 小调，G 大调/e 小调。

可以通过以下曲目进行练习。

《加沃特舞曲》《孤独的牧羊人》《茉莉花》。

（八）乐队组合

尤克里里虽可独奏，但毕竟缺少低音而显得单调，练独奏是为了前面训练指法以获得过硬的技巧功底，若想充分展现演奏魅力，还需要其他声部或者其他乐器的合作。

除了与吉他合作，还有更好玩的形式，这里介绍两种乐器：

1. 中音尤克：四根弦音是吉他的 1、2、3、4 弦发出的音，但演奏手法与高音尤克里里一样。

2. 贝斯：四根弦音正好是吉他的 3、4、5、6 弦的低八度音，是乐队必备的低音乐器。

四、课程实施

本课程的实施地点：日常训练在四楼手风琴教室，周五下午在四楼五年级教室。学生可根据自己的爱好自主选择训练时间及地点。

课程实施注意事项：

1. 本课程实施过程中要注意以下事项：做好学生借琴还琴的相关工作，维护好学校公共财产。

2. 注重课程的培育功能。以校园为阵地，开发更为丰富多彩的尤克里里课程，以此来培养学生对音乐各方面的感知能力，从而爱上音乐，开拓学生的音乐视野。

五、课程评价

1. 教学活动的评价。尤克里里近年来兴起，教师也在不断摸索当中，如何做好学校配方课程，以及如何培养好学生尤克里里方面的特长，还得继续努力。

2. 学生对活动的评价。多让学生参加课外的一些有关尤克里里的活动，让学生更自信，更加热爱尤克里里。也可以和教师组乐队一起体验团队合作的魅力。

3. 学期课程结束后可进行班级比赛。以独奏、合奏、组队的形式参加比赛。让学生在尤克里里的音乐海洋里尽情畅游。

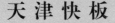

天 津 快 板

课程类型：音乐艺术课程

开发教师：李锦辉　程　渊　杜　敏

学习对象：小学 1—6 年级学生

学习时间：每周 2 课时

一、课程背景

曲艺是中华民族文化的瑰宝，蕴含着语言、情感、认知、思维、审美、创造等多方面的教育价值。快板这种诵说曲艺形式，用七块竹板伴奏，有极强的群众性和娱乐性，极易引起好奇心强、天性爱模仿的少儿的兴趣，很适合少儿表演。但遗憾的是儿童快板教育尚未引起足够的重视，现行的少儿教师口语和语言教材中，中国传统的曲艺教育内容缺失。当我们在找寻年轻人不再喜欢戏曲、曲艺的原因时，是否应该想到，这些年轻人还在幼年的时候，艺术教育为他们做了些什么？只有民族的才是世界的，曲艺是传统文化的重要组成部分，体现了中华民族传统的价值观和审美观，曲艺应从娃娃抓起，快板应从娃娃抓起，一代代传承下去。对少儿进行快板启蒙教育，是弘扬民族文化的一条有效途径，是植根散叶式的爱国教育，能从根本上培养少儿热爱祖国的情感。快板还开发了少儿语言种类，为少儿多途径表达提供了可能。

自 2016 年起，坪洲小学开设了"天津快板"配方课程，让本校热爱快板的学生可以亲身体验到传统艺术的魅力，通过轻松愉悦的快板节目传递小学生道德行为规范、生活小常识等朴素价值观，从小树立学生爱国、爱校、爱家的精神，同时也为本校的文艺活动增加了一项精彩的语言类节目，并且还能有效地培养学生的语言表达能力。

二、课程目标

快板讲究吐字归音、用气发声，要气运丹田，要"有劲""有味""有韵"，演唱用本嗓，进入人物就要"声音化装"，要求声音"高而不宣""低而不软"。即声音高要洪亮优美，让人爱听；声音低也要让人听得清清楚楚。要达到这样准确生动的语言效果，就要经常进行绕口令、口腔操、练嗓、练气的基本功训练，这些训练对于正处于语言发展关键期的少儿来说，是非常重要的，是在为形成卓越的口才打下坚实的基础。

快板一人一台戏，一个人要塑造多个角色，在表演时要有丰富的表情、眼神、身段、手势。这些当众表演的态势语技巧稍稍内收一些，用于日常交流时的表达，也必然使少儿日常交往的语言能力充满生动形象的魅力，有利于培养少儿的个性气质。

三、课程内容

（一）节奏感的训练

快板是由七块竹板结合在一起的打击乐器，击打起来清脆悦耳，上下翻飞，花点连接，让观众耳目一新。所有的说口都要在快板的节奏之中，讲究"心板"，能有效锻炼少儿的节奏感，使少儿的整个身心都陶醉在节奏的美感中。节奏感的形成，对于一个人的意义是极其深远的。郭沫若先生说：本来，宇宙间的事物没有一样是没有节奏的。譬如寒往则暑来，暑往则寒来，寒暑相推，四时代序，这便是时令上的节奏；又譬如高而为山陵，低而为溪谷，陵谷相间，岭脉蜿蜒，这便是地壳上的节奏。宇宙内的东西没有一样是死的，就因为都有一种节奏（可以说就是生命）在里面流贯着的。现代的社会飞速发展，只有善于调整自身的节奏，才能游刃有余地徜徉在时代的节奏里，获得成功。而快板恰好能锻炼孩子这种又要顾说演又要顾打板的一心二用的综合节奏能力。

（二）开发少儿的右脑

少儿一手持由两块大板构成的"大板"（也叫"大扩"），一手拿由五块小板组成的"节子"，两手的打法不同，却要和在统一的节奏中。这是全脑潜能开发、感觉统合训练的极好方法。儿童进行快板表演需要不断提高左右脑、手、嘴的协调性，真应了那句"心灵则手巧"。尤其是右脑的开发，因为打法最丰富的"节子"板是由左手控制的。调查显示，95%以上的人仅仅使用了大脑的一半，即左脑。为什么会出现这种现象呢？这主要是和人类的生活习惯有关，人类总是习惯于用右手使用工具，而使左脑每天都受到不同程度的刺激，再加上语言中枢、逻辑分析、数字处理、记忆等，都由左脑处理，所以造成左脑满负荷运转。而打快板恰好弥补了这一不足，右脑支配左半身，控制左手运动，反过来，左手、左半身器官的运动也能刺激右脑。像打快板这样有意识地调动左手，特别是左手指的运动，对大脑皮层产生良性刺激，是开发右脑的有效方法。另外，打快板能使手腕更加灵活，因为，打快板时用得最多的是手腕。手腕灵活对写字、绘画、弹奏都有直接的益处。

（三）各年级训练内容与要求

表 31 "天津快板"课程内容与要求

年级	内容	要求
初级（1—2年级）	快板的基本打法，大板、小板的组合	身体协调力的训练
		在不断突破自我、提升自我中增强学习的自信心
		基本点的掌握要娴熟，如掂点儿、晃点儿、组合点儿、数来宝点儿等
		传统的戏曲身段练习，不仅要知其然，更要知其所以然
		表演时两只手的节奏不同，但是在不同的节奏中要求合拍，左右脑的配合显得异常重要，有"左手画方，右手画圆"之妙
		运用游戏竞赛的方式提高学生的反应能力
		培养学生对"打击乐"的审美能力，培养其艺术兴趣
中级（3—4年级）	经典传统作品练习，完整"开场板"	经典的传统作品通常都可以用现代的语言、现代的思维表达，由此增强学生对传统故事的欣赏能力
		从传统作品中可以学到中华民族永恒不变的智慧精华
		经典段子从少儿时期开始学习，达到练就"童子功"的目的，可以跟随孩子一生，并指导其行为方向
		现今全国范围内快板的打法分为三个流派："王、高、李"，任教本配方课的教师都属于李派（李润杰），李派也属于三大流派中最适合于演出的，能培养学生随学随演的能力，增强学生快板表演的观赏性
高级（5—6年级）	花点儿教学，原创作品练习	以成品作品为主，让学生学有所成
		"花点儿"是快板练习中的一块宝藏，极大地增添了表演的魅力，让人在眼花缭乱的竹板间真正欣赏到"打击乐"的美妙
		原创作品让人通常以贴近小学生生活的内容为主，略带些讽刺性手法，使作品不会让人觉得枯燥
		为班级学员量身写作，更符合学生的个人特点
		宣扬现代教育理念，体现学校的精神风貌

（四）课程设计的基本要素

快板有"人"、有"事"，少儿理解了，想象到了，才能获得真实细腻的内心感受，才能真讲、真听、真看、真感觉，才能当众生动表现，才能吸引人、感染人。快板表演能发展少儿的理解力、想象力和感受力。快板表演要求心快、嘴快、眼快，长期的快板训练和表演，能使少儿思维敏捷、反应快、观察细腻、说话的条理性强。少儿不断记忆快板词，记忆能力能得到不断提高。对于少儿来说，记忆不是负担，而是一种需要，幼年时期的记忆训练，对以后的学习很有帮助，因为小学低年级的功课以背诵为主。我们从随访的少儿阶段学习快板等语言表演的学生入学后的成绩来看，大多数学生的成绩为95—100分。语言的早期开发对以后上学很有影响。尤其是对语文等文科功课的学习，有更加直接的帮助。常言说："熟读唐诗三百首，不会作诗也会吟。"少儿能当众打着快板表演那么多的优秀少儿文艺作品，那么，用词、造句、文章的篇章结构等优点都渐渐地烂熟于心，分析理解、造句作文等听、说、读、写的语文能力怎能不得到提升呢？

四、课程实施

（一）多元智能，充分体现开放式教育理念

快板教育必将有效促进少儿的全面发展，在锻炼少儿语言能力的同时，发展少儿的多元智能。快板是开放性的语言表演创造活动，有利于发展八种智能中的语言智能、身体—动觉智能、人际智能、音乐智能、空间智能、自我认知智能。所以，在快板教学过程中，教师应该不仅仅局限于"快板"一类的教学内容，应充分利用姊妹艺术的优势，辅助快板教学。

（二）由浅到深，兴趣引导专业

初期训练要顺应少儿的身心发展规律和学习特点，采用"玩快板"的游戏式教学方式，让少儿在玩中轻松学会快板表演。少儿诵说曲艺启蒙教育的所有形式，都应该依据少儿的气息、声音、理解、表现等特点，选择、改编、创编适当的少儿曲艺作品，教师应循序渐进地组织和引导少儿游戏、欣赏、模仿、表演，逐步提高少儿对各种诵说曲艺艺术的感受力和表现力。

（三）学生人员的稳定，教学内容的升级

学习快板表演也是一个长期的过程，初期以兴趣引导为主，后期就得侧重锻炼孩子的耐心、恒心。这样便能为发展少儿的综合素质打下良好的基础。快板学习对孩子将来的发展会有很大的帮助。少儿阶段的素质教育将成为永久的记忆、一生的爱好，有高雅爱好的人是幸福的。艺无止境，快板是千百年传承下来的"打击乐"，拥有无数先辈的智慧和心血。教师应该从中挑选出优质的、经典的、符合当下社会核心价值观的作品，当作基本功长期坚持练习。而随着课程的深入，任课教师会为孩子量身订"作"出原创作品。

五、课程评价

表32 "天津快板"课程期末评价表

项目	内容	评价指数（0—10）
1	我喜欢这门课程	
2	我能在这门课程中向别人表达我的看法	
3	我觉得通过这门课程我体会到了打击乐的魅力	
4	参加这门课程让我感到对自己越来越有信心	
5	在活动中，我乐意与他人分享我的经验	
6	在课堂教学中，我乐意与他人分享我的经验	
7	我觉得通过这门课，大家更加喜欢上台表演	
8	我觉得通过这门课程，我的身体协调性越来越好	
9	我喜欢老师对待我们的态度和方式	
小计	累加以上评价指数的和	
我的建议	我认为这门课可以改进的是：	

阳 刚 之 舞

课程类型：音乐艺术课程

开发教师：张明明

学习对象：小学 1—6 年级学生

学习时间：每周 2 课时

一、课程背景

在现代社会背景下，舞蹈不再只是女孩子学习的内容，提高男生自身修养与锻炼男子汉的阳刚之气也是舞蹈的培养重点，在舞蹈教学的各项内容、各个环节中，应以情感人，创设艺术化的教学氛围，师生共同感受美、表现美、创造美，从而丰富人的情感世界，培育高尚的情操和完美的人格。

本课程旨在提高男生文化修养，开发男生的身体气质，培养身体的直立性与挺拔感。在舞蹈练习中，要求男生保持良好的身体姿态，培养端庄礼仪体态，长此以往，不仅能够矫正在长时间学习生活中形成的不良身体姿态，还能够使学生的心灵、情操得到陶冶和净化，促使学生身心得到协调发展，使学生的精神面貌得到改善、气质修养得到提高。在我校张云鹰校长的开放式教育理念引领下，本课程得以精心打造，它是属于坪洲自己的特色课程，在丰富的学校资源支撑下，我们能够帮助学生在这片快乐的舞蹈天地自由舞出生命的精彩。

二、课程目标

本课程以国家《基础教育课程改革纲要（试行）》为指导，结合我校学生发展的实际，旨在充分挖掘学生的艺术潜能，促进学生全面发展，为学生的终身发展奠定基础。

（一）知识与能力

1. 了解舞蹈的基本要素：动作的姿态、节奏和表情。

2. 掌握一定的舞蹈基础知识：一些儿童舞、民族舞基本步伐、基本动作，培养学生动作的协调性、节奏感和律动。提高对舞蹈的认知水平和审美能力。

（二）过程与方法

1. 通过学习舞蹈，激发学习兴趣，加强合作交流。

2. 通过舞蹈作品排练，提高学生的团队配合意识，既表现个体的水平，又体现群体的风貌，增强学生的集体主义精神。

（三）情感态度与价值观

1. 通过营造浓厚的学习气氛，让学生在舞蹈训练、表演过程中，丰富情感，提高审美能力，进而促进人格完善。

2. 通过优秀舞蹈作品的欣赏，培养学生对艺术的热爱和追求，提升学生的艺术鉴赏能力。

三、课程内容

我校经历了从最初男子舞蹈队的建立到男子舞蹈配方课程的开设这一发展过程，逐步丰富了学生的选择，有越来越多的学生选择男子舞蹈，舞蹈学习促进了学生身心发展，锻炼了学生的强健体魄，培养了学生良好的品格及态度，锻炼了学生坚忍不拔、吃苦耐劳的精神。

本课程具体内容如下。

（一）基本功训练

对于初学舞蹈者而言，胸、腰和胯的开软度多处于自然状态，解决学生的基本功是本课程两学期以来的重点，应培养学生身体的直立感和开发身体的柔韧性。

（二）压腿组合

小学生还处于刚刚对自己身体有模糊认识的萌芽状态，这个时候是压腿的好阶段，要领：掌握压腿的正确方法并准确做出，老师纠正。训练腿的柔韧性，培养学生动作的协调性与准确性。

（三）地面开胯训练

地面压胯是在腿、腰、背之前首要解决身体开度的第一步，胯开好练腿，不过对于小学生来说，练胯有很难以承受的疼痛感，所以须慢慢长期并循序渐进地进行训练。在每一堂课中都要花 10—20 分钟来给学生练习压胯，以保证巩固学生胯的柔韧性并得到提高。

（四）环动胯根训练

环动胯根训练是为了解决学生胯的松弛性，胯根就像橡皮筋一样，要经常拉一拉才会越来越松，所以环动胯根训练是必要的开胯训练之一，需要循序渐进，是每节课必备的训练之一。

（五） 舞蹈欣赏课

初步学会赏析舞蹈作品，通过对舞蹈作品的欣赏，了解舞蹈来源于生活，并能够结合自己的感受运用到课堂实践中，教师用自己的肢体语言激发学生的学习兴趣，创设良好的学习氛围。

本课程内容计划一个学年完成，主要以学生基本功训练为主。通过训练让学生逐步了解舞蹈基本功训练的意义，在学生舞蹈基本功得到提高之后，还须加强基本功巩固练习并编排一些小舞蹈进行训练。

四、课程实施

男子舞蹈课程作为训练培养课程，在实施过程中需要注意以下事项。

（一） 培养学生坚忍不拔、吃苦耐劳的品质

使学生在今后的学习当中能够勇敢、机智、果断地处理生活与学习中的事情，并促进学生对生活对学习有积极向上的态度，有勇于担当、正直刚硬的性格，锻炼学生的男子汉气质。

（二） 注意安全和方法

学生在舞蹈学习中难免会遇到小伤痛和安全问题，特别是在有一定技术技巧的训练中。学生一定要在有老师并安全的地方展开训练和学习，切不可在没有老师引导和叮嘱的情况下训练，以免发生安全事故。

五、课程评价

（一） 评价形式

把结果评价和过程评价、定性评价和定量评价结合起来，对学生学习以"出勤率+课程表现+舞蹈训练的态度"几个方面总体情况来进行测评。

（二） 评价内容

本课程作为一种拓展性、研究性课程，使学生的特长得以充分发挥，所以并非一定要给学生一个明确的界定。从某种意义而言，只要学生的兴趣得以满足、巩固，那么，这就是师生共同的成功之处。况且，在艺术活动中，学习舞蹈的孩子所表现出的那份自信、在舞台上所表现的各种肢体语言，一定会让每一位旁观者做出正确的评价。

舞 之 韵

课程类型：音乐艺术课程
开发教师：陈思瑶　陈慕阳
学习对象：小学 1—3 年级学生
学习时间：每周 2 课时

一、课程背景

　　艺术教育对于立德树人具有独特而重要的作用。学校艺术教育是实施美育的重要途径和内容。艺术教育能够培养学生感受美、表现美、鉴赏美、创造美的能力，引领学生树立正确的审美观念，陶冶高尚的道德情操，培养深厚的民族情感，激发想象力和创新意识，促进学生的全面发展和健康成长。落实立德树人的根本任务，实现改进美育教学，提高学生审美和人文素养的目标，学校艺术教育承担着重要的使命和责任，必须充分发挥艺术教育应有的作用和功能。

　　长期以来，小学课程资源的结构比较单一，国家素质教育方针的全面实施，对课程建设与教学改革运用综合性原则提出了要求。"舞之韵"少儿舞蹈课程面向全体学生，有效地服务于学生的全面发展。帮助那些正在成长中的孩子，把他们生命中隐秘的天性之"美"挖掘出来。孩子们长期接受系统而科学的舞蹈训练，会使其原有的"自然形体"变成"艺术形体"，即使不在舞台上翩翩起舞，而是混杂在人群之中，也同样会显现出特殊的美感和气质。

二、课程目标

（一）知识与能力

　　1. 通过舞蹈课程，培养学生对舞蹈的兴趣、对美的追求。

　　2. 在学习中对更多优秀的舞蹈作品有一定的认识和了解，提高审美水平和认知能力。

　　3. 通过训练学生协调、速度、肌力、耐力、瞬发力、柔软性等基本能力，加强学生的身体协调性和灵活性，提升学生形体美感和气质。

（二）过程与方法

1. 通过多样的舞蹈组合和基础训练，提高学生对音乐节奏的把握和感受力，养成学生大胆自信的个性，开发学生的艺术潜能，提高学生的审美能力。

2. 通过小队训练增进学生群体团结合作精神，培养学生初步的舞台表现能力，增进表现欲望。

（三）情感态度与价值观

1. 通过学习我国传统的民族民间舞蹈，了解和掌握各种舞蹈的不同风格特点，学会尊重各民族文化的多样性。

2. 通过芭蕾基础训练，开拓学生的视野，培养学生的形体、修养、情操、仪表、礼节，达到"开、绷、直、立"以及"轻盈、飘逸"的审美效果。

三、课程内容

设计本课程，旨在以生动活泼的方式，循序渐进地培养学生对舞蹈的认识，为学生的全面发展打好基础。课程内容主要分为古典舞、民族民间舞和芭蕾舞这三部分。

（一）古典舞基础训练

古典舞的核心为身韵。主要分为七个元素，分别是：提、沉、冲、靠、含、腆、移。古典舞有着舞蹈的完整训练体系，是训练与创作、表演相互统一的中国古典舞审美体系。

（二）中国民族民间舞训练

由于藏族舞流传较为广泛，因此在这里主要侧重藏族舞的学习，向学生讲解藏族舞的风格和动作特点的同时，结合录像资料，引导学生感受藏族舞的律动特点，使学生正确掌握藏族舞的动作要领。然后学习弦子基本步、平步、靠步、撩步、拖步、退踏步、滴答步，以及常用手臂动作：撩袖、摆袖、晃袖、献哈达、敬礼。教授弦子组合1—2个，踢踏组合1—2个。

（三）芭蕾舞基础训练

芭蕾舞的核心是"开、绷、直、立"，首先是对学生气质的培养，教授学生芭蕾舞基本手位、脚位，并且进行不同节奏的脚位站立训练。由于芭蕾舞对身体条件要求相对高，因此就需要加强脚腕训练、髋关节训练、腰部训练、压腿训练、弹跳能力训练等。

课程的具体教学内容，主要分为三个方面：知识、训练、欣赏。

表33 "舞之韵"课程内容

	单元内容	知识	我能行	欣赏
第一单元	我的身体	认识身体的部位	舞蹈组合《我的身体》	无
第二单元	我的方位	认识舞台的方位	舞蹈组合《对数歌》	无
第三单元	外国古典舞——古典芭蕾	1. 芭蕾究竟是什么 2. 足尖鞋的制作过程 3. 芭蕾舞的四大审美原则——开、绷、直、立	1. 芭蕾舞手位组合 2. 芭蕾的行进与行礼	芭蕾舞剧《天鹅湖》第二幕《四小天鹅》
第四单元	中国古典舞	1. 中国古典舞 2. 中国古典舞基本动作	1. 眼神训练——《大眼睛》 2. 勾绷脚练习——《三字经》 3. 腰的练习——《腰》	春江花月夜（独舞）
第五单元	我国的民族民间舞	中国少数民族舞特征	1. 苗族舞蹈 2. 藏族舞蹈 3. 蒙古族舞蹈 4. 维吾尔族舞蹈	1. 春天（群舞） 2. 雀之灵

四、课程实施

（一）课程安排

1. 上课时间：每周五下午4：15—4：50。

2. 课时安排：18课时，共分六个单元。

3. 教学用品：电脑、各种舞蹈光盘。

4. 上课地点：舞蹈室。

5. 舞蹈课堂教学方法：讲解法、示范法、分解法、对比法、练习法等。

6. 教学组织形式：面向全体教学、分组教学、个别指导。

7. 促进学生德、智、体、美、劳全面发展，大胆创新，激发学生学习舞蹈的兴趣，提高舞蹈表演能力，培养学生热爱民族文化，热爱家乡，了解民间舞蹈，丰富校园文化。

（二）实施建议

1. 以学生为主体，精心选择教学内容，激发学生创编舞蹈的积极性，培养学生在艺术方面的创造力和想象力。

2. 以实际生活为基础，俗话说"艺术源于生活"，生活处处是舞蹈，我们可以把日常生活当中的动作经过提炼组合成舞蹈，与课堂内容结合起来，更好地激发学生的兴趣，培养"发现美"的精神。

3. 与学生身心发展相结合，做到因材施教，例如一、二年级的学生属于启蒙阶段，这个年段的学生爱动、爱美，可以结合音乐动作、音乐游戏，将视、听、动三者结合起来。三年级的学生属于教育阶段，这个年段可以培养学生的欣赏能力，以形体动作表现舞蹈特有的交流能力，同时加强肌体的锻炼，辅之以自娱性的初级舞蹈。

五、课程评价

（一）评价形式

把结果评价和过程评价、定性评价和定量评价结合起来。对学生的学习以"出勤率+课堂表现+阶段性小组表演作品评分"几个方面的总体情况来进行测评。

（二）评价内容

1. 日常评价。

日常学生、教师评价。每节课都会学习一个新的舞蹈，学生在新学的内容中进行表演和展示，相互评价。教师也会随之点评。

2. 阶段性评价。

小组评价，评出组内优胜者；组织进行一场表演。表演的内容可以自由选择，以小组组合的方式进行。

3. 期末评价。

表34 "舞之韵"配方课程评价表

效果	艺术修养	节奏感	协调能力	绷直感	软开度	动作规范	力量控制	表现力
优								
良								
合格								

快乐拉丁

课程类型：音乐艺术课程

开发教师：周　杰

学习对象：小学 1—6 年级学生

学习时间：每周 2 课时

一、课程背景

舞蹈产生于人类的生活、劳动和情感，是一种人类文化。舞蹈艺术是各艺术之首，它随着人类的社会演变和文化进程而发展。研究表明，各种舞蹈都起源于原始舞蹈，拉丁舞也不例外。它经历了原始舞蹈—公众舞—民间舞—宫廷舞—社交舞—国际标准交际舞等发展阶段。拉丁舞是肢体、音乐相结合的一项体育运动。拉丁舞是国际竞技专业舞蹈，内容包括伦巴舞、恰恰舞、牛仔舞、桑巴舞、斗牛舞。拉丁舞的五项舞蹈各有风格，桑巴激情，恰恰活泼，伦巴婀娜，斗牛强劲，牛仔逗趣。风格的不同，最主要的在于对其内涵的把握。

本课程目的在于满足学生兴趣，并通过舞伴之间的配合，训练学生的用力平衡、重心平衡及六维空间的感知（上下，左右，前后），同时提升学生的国际化视野，了解西方舞蹈文化内涵。

二、课程目标

本课程以国家《基础教育课程改革纲要（试行）》为指导，结合我校开放式教育特色，意在提升学生身体素质，促进学生多元化发展，为学生的身心发展创造良好的氛围。通用规范、严格的国际舞蹈标准，让学生在激情的舞蹈中学会合作、积极、争先、协调，让学生成为具有艺术家胸怀的新时代接班人。

（一）知识与能力

1. 通过学习，了解国际拉丁舞的发展史和现状，拓展学生的国际化视野，提升学生的精神文明生活，发展学生的身体素质，激发学生对舞蹈和生活的热情。掌握拉丁舞基本知识，提高对舞蹈的鉴赏能力。

2. 学习多种舞蹈形式，提高学生舞蹈基本功，让学生达到合格舞者的基本要求，提高学生的整体素养。同时，提高学生的身体素质，培养学生积极的人生观。

（二）过程与方法

1. 课堂教学与课后活动互相促进，培养学生对拉丁舞的鉴赏能力，以及初步了解拉丁舞的基本步法。

2. 学生要学会对拉丁舞的正确品鉴方法和进行自主练习，自主练习与课堂教学相辅相成，在鉴赏和练习的过程中不断探索，感受舞蹈的激情与技巧。

（三）情感态度与价值观

1. 营造浓厚的学习与竞技氛围，让学生在模仿中学习，在竞技中思考，在思考中提升自身艺术素养。

2. 通过竞技与交流，提高学生学习力和良好的运动与音乐素养。

3. 形成合作式学习、勇于面对挫折、不怕吃苦的良好作风。

三、课程内容

课程内容计划实施一个学年。上学期主要学习拉丁舞的基本步法和规则，让学生能够熟练掌握基本动作与国际舞蹈规范；能够熟练跳出各个舞种的基本步法。下学期主要通过竞技、经典案例学习，培养学生艺术审美观和舞蹈竞技水平，具体课程安排如下。

表35 "快乐拉丁"课程内容与要求

教学内容	教学要求
1. 恰恰舞的铜牌组合 2. 伦巴舞的铜牌组合 3. 桑巴舞的银牌组合 4. 牛仔舞的铜牌组合 5. 斗牛舞的金牌组合	了解：本学期的选项内容 理解：本学期拉丁的组合套路 掌握：本学期的选项方法
形体练习（芭蕾手型）	了解：舞蹈的种类 理解：拉丁舞在生活中的作用 掌握：正确的站立、呼吸方法和芭蕾手型动作
1. 拉丁舞基本步法 2. 拉丁舞的不同舞种介绍 3. 拉丁舞髋部的摆动 4. 恰恰舞的时间步 5. 伦巴舞的时间步 6. 桑巴舞的原地桑巴步 7. 牛仔舞的追步（左、右） 8. 斗牛舞的原地踏步	了解：拉丁舞舞种的基本步法 理解：正确的姿态动作对形体的重要性 掌握：拉丁舞的基本步法

教学内容	教学要求
1. 恰恰舞的方步 2. 伦巴舞的方步 3. 桑巴舞的左右交叉桑巴步 4. 牛仔舞的原地基本步 5. 斗牛舞的右追步和左追步	了解：不同舞种与不同音乐的搭配 理解：音乐的节拍、动作的节拍 掌握：掌握基本步法并同音乐正确配合
1. 恰恰舞的定点转 2. 伦巴舞的半重心转换（前后、左右） 3. 桑巴舞的桑巴走步 4. 牛仔舞的并退基本步 5. 斗牛舞的八步	了解：髋部转动在拉丁舞中的重要性 理解：步子与髋的配合方法 掌握：恰恰舞的定点转、伦巴舞的半重心转换（前后、左右）、桑巴舞的桑巴走步、牛仔舞的并退基本步、斗牛舞的八步
1. 恰恰舞的锁步 2. 伦巴舞的走步（前进、后退） 3. 桑巴舞的博达佛哥斯步（向前） 4. 牛仔舞的右至左换位步 5. 斗牛舞的攻击步	了解：独舞与双人舞的基本架型 理解：双人舞的姿态与舞姿的相互配合 掌握：恰恰舞的锁步、伦巴舞的走步（前进后退）、桑巴舞的博达佛哥斯步（向前）、牛仔舞的右至左换位步、斗牛舞的攻击步
1. 恰恰舞的追步 2. 伦巴舞的定点转 3. 桑巴舞的博达佛哥斯步（向后） 4. 牛仔舞的左至右换位步 5. 斗牛舞的分离步	了解：双人拉丁舞步伐一致性的重要性 理解：双人舞步伐的迈向 掌握：恰恰舞的追步、伦巴舞的定点转、桑巴舞的博达佛哥斯步（向后）、牛仔舞的左至右换位步、斗牛舞的分离步
1. 恰恰舞的交叉步 2. 伦巴舞的基本步 3. 桑巴舞的侧行桑巴走步 4. 牛仔舞的连结步 5. 斗牛舞的十六步	了解：拉丁舞在行进过程中舞池的方向分配 理解：动作位置、方向 掌握：恰恰舞的交叉步、伦巴舞的基本步、桑巴舞的侧行桑巴走步、牛仔舞的连接步、斗牛舞的十六步
1. 恰恰舞的曲棍形转步 2. 伦巴舞的扇形步 3. 桑巴舞的右转基本步 4. 牛仔舞的背后换手步 5. 斗牛舞的侧行步	了解：拉丁的基本节奏型 理解：动作的快慢同音乐的关系 掌握：恰恰舞的曲棍形转步、伦巴舞的扇形步、桑巴舞的右转基本步、牛仔舞的背后换手步、斗牛舞的侧行步
1. 恰恰舞分式侧行位置的抑制步（纽约步） 2. 伦巴舞的曲棍形转步 3. 桑巴舞的左转基本步 4. 牛仔舞的绕转步 5. 斗牛舞的侧行并步	了解：拉丁双人的动作衔接与转换 理解：动作与方向转换 掌握：恰恰舞分式侧行位置的抑制步（纽约步）、伦巴舞的曲棍形转步、桑巴舞的左转基本步、牛仔舞的绕转步、斗牛舞的侧行并步

音乐艺术课程

教学内容	教学要求
1. 恰恰舞的原地转步（左、右） 2. 伦巴舞的原地转步（左、右） 3. 桑巴舞的直行基本步 4. 牛仔舞的侧行走步（慢、快） 5. 斗牛舞的金牌组合	了解：拉丁舞节奏的切分 理解：动作节奏的变化 掌握：恰恰舞的原地转步（左、右）、伦巴舞的原地转步（左、右）、桑巴舞的直行基本步、牛仔舞的侧行走步（慢、快）、斗牛舞的金牌组合
1. 恰恰舞的铜牌组合 2. 伦巴舞的手对手步 3. 桑巴舞的原地桑巴走步 4. 牛仔舞的美式旋转步 5. 斗牛舞的金牌组合	了解：拉丁舞的基本组合 理解：组合的连接动作 掌握：恰恰舞的铜牌组合、伦巴舞的手对手步、桑巴舞的原地桑巴走步、牛仔舞的美式旋转步、斗牛舞的金牌组合
1. 恰恰舞的铜牌组合 2. 伦巴舞的铜牌组合 3. 桑巴舞的银牌组合 4. 牛仔舞的铜牌组合 5. 斗牛舞的金牌组合	了解：拉丁舞动作所表达的感情 理解：组合的动作衔接以及动作目的 掌握：恰恰舞的铜牌组合、伦巴舞的铜牌组合、桑巴舞的银牌组合、牛仔舞的铜牌组合、斗牛舞的金牌组合
拉丁舞动作的规范性	了解：动作的规范程度与评分标准 理解：动作的速度、幅度、力度的关系 掌握：正确、规范的全套动作
1. 拉丁舞的基本理论知识介绍 2. 拉丁舞的视频资料观摩	了解：拉丁舞的比赛规则 理解：视频资料中舞蹈员的表现力的重要性，体育基础理论、拉丁专项理论知识 掌握：创编舞蹈的方法
拉丁舞的组合练习	了解：拉丁舞的基本组合及双人配合的默契程度 理解：默契程度对于舞蹈员出色完成组合的重要性 掌握：所有拉丁舞的组合

开放式配方课程

四、课程实施

（一）坚持学生自主学习

拉丁舞课程在运动美学方面，需要学生掌握理论的同时用肢体表达出自己的舞蹈内涵。学生需要在掌握基础动作的同时，通过自主练习用肢体语言告诉观众想要表达的内容与情感。

（二）注重学生的合作与肢体协调

拉丁舞课程需要发挥学生的运动协调能力与协作能力。小学生自控能力比较差且情志不成熟。因此，在教学中，需要找到科学的方法去开拓学生的合作精神与运动协调能力。

（三）发挥教师的辅导作用

本课程虽然以学生自主练习为主，但也离不开教师的辅导，教师应当在学生练习出现问题时，解答疑惑并及时纠正错误。另外，由于学生好动，容易扰乱秩序，教师应在保护学生学习兴趣的基础上及时予以引导，调控学情，保障课堂教学实效。

（四）注意学生安全

拉丁舞要学生以运动练习为主。学生在练习时应当遵守纪律和课程规范，在教师的指导下有效地练习，以防身体运动过度。

五、课程评价

（一）理论知识占 20%

1. 内容：

（1）体育舞蹈运动的概述。

（2）拉丁舞的基本技术。

（3）拉丁舞的比赛规则和裁判法。

（4）小学生体质健康理论与实践。

2. 考试方法：面试。

3. 评分标准：卷面成绩为 100 分。

（二）舞蹈专项技术占 60%

1. 内容：

（1）拉丁舞的套路组合：铜牌组合、银牌组合、金牌组合。

（2）拉丁舞的分式组合。

2. 考核方法：实践考核和套路展示。

3. 评分标准：满分为 50 分。

表 36　"快乐拉丁"课程评价标准

分数	基本技术
优（45—50 分）	良好的动作与音乐衔接，动作规范、连贯、协调、优美且具有一定的感染力
良（40—44 分）	良好的动作与音乐衔接，动作规范、连贯、协调、优美
中（35—39 分）	良好的动作与音乐衔接，动作规范、连贯
及格（30—34 分）	动作能与音乐衔接，动作较规范、连贯
不及格（30 分以下）	未达到以上标准

（三）学习态度和综合能力评价占 10%

1. 内容：

（1）遵守纪律，诚信。

（2）自觉参与意识（自学新动作、分析动作和制订锻炼计划）。

（3）团结合作精神（双人舞中两人的默契程度）。

（4）自我表现精神（在比赛中的舞蹈表现力）。

（5）创新意识（在实践中的运用能力）。

2. 方法：随堂观察测试。

3. 评分标准：每项满分 2 分，共计 10 分。

（四）课堂出勤占 10%

1. 内容：课堂出勤情况。

2. 方法：随堂记录。

3. 评分标准：全勤满分 10 分。旷课一次扣 3 分；事假一次扣 2 分；病假一次扣 1 分；迟到一次扣 0.5 分；早退一次扣 0.5 分。

生活交际课程

　　深圳市在《关于进一步提升中小学生综合素养的指导意见》中提出：要培养学生的生活素养，让学生学会生活，提高学生生存能力，懂得利用身边事物创造更好的生活。但传统的应试教育往往只注重智力培养，学生在课堂内学习积累了大量的学科理论知识，却不懂得正确地认识和处理人际关系，这使得当代青少年的生活自理能力缺乏锻炼和体验，对于自我和他人的知觉与理解力较弱。因此，本部分的课程主要是为促进学生社会生活能力的发展和发掘他们的人际智能而设计的。

　　开放式教育的本质是思维的开放。教育不应当是局限在书本上的教育，更应当是到生活中去的教育；教育不应当是局限在语、数、英、音、体、美等专业知识技能上的教育，更应当要有了解自我、了解他人的"以人为本"和处理人的关系的教育。所以本部分课程全部源于生活，向生活开放，让学生学会在生活中发现问题、思考问题，从而解决问题。在课程创设出的生活体验情境里，我们会发展学生的反思能力、观察能力和交际技能等，让学生学会感受生活，动手创造生活。

　　霍华德·加德纳在《智能的结构》中指出：人际智能，是指能够有效地理解别人及其关系，及与人交往的能力，包括四大要素。

　　①组织能力，包括群体动员与协调的能力。

　　②协商能力，指仲裁与排解纷争的能力。

　　③分析能力，指能够敏锐察知他人的情感动向与想法，易与他人建立密切关系的能力。

　　④人际联系，指对他人表现出关心，善解人意，适于团体合作的能力。

　　我们注意到人际智能受到社会文化的影响较大，对于来自不同文化背景的人，其人际智能的表现形式可能并不相同甚至有很大差异。

　　我们很容易理解，来自不同文化背景的人，他们的空间智能或身体—动觉智能形式很易于统一，并易于做出比较，而他们的人际智能却很难用同一个标准来加以比较或评价。因此，我们认为儿童在了解自己和了解他人之前，应当先对不同的社会生活文化背景有所认识，如本部分课程中的"西方礼仪""民俗小讲堂"等课程的设计就是为学生提供开放的多元化的文化生活视角，让他们更好地感知文化背景中的社会角色的自我认同。

人际智能的培养，是在特定文化背景下进行的一个长期的教育和学习过程。我们在不同课程环境中培养和增强学生智能有不同的侧重方法。一是情境式：这种模式侧重于表现学生个性，促进学生进行自我认识和自我发展。教师通过创设游戏和情景模拟供学生探究社会角色和社会情景，教师在学生游戏的过程中，来研究他们与他人合作的方式和处理关系的能力。如"西方礼仪"课中的"我是小绅士""今天我当家"等活动。二是文化熏陶式：这种模式侧重于提高文化认识和促进学生人格发展。运用电影或文学作品为学生提供观察和推测的窗口来思考和理解人类的行为。当教师引导学生思考艺术作品中的角色行为时，这些行为往往显示出比现实生活更夸张、更典型的行为动机，这为学生提供了一种更简单也容易引起兴趣的途径去发展他们的人际智能。如"民俗小讲堂""西方文化欣赏"等课程，用这种方式能更好地体现课程内容。三是体验式：这种模式侧重发挥学生的创造性和提高动手能力。我们知道，反复地实践是最好的习得能力的方式。如"茶之韵""美食烹饪"这类型的课程，直接解决学生生活中遇到的问题，通过实际操作和体验来指导学生学习动手创造生活的能力，提高他们的生活质量。

核心能力

● 组织能力

群体动员与协调的能力。

● 协商能力

仲裁与排解纷争的能力。

● 分析能力

①能够敏锐察知他人的情感动向与想法。

②易与他人建立密切关系。

● 生活能力

①认识社会文化、了解不同的民族文化背景，能感知文化背景中的社会角色的自我认同。

②能独立、自理生活。

● 人际交往能力

①对他人表现出关心，善解人意。

②适于团体合作。

美 食 烹 饪

课程类型： 生活交际课程
开发教师： 沈晓燕　周喜芬
学习对象： 小学 4—5 年级学生
学习时间： 每周 2 课时

一、课程背景

随着生活水平的提高，一直作为西方国家主食之一的烘焙食品进入我国后发展迅速。如今，烘焙食品已经成为都市人生活消费必需品中越来越重要的组成部分。据权威调查显示：尤其近几年，烘焙食品市场每年以近 20% 的速度稳步递增，而且随着人们生活水平的提高，生活节奏的加快，对烘焙食品的需求还将进一步增大。

烘焙能激发学生动手实践的兴趣。现代家庭中，独生子女占了较大比例，存在一部分学生欠缺一定的生活自理能力。通过学习烹饪，既能了解饮食文化的传播和发展，又能激发动手实践的兴趣，提高对健康品质生活的追求。基于此，我们提出将烹饪校本课程纳入学生培养目标，特别把"会生活"作为一个特色目标来落实，目的就是要培养学生的生活能力、动手操作能力，提高学生的生活质量，培养学生的审美情操。

二、教学目标

（一）知识与能力

1. 了解中外的烹饪历史。
2. 了解中西饮食文化的差异。
3. 熟练掌握烘焙类、面点类、西点类美食的制作方法和技巧。
4. 掌握烹饪、平衡膳食及营养的合理搭配等方面的基本知识。

（二）过程与方法

1. 引导学生在仿中学，在学中创，培养学生的操作能力与创新意识。
2. 引导学生在生活中学习，在活动中学会生活，加深对自我能动性的认识和体验。

3. 引导学生在做中学，在学中做，在活动中综合运用所学知识和技能，获得多方面的直接体验，培养理论联系实际的能力。

（三）情感态度与价值观

1. 培养责任感，培养自主学习、主动学习的志趣和情感。

2. 在训练、操作的过程中养成自觉遵守规则的习惯。

3. 通过训练，纠正急躁和优柔寡断的不良性情，增强积极进取精神。

三、课程内容

第一部分：了解中西方的饮食文化。

1. 了解中国面点类美食的起源与文化。

2. 了解西方烘焙类美食的文化。

3. 了解中国八大菜系的特点。

4. 了解西方美食的礼仪文化。

5. 中国传统节日与美食的渊源。

第二部分：观看美食类纪录片。

《舌尖上的中国》《中国美食探秘》《味道》。

第三部分：烹饪的基本技能。

1. 走进超市和菜市场。

（1）认识和了解各种烘焙类工具，详细阅读其使用说明。

（2）认识各种调味品及使用途径。

（3）认识各种副食品及半成品，包括蛋挞皮、比萨皮等。

2. 认识和区分各种工具。

（1）参观学校食堂，了解冰冻、盥洗区。

（2）了解各种烹饪设备的使用方法与技巧，包括电磁炉、电饭锅、电烤箱等。

（3）掌握各种工具的使用方法与技巧，包括打蛋器、电子秤、量杯、蛋黄分离器、裱花袋（嘴）、擀面杖等。

3. 搭配技巧。

（1）烘焙类的食品搭配（水果、干果类）。

（2）肉馅的制作与搭配（各种饺子馅的搭配）。

（3）寿司的制作与搭配（色彩与口味的搭配）。

（4）叉烧的制作与搭配（腌制的手法与方法）。

（5）汤圆的制作与搭配（汤圆馅的制作）。

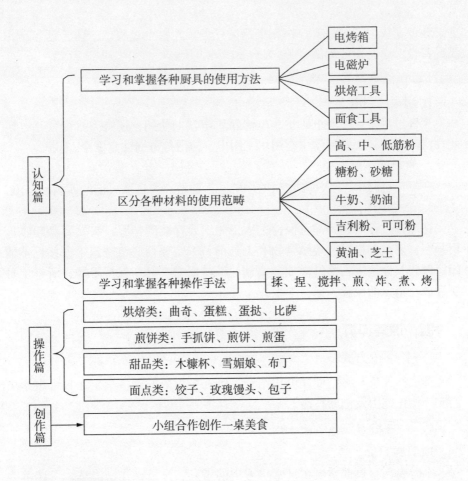

四、课程实施

（一）基本原则

本课程以演练结合的方式授课，在实施过程中必须坚持实践性与创造性相结合的原则。

1. 实践性原则。

在"美食烹饪"课程的实施过程中，教师要让所有的学生都参与进来，进行实际练习和操作，让学生真正学会烹饪的技巧。具体实施过程，主要是：展示制作流程—挑选材料和工具—区分各种材料和工具的使用—称量材料—教师演示—学生操作—小组独立操作—独立制作成品—成品展示—师评与互评。

2. 创造性原则。

在"美食烹饪"课程的实施过程中，注意培养学生的竞争意识，发挥学生的个性特长，激发学生创造意识，培养创新能力。具体实施过程中，激励学生小组合作时可以根据材料属性来更改配方，抑或在造型时发挥灵感。

3. 合作性原则。

在整个过程中，学生都要相互合作，分工明确，共同完成某一项烹饪任务。任务完成后，小组要合作完成清洗任务。在整个过程中，体验创作新作品的喜悦，也感悟劳动的辛苦。

（二）注意事项

1. 用水、用电安全。

烹饪过程中，涉及电磁炉、电烤箱等电器的使用，还有刀具的使用，因此在活动之中，要提醒学生在用水、用电、防滑等方面注意安全。

2. 食材的新鲜安全。

在烹饪过程中，要注意食材的保鲜。采购地点要选取可信的商场和超市。

3. 个人卫生。

在烹饪过程中，要注意保持个人卫生。要穿戴厨师服，头发要盘起收进厨师帽；要戴好口罩；接触食物和工具前，一定要彻底清洗双手，并且不能随意触碰其他地方；烹饪完成，要彻底清洗所有工具，保持干燥；所有工具要存放在指定的位置，保持卫生。

五、课程评价

（一）评价方式

形成性评价与终结性评价相结合，以五星为依据考核学生在日常教学中的实际操作能力及创新技能。

（二）评价方法

1. 日常评价。

平时表现：根据学生在日常学习中的考勤、烹饪操作、清洗、着装等表现进行考评。

2. 阶段性评价。

（1）作品评价：对学生每一次完成的作品进行综合评价。

（2）组间评价：由小组长考核，对小组成员课堂表现进行评价。

（3）竞赛评价：对学生合作完成的作品进行评比。

3. 总结性评价。

每学期末对学生进行总结性评价，每个学生完成一份满意的作品，设计一桌美食，邀请学校领导和家长参与。

评价分四部分，自评部分、互评部分、师评部分、家长评部分。

自评部分：20分（自我评价，为自己的作品打分）。

互评部分：20分（同伴之间互相打分）。

师评部分：30分。

家长评部分：30分。

开放式配方课程

茶 之 韵

课程类型： 生活交际课程

开发教师： 庄宇欢　林春珊

学习对象： 小学 3—6 年级学生

学习时间： 每周 2 课时

一、课程背景

一片树叶落入水中，改变了水的味道，从此世界上就多了一种健康的饮料——茶。茶是生活中不可缺少的必需品，中国茶文化源远流长，博大精深，中国是茶树的原产地，也是最早发现和利用茶的国家。所谓"早起开门七件事，柴米油盐酱醋茶"，文人则有七雅事"琴棋书画诗酒茶"。不论是文人雅士还是生活琐事，都有茶的身影，不同的人品饮不同的茶，会有不同的心境。同时，茶也是陶冶情操、美化心灵、塑造人格的重要载体。

为了进一步实施素质教育，在学校里开设茶艺校本课程，旨在"以茶育人"，重在培养孩子们对中国优秀传统文化的理解与传承，让素质和道德教育不再教条，而是通过潜移默化和耳濡目染的方式，帮助孩子们自然而然地养成良好的礼仪习惯，帮助孩子雅"品"、正"行"，用茶影响孩子，让孩子影响世界。

优秀传统文化的推广，要从娃娃抓起，孩子们学习茶艺是从学习茶之"礼仪"开始的。茶艺的礼仪与中华礼仪一脉相承，是中华礼仪的重要组成部分。中华文化中，"礼"占据着极为重要的地位，一个人从小学习传统的礼仪，可以培养出极好的风度。而这种风度会随时表现在孩子们的待人接物上，会伴随着孩子们一生的成长。西方文明培养"绅士、淑女"，而我们的东方文明培养的则是"君子、贤妇"。这种外在之礼，其实无时无刻不在影响着我们的内心。茶艺的精要在于"静"，孩子们在茶艺实际操作中必然能学会"安静"二字，清幽的环境能够直接影响到人，孩子们进入到这种环境，远离喧嚣，心与自然更加接近，人也会变得更加天真和纯粹。在茶艺的实际操作中，孩子们还学会了"谨慎"，因为要把一道茶泡好，要专注于许多细节和流程，动作就会舒缓审慎而变得气质优雅。

茶艺的精神冠以先苦后甘的哲理，茶圣陆羽在一千多年前就曾说过："茶，性俭"，"最宜精行俭德之人"。茶的本性，清淡平和，清俭质朴，最适合培养良好道德品行，即学茶，要先学会做人，以心平气和的态度，与人为善。通过学习茶艺这种课程形式，培养孩子们的礼仪行为、品行态度等，为他们小小的灵魂灌注人性的美和艺术的美。

二、课程目标

（一）知识与能力

学习茶文化的历史和传说，掌握科学的饮茶、泡茶方法，了解茶有关方面的丰富文化，如茶乐、茶舞、茶诗、茶具、茶画等。

（二）过程与方法

了解不同的茶及其功效，合理调饮，能够创造性地利用茶的性能，使其发挥最大功效。

（三）情感态度与价值观

进一步加强青少年的思想道德水平建设，弘扬中国传统文化，培养学生热爱民族文化的情怀。通过学习茶文化，清新雅致，寄茶育人，在茶文化活动中了解其源远流长的历史，客来敬茶的文明礼仪，拜师敬茶的传统美德，等等。

三、课程内容

（一）增强学生的民族意识

中国是茶的故乡，是茶文化的发祥地。茶的发明和利用，不但推进了我国文明的进程，而且极大地丰富了世界的物质文化生活。让参加茶文化活动的学生，一朝学成，终身受益，它不但会影响其生活方式、思维方式及文化选择，还可能成为宣传我国茶文化，大力弘扬茶文化的一员，其意义十分深远。

（二）从兴趣出发，培养学生的综合能力

学生学习的主动性、积极性、创造性的重要表现是喜欢探索，而探索的动力在于兴趣。兴趣将使学生萌发强烈的求知欲望，从内心产生一种自我追求意识，从而刻苦去学习，孜孜不倦去探索。培养兴趣是创造性功能实现的积极因素，是少儿能力发展的动力因素，要想学生的创造力得到培养，宜尽量做到尊重和保护学生的个性或天性，使其个性或天性得到无限发挥。

（三）学习茶文化的历史和传说

学习茶文化方面的丰富相关文化，如茶乐、茶舞、茶诗、茶具、茶画等，

丰富学生多方面的文化艺术知识与修养；学习科学的品茶和冲泡方法，正确地使用茶具的基本方法，辨别和区分各种茶类。

（四）学会科学饮茶，促进身心健康

人们最早认识茶，还是因为茶有药理作用。在相当长的一段时间内，茶是当作药被人类利用的。从《神农本草经》到《本草纲目》都有大量关于茶用作药的记载。通过课程的设置，让学生在"国饮"——茶中了解一下茶的品性和营养成分、药理作用等，科学合理地饮茶并进行调配，促进身体健康。

（五）养成良好的行为习惯，将茶道精神落实到行动上

中国的传统茶道精神为"俭、美、和、敬"：俭——廉俭育德、美——美乐康真、和——和诚处事、敬——敬爱为人。通过学生学茶培养的是一种人格，即认认真真泡茶、认认真真做事、认认真真为人的人格。同时，学生对茶文化活动具有浓厚兴趣后，要培养其具有坚强的意志和毅力。

四、课程实施

第一阶段：讲授和演示。

茶艺起源、背景、茶文化、茶礼、技艺等理论学习。

第二阶段：体验和探究。

茶艺理论与相关烹茶技术操作结合教学。

第三阶段：情境和实践。

学生实践，确定课程评价模式。

五、课程评价

评价类型：日常评价、阶段性评价、期末评价。

评价方式：自评、互评、师评、家长评相结合。

主要评价等级：采用五星评价法（一星为基本合格；二星为合格；三星为良；四星为好；五星为优）

具体评价方案：

（一）日常评价

1. 课堂学习记录：记录学生学习态度、课内表现和反应。

2. 平时表现：根据课内学生实际情况进行评价，给出成绩，随机评分。

（二）阶段性评价

1. 小组评价，评出组内优胜者。

2. 定期进行学生茶艺比赛，展示学生茶艺理论知识和实操技术。

（三）期末评价

评价分四部分，自评部分、互评部分、师评部分、家长评部分。

民俗小讲堂

课程类型：生活交际课程
开发教师：谌文玲
学习对象：小学 1—6 年级学生
学习时间：每周 2 课时

一、课程背景

民俗就是民间习俗，是指一个民族或国家的广大民众共同创造并世代相传的生活文化。

中国是一个具有悠久民俗传统的国家，然而随着科技的发展、时代的进步，许多人都认为民俗是过时的、落后的，殊不知民俗就在你我之中。钟敬文先生说："人生活在民俗之中，就像鱼生活在水中一样，须臾不可离开。"民俗是鲜活的，是与时俱进不断变化的。民俗中蕴含着丰富的文化艺术价值和社会价值，学习民俗就是认识我们自己的生活，深入其中就会感受到生活的无穷乐趣，感受到中华文化的博大精深，对增强民族凝聚力具有重大作用。

在新课改的背景下，要求学生掌握能对其全面发展、个性发展、终身发展有用的知识。而民俗知识恰恰符合现阶段新课改的要求。同时，在素质教育的大环境下，学习民俗知识能够弘扬中华民族的传统美德，培养学生的文明行为；能够培养学生的学习兴趣，提升学习能力；能够提高学生的审美品位，发现生活中的美与丑，弃丑扬美；能够培养学生的生活素养，在生活中体验、感悟，激发生活情趣。

本课程旨在让学生置身于生活场景，从民俗的角度去重新认识生活，关注学生自主能力的发展，为学生提供多元化的视角，以开放的心态进行开放式学习。

二、课程目标

（一）知识与能力

1. 理解民俗的含义。

2. 了解丰富多彩的民俗生活。

3. 懂得民俗现象背后所承载的人们对美好生活的寄托。

（二）过程与方法

能主动观察生活，发现其中的民俗内涵，提高对生活的观察力。

（三）情感态度与价值观

1. 认识生活中的美与丑，建立健康的审美观。

2. 形成正确对待中华传统民俗的态度。

3. 通过对民俗文化的了解，感受民俗风情的千姿百态，体会民俗对民族凝聚力的促进作用，更加热爱生活，更加热爱祖国。

三、课程内容

本课程内容计划用一个学年完成。上学期主要学习民俗的含义以及了解各地区在饮食、居住、服饰上的民俗，使学生深入了解民俗的含义及各地在衣食住行方面的民俗特点，培养学生以正确的开放包容的眼光看待民俗。下学期主要学习岁时节令、人生礼仪、语言文学以及民间游戏等民俗，让学生从各个方面了解民俗，不仅仅停留在衣食住行方面，开拓学生的视野。

具体课程安排如下。

单元一　民俗概述

1. 民俗的来历。

2. 民俗的分类。

单元二　饮食民俗

1. 日常饮食习俗。

2. 节日祭日饮食。

3. 调制烹饪习俗。

4. 特色风味饮食。

5. 你一言，我一语。

单元三　居住民俗

1. 房屋建造习俗。

2. 宅院格局与居住习俗。

3. 室内陈设习俗。

4. 你一言，我一语。

单元四　服饰民俗

1. 衣着类别习俗。

2. 修饰装束习俗。

3. 服饰礼仪习俗。

4. 你一言，我一语。

单元五　岁时节令民俗

1. 生产时令与生活时令习俗。

2. 节庆习俗。

3. 你一言，我一语。

单元六　人生仪礼民俗

1. 诞生礼。

2. 成年礼。

3. 婚嫁习俗。

4. 丧葬习俗。

5. 你一言，我一语。

单元七　语言文学民俗

1. 俗语、谚语及语言禁忌。

2. 神话。

3. 传说。

4. 你一言，我一语。

单元八　民间游戏

1. 民间玩具、游戏。

2. 斗牛赛马。

3. 你一言，我一语。

以上是课程的详细内容设置，在具体的实施过程中根据不同年龄段的学生和其知识水平的差异，灵活调整教学目标、难度、要求和内容的侧重点。低年级段倾向于了解和激趣，高年级段在此基础上引导学生从自己的生活中去发现民俗现象，并试着说出自己的见解。每个单元的最后基本都安排了"你一言，我一语"环节，意在给学生提供充足的时间，说出自己对相应民俗的看法，或者是展示自己家乡的民俗风情，激发学生的学习热情。

四、课程实施

（一）坚持以学生自主探究为主，教师引导为辅

在素质教育的背景下，课堂应以学生为主体，教师引导为辅助。鉴于民俗学习的特殊性，以及学生生活经历的局限性，教师可以依据课程内容提供给学生有价值的主题或者是材料，引导学生参与、探究、分析，并考虑不同学段学生的知识储备和生活经历，合理设置要求和目标。

（二）紧扣课程目标

课程的实施过程中，以知识、能力、情感目标为出发点和落脚点，不可脱离学生的生活实际。在丰富多彩的民俗形态中选取适合学生接受的内容，使学生能够在自己的努力和教师的帮助下掌握知识，提升能力，获得相应的

情感体验。

（三）注重发挥学生的主动性，适度延伸

学生是课堂的主体。在课堂上要充分发挥学生的主动性，引导学生主动思考，表达见解。发挥学生的主动性，激发兴趣，要及时表扬和肯定表现优秀的学生，能得到老师的肯定，学生的积极性和主动性就能更好地调动。在知识上，不局限于课堂已设定的内容，相关知识可连贯、挖掘，开放思想。例如，岁时节日民俗与服饰、饮食是有必然联系的，可引导学生思考、总结。

以上三点是在课程实施过程中应注意的地方。要充分把握学生的实际情况，由浅入深，循序渐进，有针对性、有计划地去安排实施课程，有梯度地开展教学。

五、课程评价

（一）综合评价法

把结果评价和过程评价结合起来，对学生的学习以"出勤率+课堂表现+对民俗知识掌握+陈述个人观点"几个方面的总体情况来进行测评。

（二）采用五星评价法

一星为入格：按时上课，学习态度端正，尊重教师，与同学和睦相处。

二星为合格：按时上课，学习态度端正，能掌握基本的民俗知识，理解什么是民俗，对民俗有兴趣。

三星为升格：按时上课，学习态度端正，课堂上积极参与，对所学内容掌握良好，具有浓厚的学习兴趣。

四星为出格：按时上课，积极参与，与教师、同学进行良好互动，对民俗具有浓厚的兴趣，并能主动观察生活中的民俗现象，发表自己的见解。

五星为风格：按时上课，积极参与，与教师、同学进行良好互动，对民俗具有浓厚的兴趣，并能主动观察生活中的民俗现象，有自己独特的见解并能与教师、同学分享。

西方礼仪

课程类型：生活交际课程
开发教师：刘　菲　林雪丹
学习对象：小学 1—5 年级学生
学习时间：每周 2 课时

一、课程背景

　　礼仪是人与人之间交流的规则，既是一种语言，也是一种工具。由于形成礼仪的重要根源——宗教信仰不同，世界上的人们遵守着各不相同的礼仪。中西礼仪更是截然不同。礼仪是一种文化，是文化就有纵向的传承和横向的借鉴与融合。随着世界全球化步伐不断加快，经济、文化高速碰撞融合，西方文化大量涌进中国，学生在启蒙时期深入了解学习西方礼仪是必不可少的。

　　传统的应试教育，忽视了文明礼仪的重要性，大部分人重智轻德，忽略了对孩子文明礼仪的教育。而国际交往对以开放式教育著称的坪洲小学的学生来说要求则更高。因此，在我校学生中开展国际化交际礼仪课程具有十分重要的意义。

二、课程目标

　　本课程旨在全面系统地培养学生的文明礼仪风范，使他们受到良好礼仪规范的熏陶教育，从而养成良好的个性品质，为将来成为具有国际视野的人才打下良好的人生基础。

　　（一）知识与能力

　　1. 全面了解西方文化礼仪。

　　2. 了解西方与中国在文化礼仪上的差异。

　　（二）过程与方法

　　1. 掌握西方文化的基本礼仪。

　　2. 对比中西方不同的文化礼仪。

　　3. 了解在各种不同场合与西方人交往时应注意的事项。

4. 了解西餐餐桌礼仪及餐具如何使用。

（三）情感态度与价值观

1. 培养学生庄重、优雅的行为举止，提升个人素质，塑造良好的形象。

2. 培养学生热爱生活，形成积极健康的人生态度。

3. 促进学生建立良好的人际关系。

三、课程内容

本课程内容计划用一个学年完成。上学期主要学习西方文明礼仪基本方式，让学生能够熟练掌握各项礼仪，并结合中国的文明礼仪进行对比，能列举出中西礼仪的异同。下学期主要通过小组讨论中西礼仪的异同、情景模拟，培养学生勤于对比思考的能力，提高学生将知识点运用到生活中的实践能力。

课程内容包括三个单元：西方文明礼仪、中西礼仪差异、模拟课堂。具体安排如下。

第 4 周：Visiting a Friend（探望朋友）

第 5 周：Hosting the Home Guests（招待客人）

第 6 周：Recieving a Gift（接收礼物）

第 7 周：Dining（晚饭）

第 8 周：Behaving in School（在学校遵纪守礼）

第 9 周：Attending Meetings（参加会议）

第 10 周：Writing E-mails（写电子邮件）

第 11 周：Making Telephones（打电话）

第 12 周：Interviewing（面试）

第 13 周：Working at Office（办公室工作）

第 14 周：Meeting Business Partners（会见工作伙伴）

第 15 周：Entertaining（娱乐）

第 16 周：Attending a Wedding Ceremony（参加婚礼）

第 17 周：Attending a Formal Party（参加正式派对）

第 18 周：Touring Abroad（出国旅行）

四、课程实施

（一）专项课程设置

通过课堂主阵地，有计划地对学生进行系统的文明礼仪教育，使学生了解西方礼仪知识，引导他们亲身体验，实现从感性到理性的升华，从整体上让学生的文明礼仪风范得到提高。

（二）学科渗透

在各科教学之中继续渗透文明礼仪的知识，切合实际地进行文明礼仪的引导与教育。

(三) 情景模拟，课外实践

引导学生通过上网、去书店与各级图书馆收集有关资料，进行自主学习，拓展知识。

角色体验，引导学生体验不同社会角色的生活，如"我是小绅士""今天我当家"等，感受不同角色的礼仪规范。

五、课程评价

本课程评价设计如下。

五星：能够积极参与上课讨论，乐于回答问题。能认真做好观察记录，善于发现问题，并能解决问题。能与他人合作交流，乐于采纳别人的意见。

四星：大部分时间能够积极参与上课讨论，能够及时完成老师安排的任务，并解决问题。

三星：能够做好观察记录，并能参与上课讨论，但偶尔会开小差、走神。能够完成老师布置的任务。

二星：较容易分神，笔记简单潦草，需要在别人的帮助下完成老师布置的任务。

一星：上课不够认真，经常开小差、走神。需要老师提醒才能做笔记，并且需要别人的帮助才能完成老师布置的任务。

英语口语交际

课程类型： 生活交际课程
开发教师： 马　嫒　张文斌
学习对象： 小学 4—6 年级学生
学习时间： 每周 2 课时

一、课程背景

我国社会和经济的飞速发展对英语教学提出了新的要求。新时期国际竞争日趋激烈，英语作为国际交往中使用最广泛的语言，已逐渐凸显其特有的价值。现行的英语教育必将经历一场变革，英语口语交际能力空前地重要。

《义务教育英语课程标准（2011 年版）》强调，英语教学中让学生充分感悟、体验、落实课标，构建全新的课堂教学模式，是摆在每个英语教师面前的课题。从新课标的指导思想入手，就要求广大教师努力树立新课标要求的教学理念，倡导以人为本，从多元化的角度出发，培养学生的英语口语交际能力和素养。

然而，我们现在的英语课堂教学模式很大程度上还停留在以语言形式为内容，教师讲、学生听为主要方式的"填鸭式"教学模式，没能充分调动学生的学习积极性和自主性。学生缺乏进行语言交际实践活动的机会，导致了只会读、不会听、不会写、不会说的不良后果。知识学习与知识运用的脱节现象非常严重，学生学会了英语语言知识，却不会在实际生活中运用。本课程的设置旨在解决这一矛盾，为学生创设情境，运用活泼多样的操作形式，使学生在学习语言知识的同时，学会正确应用这些知识，使学习真正为生活服务。

二、课程目标

根据《义务教育英语课程标准（2011 年版）》的描述，课程应该从五个维度进行目标设置。

（一）语言知识

1. 掌握日常对话交际语，比如问候、重复、请求、提问等。

2. 掌握具体场景或情境的地道表达，比如购物、打电话、订酒店等。

3. 掌握英语信件写作的基本框架和写作元素。

（二）语言技能

1. 掌握语言交际策略，学会用提问、重复、请求等交际策略来进行有效的口语互动及对话。

2. 学会二人或小组互动，完成二人或小组交际活动及角色表演。

3. 学会提取并概括阅读绘本的基本信息。

4. 学会对阅读或影视等资源表达观点和看法。

5. 能够将口语技能运用到节目表演中。

（三）情感态度

持续激发并强化学生的英语学习兴趣，特别是逐步激发他们勇于张口、乐于张口的素养，通过口语交际活动树立学英语、说英语的自信心。同时，培养他们与人合作、学会用沟通来解决日常问题的品格。最后，通过本课程拓展国际视野，了解西方文化。

（四）学习策略

《义务教育英语课程标准（2011 年版）》中明确英语学习策略主要包括认知策略、调控策略、交际策略和资源策略等。本课程将着重于交际策略的培养，让学生通过运用交际策略懂得如何争取更多的交际机会、如何维持交际以及提高交际效果。

（五）文化意识

1. 增强对不同国家文化（主要是西方文化）的认知和了解。

2. 了解和感知英语语言在西方文化中的思维体现。

三、课程内容

（一）课程设置

课程设置在每周五下午第一、第二节课，持续 18 周，每学期共 36 节课。课程地点设置在坪洲小学英语村。

（二）教学内容

1. 口语交际。

教师充分利用英语村的场地条件，开发出一种名为 centres 的主题口语交际活动。即把学生分为四组，分别在四个区域进行英语会话自由练习，以 8 分钟为限顺时针交换场地。其间有问题可询问老师，也可以把不会的单词写在预先准备好的单词条上面，练习结束后老师集中解答。场景主题包括以下内容。

（1）Market Shopping（市场）。

（2）Gift Shopping（礼品店）。

（3）Cloth Shopping（服装店）。

（4）School Shopping（文具店）。

（5）Book Store（书店）。

（6）Restaurant（餐厅）。

（7）Reception（酒店前台）。

（8）Making Phone Calls（打电话）。

2. 阅读与写作。

每学期教师跟学生共读 1—2 本英文绘本或故事书。读书过程中，教师会随着故事情节的发展提出一些问题让学生思考，或者让学生来猜测结局，又或者让学生编一个自己喜欢的结局。在阅读中积累词汇量，学习英文写作要求、格式、方法和简单的修辞手法。要求学生运用这些新知识，完成一封英文信件的写作。

3. 游戏活动及电影欣赏。

通过游戏开展课堂活动。例如棋牌游戏，在棋盘上设置了形式各样的问题和关卡，让学生进行分组答题竞赛。

每学期全班共同欣赏一部电影，在看电影过程中，教师跟学生讨论各自喜欢的人物和场景，观影结束后说出自己的感想，并分组进行 presentation。

4. 英语狂欢节舞台表演。

每年 12 月是坪洲小学的英语狂欢节，届时英语口语交际班的学生将为狂欢节准备表演一个节目。利用配方课程时间，教师帮助学生一起排练英语节目。节目形式不限，可以是英语歌舞秀、英语话剧表演、经典人物时装秀等。

四、课程实施

（一）零距离接触西方文化

本课程由外教和中教共同主持完成，主要以外教和学生面对面的交流为主。在全英文的学习环境中，学生零距离接触西方文化。除了英语村的资源，外教也会准备一些与学生教材内容相关的学习辅助材料（如他们国家本土的一些有趣的儿童书籍、故事、活动片段等），通过自己的组织与创新进行教学。

（二）全方位提升口语交际能力

本课程中，我们设置了不同情境、不同话题，培养学生就日常生活一般情景进行基本交流，并对社会生活的一般话题进行连贯发言。在阅读写作、排练英语节目、赏析英语电影中，渗透语音、语调、语法练习，使学生的语言运用基本得体，将提高学生的口语交际能力贯穿于整个课程的始终。

（三）以开放的思维方式培养国际人

本课程坚持践行开放式教育理念，以学生的发展为本，尊重学生天性，重视学生个性发展。以科学的方式分层分级教育，激发学生的学习兴趣和学习动力，拓展学生的视野，鼓励学生以开放的思维方式敢说、想说、爱说英语。

五、课程评价

评价类型：日常评价、阶段性评价、期末评价。

评价方式：自评、师评相结合。

主要评价等级采用五星评价法（一星为入格；二星为合格；三星为升格；四星为出格；五星为风格）。

具体评价方案：

（一）日常评价

1. 课堂学习记录：记录学生课堂学习态度及课内表现。

2. 平时表现：根据课内学生实际情况进行评价，给出成绩，随机评分。

（二）阶段性评价

1. 小组评价，评出组内优胜者。

2. 定期进行个人展示或小组合作交际活动表演。

（三）期末评价

1. 自评部分：20%（自我评价，为自己打分）。

2. 师评部分：80%（教师结合学生形成性评价及期末展示进行打分）。

西方文化欣赏

课程类型： 生活交际课程
开发教师： 杨沁雅　黄雨薇
学习对象： 小学 4—6 年级学生
学习时间： 每周 2 课时

一、课程背景

在全球化背景下，国与国之间的联系日益密切，这是国际形势发展的主流。近些年，伴随着社会形势的发展，文化背景及价值观差异问题引起了社会越来越广泛的关注，这是历史发展的必然趋势。

教育部印发的《中小学综合实践活动课程指导纲要》提出：要适应学生个性发展和社会发展的需求，以学生的直接经验或体验为基础，帮助学生学习、掌握和运用一种主动探求、重视解决实际问题的现代学习方式，不断提升综合素质。随着国家政治、经济、文化水平的提高，国家与国外的交流日益加深，东西方文化不断地在发生碰撞。在东西方文化的交流中，东西方文化都以其浓重的异域风情呈现出不同的特色。

因此，以欣赏为核心，以探索为载体，本课程将带领学生欣赏西方文化。在欣赏西方文化的同时，探讨中西方文化的差异，激发学生对西方文化的兴趣的同时，也激发学生对中国传统节日的热爱，弘扬中国传统文化。

二、课程目标

（一）知识与能力

1. 通过学习、欣赏西方文化，让学生对西方文化有更进一步的了解、认识。

2. 通过活动，使学生对研究性学习的方法、步骤有进一步的了解，转而能自己探索研究西方文化的特征。

（二）过程与方法

1. 通过小组合作调查、采访、汇报交流促进学生的协作探究精神、学习交流能力。

2. 提高人际交往能力、口头表达能力、自我评价能力。

（三）情感态度与价值观

1. 通过自主学习与欣赏，激发学生主动探索的热情，激发能够体会欣赏的乐趣，愿意与大家分享探索成果。

2. 通过各种活动，感受到中西方文化的差异，以及中国文化的源远流长。

三、课程内容

主要学习、探讨关于西方国家六个方面的文化背景知识，以及与中国文化的比较。

1. 社交礼仪与礼节。

首先要注意衣着整洁。纽扣一定要扣好，手要清洁，指甲要剪短，胡须应修剪好；出行坐车，要让客人坐在驾驶座旁边的位置上，以此为上座；到餐馆就餐要注意用餐礼仪；等等。

2. 社会风俗与习惯。

介绍外国的风俗习惯。如：受宗教信仰影响形成的风俗习惯；日常生活的禁忌；各国对颜色的忌讳、对用花的忌讳；等等。

3. 生活方式与风格。

介绍特殊的生活方式。如晒太阳：美国纽约州的居民推崇有空晒太阳的生活方式；少食肉：俄罗斯流行食素，他们认为大量食用各种肉类会加重某些疾病或诱发一些疾病；雨中行：欧美人喜欢迎着细雨逛街，他们认为可以净化肺部、洗去尘埃。

4. 食品与饮食习惯。

介绍各国特色小吃以及饮食习惯。例如，比利时的巧克力；俄罗斯的鱼子酱；意大利的帕尔玛火腿、帕梅森奶酪、巴萨米克醋等各种特色食材……开拓学生眼界。

5. 传统节日及其历史。

除了介绍几个特殊的传统节日，应特别介绍的是美国的历史与其传统节日。因为美国是一个文化大国，短暂却独特丰富的历史把它造就为一个民族的熔炉和世界文化的汇聚之地。

6. 体育竞技与娱乐消遣。

简单介绍国外大众体育的兴起特点和发展趋势。

四、课程实施

1. 课时安排：每周五第五、第六节课。

2. 教学方法的选择：欣赏法、讲授法、谈话法、探究法等。

3. 教学的组织形式：面向全体学生。

4. 场地设施：五（5）班教室。

5. 教学用品：文字材料、多媒体等。

6. 课程规模：25 人左右。

五、课程评价

课程评价设计如下。

五星：能够积极参与上课讨论，乐于回答问题。能认真做好观察记录，善于发现问题，并能解决问题。能与他人合作交流，乐于采纳别人的意见。

四星：大部分时间能够积极参与上课讨论，能够及时完成教师安排的任务，并解决问题。

三星：能够做好观察记录，并能参与上课讨论，但偶尔会开小差、走神。能够完成教师布置的任务。

二星：较容易分神，笔记简单潦草，需要在别人的帮助下完成教师布置的任务。

一星：上课不够认真，经常开小差、走神。需要教师提醒才能做笔记，并且需要别人的帮助才能完成教师布置的任务。

自然探究课程

　　人是从大自然中走出来的。长期远离大自然，使我们的很多天赋与灵感甚至生存智慧都日渐衰退了。因此，效法自然，回归自然，应是教育的一种大智慧。从这个意义上说，在体验自然中成长，是孩子走向健康人生的保障。

　　自然探索智能是人具有观察自然界中的各种事物，辨认并给物体分类，且能洞悉自然或人造系统的能力，包括对社会的探索和对自然的探索两个方面。具有自然探索智能特质的孩子，在生活中会呈现出敏锐的观察力与强烈的好奇心，对事物有特别的分类、辨别、记忆的方式。例如，喜欢动物的孩子，除了自己饲养动物之外，可能也会时时阅读与动物有关的书籍，或是从电视上学习动物新知，能力强的孩子，对于动物的分类能够举一反三，对动物的习性也能了如指掌。

　　当然，并不是每个孩子对自然界都充满高度兴趣与认知力，有的只停留在基本的喜欢上，并不会刻意做研究。不过培养孩子认识自然、接触自然，在我们越来越都市化的当今社会是极有必要的，因为人类本是自然界的一环，只有了解并体会到自然界生生不息的力量，才会真正懂得重视生命、珍惜生命之美好。

　　这里介绍的自然探究课程是想告诉儿童满足好奇、探究世界的方法是丰富多彩的。例如，在种植植物时，他们就在发展提问、检验假设和解决问题的能力。这一章共有7门课程，包括"百草韵""耕作之乐""科学小百科""小小化学家""巧手绘地图""小创客""车辆航空模型制作"。这里的所有课程都围绕一个中心，即激发儿童的好奇心，鼓励他们用新的方法来探索周围世界，让儿童感到学习不是死记硬背，而是思考、验证，是主动探究而不是被动接受，是创造而不是模仿。

在实施课程时，教师应突出科学探究的过程。我们设计的课程是向儿童展示观察、实验、分类、解决问题以及求证过程，启迪他们对科学的向往。

核心能力

●观察能力

①用一种或多种感官仔细观察物体，了解其物理特性。

②经常注意周围环境的变化（如长出的新叶、树上的虫子、细微的季节变化等）。

③表现出用绘画、图表、序列卡或其他方法做观察记录的兴趣。

●假设和检验能力

①在观察的基础上进行预测。

②提出"如果……就……"一类的问题，并学习对事物进行解释。

③进行简单的实验，检验自己及他人的假设（例如，将大大小小的石头投到水中看看是否有的沉得快些，用颜料代替水浇植物看看有什么现象等）。

●创新能力

①提出有别于常规或常人思路的见解。

②利用现有的知识和物质，改进事物或创造新的事物。

③从学科领域或客观的社会生活中确定研究的主题。

●数理逻辑能力

①运用数字和推理能力，有效地看到事情的全貌。

②看到事物之间的关系与因果联系。

百 草 韵

课程类型： 自然探究课程
开发教师： 梁伟棠
学习对象： 小学 1—6 年级学生
学习时间： 每周 2 课时

一、课程背景

中国是中草药的发源地，目前中国药用植物大约有 12000 种，这是其他国家所不具备的，在中药资源上我们具有垄断优势。中华民族中医药文化更是源远流长。古代先贤对中草药和中医药学进行过深入的探索、研究和总结，使得中草药得到了最广泛的认同与应用。

本课程是传承民族文化、普及中草药知识的科学启蒙课程。本课程将细心呵护儿童与生俱来的好奇心和求知欲，引领他们学习相关的中草药知识，帮助他们体验、探究中草药知识，培养他们收集、处理和利用信息的能力，丰富他们的童年生活，发展他们的个性，开发他们的创造潜能，促进他们全面和谐地发展、终身持续地发展。

二、课程目标

通过本课程的学习，使学生知道与中草药相关的浅显知识，并能够在日常生活中进行运用；了解常见中草药采集、加工、保管的基本方法；保持和发展对祖国传统文化进行传承和发扬的兴趣；亲近自然、欣赏自然、珍爱生命，积极参与资源和环境的保护，关心中草药利用技术的新发展。

（一）知识与能力

1. 通过本课程的学习，让学生能初步了解生活中常见的一些中草药相关知识。

2. 通过学习能辨识一些常见的中草药，并知道常见中草药的属性。

3. 了解中医名家的励志故事。

（二）过程与方法

1. 通过阅读如《本草纲目》等相关书籍，了解相关中草药知识。

2. 通过网络资料的查询，学习收集整理资料的方法。

3. 通过阅读、分享相关中医名家故事，了解中医名家的成长历程。

（三）情感态度与价值观

1. 通过学习中草药知识，培养学生热爱祖国中医文化的情感。

2. 通过中医名家故事的分享，学习中医名家的励志精神，形成刻苦学习的精神。

三、课程内容

本课程将通过一学年的学习，分别学习认识常见中草药、学习中医名家故事、学习简单中性中医药方的调配，让学生形成初步的中医药知识。

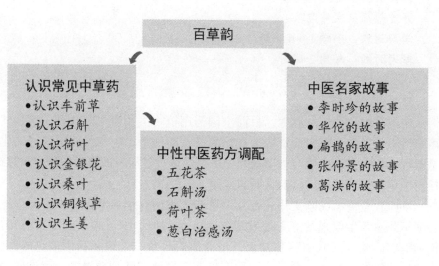

四、课程实施

（一）坚持学生自主学习为主

鼓励学生利用书籍资料，借助图书馆、网络资源自主学习相关中医药知识，利用课堂进行学习分享，充分调动学生的学习积极性。

（二）注重合作交流与分享

利用课堂、通过手抄报等多种形式开展分享活动，使学生正确认识中医药知识。学生的分享交流又能让他们在课堂中充分展现自我，不断增强学习的兴趣。

（三）学习方式多元化

通过写一写中草药植株，画一画中草药图画，背一背中草药诗歌，拓展学生的思维，促进学生的学习激情，保障课堂教学实效。

（四）不断提高学习效果

进行简单的中草药调配，让学生掌握简单的治病验方；让学生不断获得学习的成功感；培养学生学习中医药知识的信心。

五、课程评价

（一）评价形式

把结果评价和过程评价、定性评价和定量评价结合起来。对学生的学习以"出勤率+课堂汇报+汇报作品评分"几个方面的总体情况来进行测评。

（二）评价内容

1. 日常评价。

（1）课堂学习记录：记录学生学习态度、课内表现和反应。

（2）平时表现：根据课内学生实际情况进行评价，给出成绩，随机评分。

2. 阶段性评价。

（1）学生互评：对专题进行汇报，同学进行打分。

（2）教师评价：教师对学生汇报进行评分。

3. 期末评价。

（1）自评部分：20分（自我评价，为自己的汇报作品打分）。

（2）互评部分：20分（同伴之间互相打分）。

（3）师评部分：30分。

（4）家长评部分：30分。

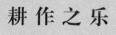

耕作之乐

课程类型：自然探究课程
开发教师：陈树民　彭　伟
学习对象：小学 5—6 年级学生
学习时间：每周 2 课时

一、课程背景

中国是一个农业大国，农业生产一直是中华民族的传统产业。如今，在深圳这样的大都市成长的孩子，已经远离农业，远离自然。而田园生活一直被文人歌咏，更是人们走向自然生态的好方式。

开设耕作课程，带领学生进行蔬菜种植，为学生创设一个走向自然、走向农业生活的平台，让每个孩子在此提升劳动能力，感受劳动乐趣。同时结合劳动，锻炼学生的观察能力、动手能力，并把这种耕种的过程、观察所得、劳动所得撰写成文字，或散文，或叙事，或诗歌，培养学生从生活中发现美、从劳动中感受美、用语言表现美的能力。

二、课程目标

本课程既重视学生种菜实际操作能力的培养，又注重学生从生活中、劳动中感受情趣，并能用自己的语言描绘耕种的过程与乐趣，从而培养学生的生活素养、劳动素养、审美素养。

（一）知识与能力

1. 通过课程学习，对中华民族农业传统文化有一定了解。

2. 通过参与耕作，提升劳动能力。

（二）过程与方法

1. 通过学生自己挖地、种菜、浇水，培养学生劳动意识，提升学生劳动能力，激发学生劳动兴趣。

2. 学生在相互合作的过程中，一起劳动，一起观察，发现生活中的美，并能用自己的语言描绘生活中的美，提升学生社会实践能力和作文能力。

（三）情感态度与价值观

1. 通过观察蔬菜的生长过程，感受自然，感受生命成长，从而培养学生珍爱生命、呵护生命的意识。

2. 通过课程的学习，感受自然生活的美好，提高学生的环保意识。

三、课程内容

在课程内容的确定上，我们需要根据学生劳动能力的差异，根据不同季节播种不同菜种的变换，根据菜地蔬菜生长的实际情况，及时调整内容。

表37 "耕作之乐"课程内容

课程内容	呈现形式	要求
认识中国农业文明	交流汇报	学生通过阅读、上网查阅，了解中国作为农业大国的发展历史，了解中国农业文化。对搜集的资料进行整理，形成文字。通过交流、汇报的形式，加深学生的理解
学习耕种	实际操作	1. 了解耕种工具的使用方法 2. 学生尝试进行土地翻整，能够正确使用锄头 3. 学会播种。学习播种步骤：开沟、施肥、播种、盖土等，并能够实地操作 4. 学会除草。认识蔬菜与杂草的区别，能够分小组负责给土地除草 5. 学会浇水。能够根据不同的蔬菜耕种特点进行浇水，掌握浇水的方法和水量控制 6. 学会施肥。不同的蔬菜在不同阶段进行施肥，掌握施肥的方式与量 7. 学会打理蔬菜与除虫
观察与写作	实际操作与交流	学生根据耕种的每个阶段，完成观察日记、劳动记录，记录蔬菜的生长规律，描绘劳动的场面，撰写心得体会。通过单周撰写、双周交流的方式开展活动
不同季节蔬菜种植		1. 春季播种的作物。主要包括各种瓜类，如黄瓜、丝瓜、苦瓜、冬瓜、南瓜等，也包括辣椒、秋葵、豆角等 2. 秋季播种的作物。主要是叶菜，包括菜心、大白菜、茼蒿、芥菜、萝卜等

四、课程实施

（一）课程实施原则

1. 自主参与原则。

以学生自主上报为原则，充分尊重学生的自主选择权。

2. 开放性原则。

在种植蔬菜的时候，注重学生自主意识、劳动意识的培养，同时开放教学范围，拓宽学生的认识。"耕作之乐"是一门劳动与文化相结合的课程，主要体现在：对农业文化的认识，学生对播种、施肥等耕种过程进行记录、记述，根据参与此课程所获感想体会，撰写成文章、诗歌，实现学生劳动素养与文化素养的双重提升。

3. 合作参与原则。

由于种植蔬菜对于学生来说是一项陌生的劳动，这就需要教师对参与的学生进行合理的分组，通过小组合作、相互竞争的方式进行活动。

4. 教师示范性原则。

对于小学生来说，耕种蔬菜不是一件容易的事情，所以本课程的落实更多地要注重教师的示范，注重学生的参与。

（二）课程实施内容

1. 成立活动小组——准备活动。分组：在教师的指导下，学生们根据自己的兴趣爱好自由组成活动小组，并进行人员的分工。

2. 走近菜农的生活——热身运动。学生可以采访有种菜经验的农民，走进校外蔬菜种植基地，也可向网络和书本寻求妙招等，了解有关种菜的知识，并通过网络等进行信息交流。

3. 规划"青青园"——吹响前奏。每个小组根据季节和掌握的种植知识，商量决定本组的那块小菜地种什么、怎么种，预期效果会怎样，小组分工是怎样的，每组设计一个种菜方案。

4. 我的菜园我做主——快乐实践。每组学生依据自己的方案种菜，在该过程中教师要指导学生坚持写观察日记，记录蔬菜生长的进程变化和自己的感想。

5. 评价总结——分享成果。分别举办成果交流会，进行活动总结。

6. 微视频作品制作——汇报展示。根据研究活动的过程和结果，共同制成微视频作品。

五、课程评价

耕作之乐课程的评价主要从劳动与作文两个方面来落实。

（一）评价原则

1. 积极参与的原则。所有课程学生都必须能够准时参加学习，不得无故缺席，遇到特殊情况，需要办理请假手续。

2. 体验分享的原则。蔬菜耕种对于小学生来说更多的是一种参与，并能与同伴分享自己的快乐。

3. 以学生自我评价为主的原则。教师应引导学生自主地开展评价，培养其自我认识的自觉性，并提高其独立的分析能力。

4. 模糊评价的原则。由于耕种蔬菜没有具体的系数来进行打分，只能根据学生的积极程度、参与程度、成果呈现程度来进行评价，所以无法用各项分数的形式呈现。

(二) 评价方法

1. 评价内容。

（1）参与程度的评价。

此评价主要体现在学生能够积极参与到课程的学习中来，能积极参与平时的蔬菜种植管理。此评价主要由小组长、教师完成。

（2）学生能力的评价。

此评价主要体现在学生对蔬菜耕种各个环节的掌握程度，参照平时的表现，由教师进行评价。

（3）课程认识的评价。此评价主要是针对学生撰写文章方面的评价。

2. 评价方式。

本课程的评价方式包括：自我评价、小组评价、教师评价。

3. 评价过程。

本课程的评价过程包括过程性评价、成果性评价两个方面，将在课程实施中段、课程实施结束时进行评价。

表38 "耕作之乐"课程学员评价表

序号	姓名	评价结果	过程性评价			成果性评价		
			自评	小组	教师	自评	小组	教师

科学小百科

课程类型： 自然探究课程
开发教师： 张艾妮
学习对象： 小学 3—6 年级学生
学习时间： 每周 2 课时

一、课程背景

为了进一步提升中小学生综合素养，深圳市围绕品德、身心、学习、创新、国际、审美、信息、生活八大素养，以课程改革、评价创新、队伍建设为抓手，主要目标是着力培养具有创新精神与实践能力等的特区新一代青少年。在"互联网+"时代，学生的创新素养尤为重要。

同时，多元智能理论中自然探索智能，即能认识植物、动物和其他自然环境（如云和石头）的能力，也是人全面发展不可缺失的智能。自然探索智能可以进一步归结为探索智能，包括对于社会的探索和对于自然的探索两个方面。自然探索智能强的人，在打猎、耕作、生物科学上的表现较为突出。

本课程就是在这样的大背景下萌发的，它是一门科技类活动性课程，意在让喜欢科学的学生们一起发现生活中的科学，在制作中玩科学，在课程中落实生活素养及创新素养，以培养学生的观察能力及动手能力，促进学生的个性化发展。

二、课程目标

（一）知识与能力

1. 观察生活中的各种科学现象，意识到生活中处处有科学，了解生活常识。

2. 通过动手搜集资料、看相关课外书等，掌握更多的科学知识。

（二）过程与方法

1. 通过"科学小原理""科学知识竞赛""科学小制作"等活动，学会把理论运用于生活当中。

2. 通过制作科技小作品，掌握各种科学方法，提高动手操作能力及合作能力。

（三）情感态度与价值观

1. 在课程中领悟科学家的精神，领悟科学的思想观念，形成正确的科学态度和科学观。

2. 通过制作科技小作品，养成爱动手、爱思考的习惯，提高创新素养。

3. 在活动中努力做到"变废为宝"，学会爱护环境，从小事做起。

三、课程内容

本课程内容是以多个主题构成的。如光、大气压、力等，每一主题开展多个活动（如表 39 所示），定期组织学生进行展示、比赛及交流。除此之外，还会举行"生活中的科学""科学知识竞赛""科学家的故事""操作大比拼""变废为宝"等活动比赛，目标明确，内容丰富，形式各异。

表 39 "科学小百科"课程内容

主题	内容	活动
光	光的传播 平面镜成像 光的反射 光的折射 凸透镜与凹透镜 光的色散	1. 了解"光"知识 2. 影子游戏 3. 错觉游戏 4. 自制针孔照相机 5. 制作简易太阳能热水器 6. 善变的光线
大气压	大气压的产生 大气压的存在 大气压的应用	1. 瓶吞鸡蛋 2. 了解活塞式抽水机和离心水泵 3. 制作挂钩 4. 挑战易拉罐 5. 制作水火箭
力	重力 弹力 离心力 摩擦力 力的相互作用	1. 制作反冲车 2. 制作离心球玩具 3. 听话小人 4. 设计机关王
电	静电作用 导体与绝缘体 电路的连接	1. 神奇的静电球魔术 2. 制作小小电风扇 3. 分离米和胡椒粒 4. 电路的连接

四、课程实施

（一）采用小组授课法，充分发挥学生的自主管理能力

本课程的学生来自 3—6 年级，不同年级学生知识层面及思维差异较大，因此课程主要按照分组方式进行，每组 4—6 个人，各年级学生分配在不同小组，采取"大手拉小手"的方式，高年级学生带动低年级学生，由学生自主管理、教师辅助的方式实施课程。

（二）注重活动中的安全教育

在实施活动中，安全教育是必不可少的。学生在活动中用到的工具可能存在一定的安全问题，如剪刀、刀子等锋利工具，若不小心则会伤害到自己，故须对学生进行安全知识的普及，并掌握如何安全使用工具。

（三）寓教于乐，以"赛"促学

小学生对新事物往往非常好奇，常常会产生疑惑，在活动中，从疑切入，通过疑进行引导，玩学相结合，课堂以学生动手为主，鼓励学生动手动脑玩科学，在动中学，在学中动，无拘无束地活动在创造的天地里。在活动实施过程中，积极参与学校的"超人节"及市、区的创新大赛等，展示成果。

五、课程评价

（一）评价主体

教师、家长、学生共同参与。

（二）评价方法

形成性评价与终结性评价相结合。日常评价占 25%、阶段性评价占 20%、期末评价占 40%、家长评价占 15%。

1. 日常评价。

日常评价主要由自评和小组成员评价两部分组成，比例各占 50%。自评根据本人在活动中的参与度、操作能力提高程度、用具清洁、收拾干净、放置有序、不浪费材料、掌握知识多方面对自己进行评价。小组评价由小组各成员共同商讨，根据为小组贡献的多少、积极的态度、正确地评价和欣赏别人的作品并提出建议多方面给予星级评价。

表 40　"科学小百科"课程日常评价表

模块		星级（☆☆☆☆☆）
光	自评	
	组评	

模块		星级（☆☆☆☆☆）
大气压	自评	
	组评	
力	自评	
	组评	
电	自评	
	组评	
总评		

2. 阶段性评价。

阶段性评价是以阶段活动为载体，在 5 个活动中，由教师根据学生的积极参与程度、进步程度、表现能力对每一位学生进行评价。

表 41 "科学小百科"课程阶段性评价表

活动	星级（☆☆☆☆☆）
生活中的科学	
科学家的故事	
科学知识竞赛	
操作大比拼	
变废为宝	

3. 期末评价。

一学期课程结束时，每位同学交上一个有创意的作品及学期心得体会的分享，由教师根据作品的美观程度、创意程度、运用的科学原理、交流的过程对学生进行星级评价。

表 42 "科学小百科"课程期末评价表

作品名称	
星级（☆☆☆☆☆）	

4. 家长评价。

家长可通过日常对自己孩子的观察及沟通，了解孩子科学素养的进步程度，并给予星级评价。

自然探究课程

小小化学家

课程类型：自然探究课程
开发教师：黄怡凯
学习对象：小学 4—6 年级学生
学习时间：每周 2 课时

一、课程背景

　　化学是一门基础自然科学，也是一门历史悠久而又富有活力的学科。它以实验为基础，与人类进步和社会发展的关系非常密切，它的成就是社会文明的重要标志。可以说，我们的生活能够不断提高和改善，化学功不可没。

　　在我们的生活中，衣食住行，几乎处处都有化学的影子。本课程旨在通过让学生了解化学在生活中的作用，保护和增强学生对生活和自然中化学变化及现象的好奇心与求知欲，侧重于学生对直接经验的习得，让学生在做中学，给学生提供动手实践的机会。

二、课程目标

（一）知识与能力

1. 通过趣味化学实验的演示及亲手操作，学生能够知道与周围常见的事物有关的浅显的化学知识，并能运用于日常，逐步养成科学的行为习惯。

2. 了解科学探究及实验操作的基本方法，并尝试用于科学探究活动。

（二）过程与方法

1. 以实验的方式进行学习，学生能够获得发现问题、分析问题、解决问题的能力。

2. 侧重于学生对直接经验的习得，让学生在做中学，给学生提供动手实践的机会，提高学生动手实验的能力。

（三）情感态度与价值观

1. 通过对化学现象的观察，学生能够关心生活中的化学知识，关心科技

开放式配方课程

的发展，拓展视野。

2. 逐步学会科学地看问题，保持和发展对周围世界的好奇心和求知欲，形成大胆想象、尊重实验和敢于创新的科学态度，培养对化学学科的兴趣。

三、课程内容

"小小化学家"所开设的课程内容都是与生活息息相关的，在内容的选取上更多地遵循趣味性与启发性原则，所涉及的知识浅显易懂，实验操作在难度上逐步增加。本课程初步设定了11个简单的趣味化学实验，将来在实践中还会做出修改及增加。

表43 "小小化学家"课程内容

单元	课题名称	课时	教学目标	难度系数
生活中的化学	1. 水果发电	2	简单认识原电池	☆
	2. 不同水果维生素C含量的比较	2	定量实验	☆☆
	3. 用花果做酸碱指示剂	2	定性实验	☆☆
	4. 测量不同水质的pH（社会实践）	2	培养环保意识	☆☆
	5. 水的净化	2	认识过滤操作	☆☆☆
化学工艺制作	6. 自制固体酒精	2	认识合成反应	☆☆☆
	7. 自制肥皂	2	认识合成反应	☆☆☆☆
	8. 雪花膏的制备	2	认识合成反应	☆☆☆☆
走进化学实验室	9. 二氧化碳的制备及性质探究	2	认识二氧化碳制备方法及性质	☆☆☆☆☆
	10. 氧气的制备及性质探究	2	认识氧气制备方法及性质	☆☆☆☆☆
	11. 质量守恒定律的探究	2	认识质量守恒定律	☆☆☆☆☆

"生活中的化学"这一单元中实验1的原理是：利用两个活泼性不同的电极，产生不同的电势差，从而使电子流动，产生电流，设计这一实验是为了让学生能够初步体验化学实验的乐趣，体验实验成功的喜悦；实验2的原理是维生素C的水溶液能使高锰酸钾溶液褪色，并且浓度越高，高锰酸钾的用量越少，该实验的设计是为了让学生接触实验室的化学药品；实验3的原理是花果中的色素在不同的酸碱环境中，能呈现出不同的颜色，因此可以用作酸碱指示剂，设计该实验是为了加强学生实验操作当中的严谨性；实验4使用的是pH试纸测量雨水的酸碱度，这一课题让学生走出实验室，测试不同水质的酸碱度，加强学生的社会责任心；实验5运用了过滤装置的原理，

同时运用了明矾和活性炭的吸附作用，学生能够自己制作净水器，进行创新设计。"化学工艺制作"这一单元所涉及的知识是关于制备化学工艺品的，设计这一单元能让学生体验化学合成的魅力，感受化学制备的乐趣。"走进化学实验室"这一单元则是注重培养学生规范操作实验的能力，难度相比于前两单元也大大提高。

四、课程实施

（一）以多种教学方式激趣

在课程开始之初，给学生介绍化学这一学科，通过演讲、播放有趣视频、知识竞赛、学生之间的讨论交流等环节培养学生对化学的学习兴趣，让学生了解化学，亲近化学，让学生能够对生活中的化学现象进行仔细的观察。

（二）严格进行安全教育

化学实验存在着很多安全隐患，为了防止事故的发生，在正式动手实验前的几次课中，要对学生进行安全教育，强调实验室的规则，让每一个学生明白化学实验的危险性以及规范操作的重要性。

（三）注重实验的体验

实验是课程实施的重点，坚持以学生为中心，坚持以学生自主合作学习为主，设立一定的问题情境，让学生自主查阅资料、自主解决问题、自主进行实验设计，真正做到以学生为中心。

培养学生制作实验报告的能力，对每次的实验进行记录、分析和总结，并制作精美的实验报告单，展示优秀的实验报告单。

五、课程评价

（一）教师评价

为学生建立"小小化学家"档案袋，对学生学习情况进行及时评价和记录，档案（初定）包括如下内容。

1. 学生课堂的表现。

表 44　"小小化学家"课程学生课堂表现评价表

	☆	☆☆	☆☆☆	☆☆☆☆
课堂参与				
求知欲				
纪律表现				
思维力				
注意力				

	☆	☆☆	☆☆☆	☆☆☆☆
动手能力				
语言表达交流				
小组合作				
创新能力				

2. 实验成果评价。

表45 "小小化学家"课程实验成果评价表

	☆	☆☆	☆☆☆	☆☆☆☆
实验猜想				
实验设计方案				
实验效果				
实验作品				

3. 实验报告单评价。

表46 "小小化学家"课程实验报告单评价表

	☆	☆☆	☆☆☆	☆☆☆☆
内容				
美观				

（二）学生自评

每次实验之后学生对自己的操作、实验报告、实验作品进行评价。

（三）家长评价

在期末结束课程的时候，制作一份调查问卷让家长参与评价，家长评价的内容有：学生对化学学科的兴趣、学生在家及在社会对化学现象的观察与发现、学生的化学知识水平、学生实验能力在生活中体现等。

巧手绘地图

课程类型： 自然探究课程
开发教师： 江方欣
学习对象： 小学 3—6 年级学生
学习时间： 每周 2 课时

一、课程背景

有人推测，地图的起源比文字的起源还要早。因为原始地图跟图画一样，把山川、道路、树木如实地画出来，是远古人类外出狩猎和劳作的指南。中国有记载的最古老的地图是 4000 年前夏禹的九鼎（九鼎是当时统治权力的象征），在鼎上除了铸有各种图画外，还有表示山川的原始地图。到战国时期，我国已有较高的地图制作水平，并广泛用于战争和国家管理。随着经济、社会的不断发展，地图从单一承载政治、军事功能的工具发展到人们学习地理和旅游出行的工具，使用者从官员和军事将领发展到普通百姓。

随着地图应用范围的扩大和地图科学的发展，人们对地图有了更深入的了解，对地图下了更准确的定义。即：地图是依据一定的数学法则，采用地图语言，经过制图综合来表示地球表面的图形。这个定义概括了地图的三个特性：有一定的数学法则、运用地图语言来描述、经过了制图综合。地图所具有的这三个基本特性，是其他影像、图画、文字都不可能同时具备的。每一幅地图都包含着大量的地理信息，利用点、线、面的组合，可以形象地表示地形、河流、湖泊、交通线、城镇等有形事物，也可以表示境界、经纬线、等温线等无形现象。对这些点、线、面组成的符号的解释就是图例。符号系统和注记构成了地图独有的语言。用地图语言表示地理事物，比其他语言、文字、电码等更直观。

本课程引导学生以地理视角去了解不同文化的内涵本质，通过绘制地图，让学生了解到中国地域辽阔，中华文化博大精深，培养学生科学、严谨的学习态度，让学生的观察能力、动手能力、抽象思维能力得到进一步的锻炼和提升。

二、课程目标

（一）知识与能力

1. 学习地图的分类及阅读地图的基本元素，掌握地图的正确使用方法，通过地图以地理的视角拓展相关地方的背景文化。

2. 学生自己动手收集各式各样的地图，并学习绘制中国地图或其他简易地图。

（二）过程与方法

1. 学生亲自手绘地图，在绘制的过程中体会各种元素在地图中的重要性，学生也因此更清楚如何通过地图找到自己所需的关键信息。

2. 通过培养学生科学、严谨地绘制地图，能够让学生的观察能力、动手能力、抽象思维能力得到极大提升，树立学生的自信心。

（三）情感态度与价值观

1. 通过地图的视角使学生意识到，地理位置不同是导致区域间文化差异与融合的关键原因之一，以地理视角去了解不同文化的内涵本质。

2. 重点培养学生绘制中国地图，借以让学生了解到中国地域辽阔，中华文化博大精深。

3. 通过地图的综合学习引导学生树立正确的科学观、世界观、人生观。

三、课程内容

本课程教授的内容主要围绕地图来展开。学生通过课程能够学习到各地区的文化风情、正确使用地图的方法、绘制地图等知识与技能。具体教学计划安排如下。

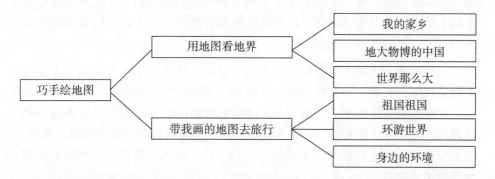

课程主要分为两个板块展开：一个板块为"用地图看世界"，借地图介绍世界各地的风俗文化；另一板块为"带我画的地图去旅行"，主要是教授学生绘制各种地图。具体介绍如下。

我的家乡：带学生在地图上找到自己的家乡，并向学生介绍这些地区不同的特色与文化。

地大物博的中国：介绍中国的大好河川、秀丽风光等自然景观，并在地图中呈现具体位置，使学生为祖国的辽阔而自豪。

世界那么大：通过介绍世界著名地区的文化及特色，带领学生走出去，拓展学生视野，培养学生科学的世界观。

祖国祖国：绘制中国地图。

环游世界：绘制世界地图简图。

身边的环境：绘制身边环境的地图（如学校、家所在的小区等）。

四、课程实施

（一）老师"讲"地图

用生动的带有文学性和趣味性的语言配合地图，再造表象，增强记忆。如朗诵"两岸猿声啼不住，轻舟已过万重山"这一著名诗句，配合景观图片及指示地图相应位置，如此一来能生动地描绘出长江三峡山高谷深、坡陡流急、一泻千里的水流特征，二来可以加深学生对地理位置的认识。以上讲解的方法不但形象、鲜明、清晰，而且是把意义识记和机械识记结合起来，让学生在理解的基础上进行熟记，这是最有效的记忆方法。

（二）学生"读"地图

学生对知识的感性认识是所有认识活动的基础，因此要培养学生对各种事物、图形、模型等的观察能力。在众多的地理观察对象中，对地图的观察次数最多，观察者最普遍。可以通过深入地看地图培养学生的观察能力。如在省区教学中，已初步培养了学生识省辨区的观察能力，即能够根据省区形状、大小区分省区。经常性地进行观察练习，学生观察能力就会得到长足发展。在教师的帮助下，学生将课程中学习到的读图技巧运用于实践，自己在地图上指出所学的地理事物，直观地加深学生的印象，培养学生的读图能力。

（三）学生"绘"地图

当图形在学生的大脑中有了初步的印象后，开始让学生在玻璃片上描绘出相应地图的轮廓，并独立填图，可用PPT展示学生的玻璃片，进行相互比较，让学生自己选出最佳"作品"，这样更能加深学生的印象，从而达到熟练程度。要使学生能记得住，有所得，必须先使他们感知的东西鲜明、清晰、形象生动，从而达到帮助学生识记、保持、回忆和再认的目的，培养学生对地图的记忆能力。

五、课程评价

评价类型分为日常评价、阶段性评价、期末评价三部分，自评、互评、师评相结合，分A、B、C、D四个等级（A为优秀，B为良好，C为合格，D

为待合格)。具体操作如下。

（一）日常评价

1. 课堂学习记录：记录学生学习态度、课内表现和反应。

2. 平时表现：根据课内学生实际情况进行评价，给出成绩，随机评分。

（二）阶段性评价

1. 根据阶段性作品训练完成情况进行组内评价，评出组内优胜者。

2. 定期进行学生地图绘制比赛，展示学生优秀地图作品。

（三）期末评价

评价分三个部分，自评部分、互评部分、师评部分。

1. 自评部分：30 分（自我评价，为自己的作品打分）。

2. 互评部分：30 分（同伴之间互相打分）。

3. 师评部分：40 分。

小　创　客

课程类型： 自然探究课程
开发教师： 张明春　洪跃韩
学习对象： 小学 4—6 年级学生
学习时间： 每周 2 课时

一、课程背景

在日新月异的时代中，智能化机器已经逐渐普及到我们每家每户，智能家居机器人的应用这些新异的科技也逐步出现在我们眼里，并且扮演着越来越重要的角色。现在，国际上对机器人的概念也已经逐渐趋近一致。联合国标准化组织采纳了美国机器人协会给机器人下的定义："一种可编程和多功能的操作机；或是为了执行不同的任务而具有可用电脑改变和可编程动作的专门系统。"人们已将智能机器人运用于工业、医学、农业、建筑业甚至军事等领域。

"小创客"课程也应运而生。本课程旨在让学生通过课程的学习，在活动中不仅学到有关机械、电子、计算机等技术知识，而且能培养多方面的能力和素养，如与人沟通合作的能力，合理分配、利用时间的能力，对他人的尊重，毅力与自信心的养成。

二、课程目标

践行开放式教育理念，以学生为主体、教师为主导、教具为辅助，在教育教学过程中，注重智商、情商、逆向思维与创造力的培养，促进学生全面发展。

（一）知识与能力

掌握机器人构造相关知识、各组件拼装的基本操作与技能。

（二）过程与方法

通过动手实践，获取机器人设计、搭建等相关知识。通过机器人搭建的过程，掌握针对项目主题进行研究、策划、设计、组装和测试的方法。

（三）情感态度与价值观

通过主动探索、动手实践，亲身体验抽象的理论如何变成触手可及的答案，享受成功的兴奋。

三、课程内容

本课程开展以来，我们经历了随机教学—零星的经验课的串联—有意识地编排教学内容三个阶段的实践与整理，初步形成具有我校特色的机器人教材。为使教材内容有计划、有系统地让学生学习并吸收，方便学生了解教材的内容安排与衔接，我们又进行了多次尝试和实践，将教材做一些主题性的连贯、层次性的衔接，现已整理出较为完整的"小创客"创意机器人校本系列课程，并构建了我校学生学习机器人知识层面的框架结构。在教学实践中，我们努力做到课时固定、时间固定、场所固定，循序渐进地呈现丰富多彩、形式各异的创意机器人教学内容。

"小创客"课程包括：蚂蚁雄兵（制作蚂蚁机器人）、万兽之王（野兽机器人竞赛）、龙猫巴士（制作龙猫形状的运输机器人）、创意闯关（设计创意类的机器人项目）。

四、课程实施

（一）注重资料收集

1. 收集有关机器人的教学资料（课件、光盘、书籍、网站、软件等）。
2. 机器人实践研究课案例分析（参考其他学校实验方案）。

（二）器材准备是保障

1. 组建"机器人实验室"，购买相应的机器人设备。
2. 开展机器人课堂教学研究，积累经验，分析问题。

（三）以"赛"促学

1. 开展机器人课堂有关小课题的研究。
2. 参与大型机器人比赛，调动学生的积极性。

五、课程评价

评价类型：日常评价、阶段性评价、期末评价。

评价方式：自评、互评、师评、家长评相结合。

主要评价等级：A、B、C、D四档（A为优秀，B为良好，C为合格，D为待合格）。

具体评价方案如下。

（一）日常评价

1. 课堂学习记录：记录学生学习态度、课内表现和反应。

2. 平时表现：根据课内学生实际情况进行评价，给出成绩，随机评分。

（二）阶段性评价

1. 小组评价，评出组内优胜者。

2. 定期进行学生机器人创意制作比赛，展示学生创意作品。

（三）学生期末评价

评价分四部分，自评部分、互评部分、师评部分、家长评部分。

自评部分：20分（自我评价，为自己的作品打分）。

互评部分：20分（同伴之间互相打分）。

师评部分：30分。

家长评部分：30分。

学生问卷调查表

亲爱的同学们：

　　学校举行的这次问卷调查，只是想了解你们对"小创客"的兴趣，就"你是否喜欢上机器人课"等问题做一个全面的统计，你们可以不写名字，请同学们根据实际情况回答，谢谢同学们的配合。祝学习愉快！

1. 你听说过机器人吗？（　　　）

A. 听说过　　　　　B. 偶尔听说　　　　　C. 没有

2. 你接触过机器人吗？（　　　）

A. 有接触过　　　　B. 听过　　　　　　　C. 没有接触

3. 你对机器人感兴趣吗？（　　　）

A. 感兴趣　　　　　B. 一般　　　　　　　C. 不感兴趣

4. 你认为创意机器人很酷吗？（　　　）

A. 很酷　　　　　　B. 一般　　　　　　　C. 不酷

5. 你喜欢在学校里上"小创客"配方课程吗？（　　　）

A. 喜欢　　　　　　B. 不喜欢　　　　　　C. 无所谓

6. 你认为机器人课程能充实你的学习生活吗？（　　　）

A. 能　　　　　　　B. 不能　　　　　　　C. 不确定

7. 你看过有关机器人发展史的书籍吗？（　　　）

A. 看过　　　　　　B. 没看过　　　　　　C. 记不起

8. 你家里有关于机器人的玩具吗？（　　　）

A. 有很多　　　　　B. 没有　　　　　　　C. 有几个

9. 你知道机器人是怎样搭建的吗？（　　　）

A. 知道　　　　　　B. 不知道　　　　　　C. 听说过一点

10. 你了解创意的含义吗？（　　　）

A. 知道　　　　　　　B. 不知道　　　　　　C. 知道一点

11. 你还想了解有关"小创客"课程的哪些知识？

车辆航空模型制作

课程类型： 自然探究课程

开发教师： 陶冬生　冯家可

学习对象： 小学 3—6 年级学生

学习时间： 每周 2 课时

一、课程背景

现代学校教育发展的过程中，从起初的思维训练到思维创新，发展到如今的未来工程师大赛，越来越多的工程性创新项目进入到广大中小学生的学习和生活中。如：机器人创意赛，车辆、航天器模型竞技赛……此类项目已不仅仅要求广大学生具有模型制作的能力，更重要的是要在原有制作能力的基础上，加入创新的元素，来解决实际问题。

车辆、航空模型制作是一项实践性很强的实用技术，学生只有通过亲自操作，才能真正认识事物间的联系、物体的结构关系、电路原理及一些简单的机械结构原理，才能真正掌握一些工具的使用方法等。在中小学开发模型制作校本课程，可以培养学生的观察力、思考力、动手操作能力，从而不断促进学生形成科学技术素养，乃至科技创新素养。

本课程主要涉及各种模型的设计、拼接、安装、调试、美化、试航等，同时介绍了相关的科学知识原理，让学生不仅对模型有更深入的了解，也更加热爱科学文化知识，热爱钻研，在普及知识的学习中提高学生修养，实现本课程促进学生科技素养提高的目标。

二、课程目标

通过课堂学习活动，让学生学到模型制作基础知识，提高他们的实验技巧和灵敏的动手动脑能力，还能在对模型进行分解、重组、创新或增加功能的过程中开发智力，提高他们的创新能力。同时，通过模型制作实践活动，让学生深切体会到速度、效率、团结协作等要素在学习中和今后的工作中的重要性。

（一）知识与能力

1. 了解车辆、航空模型制作的一般过程，懂得它们的结构原理。

2. 认识车辆、航空模型各种构件的用途，掌握各种工具的使用方法。

3. 认识航空模型各种构件的用途，进行航空模型制作。

（二）过程与方法

1. 通过在玩中学、学中做提高学生学习兴趣和实践探究能力。

2. 培养学生在原有技术原理、结构原理的基础上进行重新组合、大胆创新的能力。

（三）情感态度与价值观

1. 能够细心地、富有创意地组装车辆，形成创造美好生活的意识。

2. 培养责任心、毅力和合作精神，启发科学创新能力，提高成就感，增强自信心。

三、课程内容

本课程主要分为两大模块：车辆模型和航空航天模型。对学生的动手能力、协作能力、创新意识进行梯度化的训练。

课程内容可以分为如下三个层次。

1. 简单模型的制作，看模型制作图纸完成模型制作，能解决航空模型中出现的一些简单的问题。

2. 除了在规定时间内完成模型制作外，还要在规定时间内调试好模型，根据竞赛规则进行竞时、竞速。

3. 独立或合作设计、完成高级模型的制作，根据竞赛规则进行比赛。

四、课程实施

（一）根据学生实际分阶梯实施

3—6年级每个学期安排4课时学习，以巩固制作技术和模型原理知识，实现简单的主题类模型创新实践。在不同的年段安排不同的难易度，特别是3年级启蒙阶段学习内容不宜太多、太难，内容相对简单一点，主要是以打下扎实的制作技术基础为目标。4—5年级教学内容以从技能巩固到技术创新为主。6年级教学内容以高级模型的创新为主。

（二）利用各类比赛、集训时间开展学习

把"车辆航空模型制作"学习课程化，在科技课里学习，能保证课程的有效普及实施，使每个学生都有机会动手学习模型制作技术。利用社团时间拓展学习，可以满足有特长兴趣的学生的学习需求。而各级比赛，集中强化训练，不但能提升学生的模型制作技能和水平，也促进我们去不断改进教学方法，提高平时教学的效益。

竞赛最能激发学生的学习兴趣。课堂教学中适时适度开展竞赛活动，为学生创设一个竞争和成功的机会，既有利于消除学生对学习电子理论的枯燥感，同时又能激发学生的学习兴趣。

五、课程评价

课程评价的目的是鼓励更多的学生喜爱、学习模型制作，鼓励学生发明创新，喜欢用学到的知识去解决生活中的实际问题。评价的目的在于诊断，促进学生的发展，因此不能用一把尺子去衡量我们的学生，而要想方设法激发学生的兴趣，达到课程设计最初的目的。

主要评价等级：A、B、C、D 四档（A 为优秀，B 为良好，C 为合格，D 为待合格）。

1. 档案袋评价 40 分。

记录每次活动过程，建立学生活动档案袋，根据档案材料进行教师评价。

2. 实时性评价 30 分。

学生是否能按模型图纸的要求，合理精准地完成模型制作，将航空模型调试到最佳状态，对每次制作过程及作品的情况进行评价。

3. 每次活动完成 30 分。

从学生的学习态度和学习效果两个方面展开，让每一位参与的学生进行反思与总结，并对同学、自己进行他评和自评。

内省存在课程

  内省智能是明了自己的内心世界与内在情感，并能有效地运用这种自我认识能力指导自己行为的一种认知能力。它令人们对自身以及学习过程进行反思，并使之规划和指导自己的人生。具有较高的内省智能的人能深入地探索自己的内心世界，对自我有一个真实、准确、全面的认识，能较好地分辨自己的心理状态，理解自我的内在情感，有自律倾向以及较强的自尊心，并根据对自我的了解来调节自己的行为。

  存在智能是对人生和宇宙终极状态的思考。其核心能力是在广袤无垠的宇宙中为自己定位的能力，也是在人类的生活环境中与存在相关的能力。如在探索生命的价值、死亡的意义、个人肉体和内心世界的最终命运之时，在被人所爱或全身心沉浸在艺术之中获得刻骨铭心的感受之时，为自己的存在定位的能力。人类在思考这些问题时所表现出的敏感性和能力，就是存在智能。

  加德纳教授说："在各种文化背景下生活的人类，都创造了自己各自宗教的、神秘的、超自然的以及哲学的体系，来处理有关存在的问题。"在现代社会里，除宗教以外，人类还从美学、哲学、科学等各种角度，表达自己对于存在问题的思考。

  公元前5世纪，古希腊医生希波克拉底的看法是，人体内有四种体液（即血液、黏液、黄胆汁、黑胆汁），每种体液所占比例的不同决定了人的气质差异。在日本，当地人把一切问题归因于同一因素——血型。此外，原始的巴比伦人根据星象运行制成四季的星座历，期望以它来占卜和预测国家和人民的命运。其实这种占卜的方法，跟中国古代的紫微斗数有异曲同工之妙，都是根据被占卜者和星体运行的关系，占算出其一生各方面的运程。因为古代人类依天象变化而求生存，天灾是无法抗拒的，因此造成人类的宿命感；而他们发觉宇宙中日月星辰的运行影响着万物兴衰，甚至人的命运。

在哲学领域，西方的海德格尔提出了"人的存在就是他的本质"，萨特则进一步提出"存在先于本质"的论断，更加强调存在的主观性，意思就是海德格尔提出的人的"选择"，是极为自由和自觉的。

在中国，《周易》是哲学之源，它凝缩地展示了"存在"的哲学意味，以自然之变化述人生、社会之变化。道家曰："道可道，非常道；名可名，非常名。无名，天地之始；有名，万物之母。""道生一，一生二，二生三，三生万物。"易有太极，是生两仪，两仪生四象，四象生八卦，八卦定吉凶，吉凶生大业。故世间万物的关系都可以归结为"阴阳"，阳为主动力，阴为被动力。人生而有生辰八字、五行属性、生肖年月，孕育了人的天性，预示了人的命运。在八卦中，乾卦代表父，坤卦代表母，其余六卦各代表家中三男三女，界定了不同角色的特点。其中，六十四卦中的第一卦，乾卦乃天下第一卦，六道爻辞展示了人生的六个不同阶段的历程。这些一直为易学家们津津乐道。

由于"内省智能""存在智能"皆属于二分之一的智能，且二者相互联系，故本书将其合二为一，运用在本章的课程中。

比如，"《周易》小讲堂"中，教学目标定为四点：①学生通过学习《周易》起源与象征物的知识，促进他们对生活、大自然与社会的观察，引导他们感悟万物变化的规律，以科学与人文的方法探索宇宙万物，从中学习人与自然、人与社会、人与自我的相处之道。②学习体会《周易》卦辞、爻辞的核心价值观，使学生养成自省的习惯，树立正确的世界观、人生观、价值观以及交友观。③通过"周易与风水""周易与占卜""周易与排列""周易与中医"几个专题的学习与生活、自然相连接，提高学生的联想能力、反思能力、概括能力、搜集信息的能力与创新能力。④以学习《周易》为契机，了解中华文明的发展史，建立完善的历史观。

"心理学小课堂"中，按照不同年段的心理特点，开展团体拓展游戏、观看心理剧、赏析心理电影、进行团体辅导等。帮助低年级学生适应学校生活，对集体产生归属感；帮助中年级的学生了解自我、体验情绪并表达情绪，培养对不同社会角色的适应力；帮助高年级学生发展内省智能。

除此之外，绘画、文学、戏剧等艺术领域中，能体现人的情感与对生命进行思索的表现形式，均是内省智能与存在智能的体现形式之一。

核心能力

● 自省能力

①了解并表达自己的内心情感。

②反思自己的行为。

③对自己的生活进行规划。

- 观察与联想能力

①对大自然、生活、社会有一定的观察，形成一定的结论。

②从自然规律联想到生活法则。

- 哲学启蒙：生命化表达

①提出有别于常规或常人思路的见解。

②关注生命的意义，并通过作品呈现自己的理解。

③追求更高的人生价值。

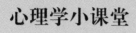

心理学小课堂

课程类型： 内省存在课程
开发教师： 何滢莹
学习对象： 小学 1—6 年级学生
学习时间： 每周 2 课时

一、课程背景

《中小学心理健康教育指导纲要（2012 年修订）》指出中小学心理健康教育的总目标是：提高全体学生的心理素质，培养他们积极乐观、健康向上的心理品质，充分开发他们的心理潜能，促进学生身心和谐可持续发展，为他们健康成长和幸福生活奠定基础。"心理学小课堂"课程是一门实施学校积极心理健康教育的活动性课程，向学生普及心理健康知识，树立心理健康意识，了解心理调节方法，认识心理异常现象，掌握心理保健常识和技能。通过系列心理活动拓展游戏，让学生在活动中认识自我、学会学习，同时普及人际交往、情绪调适、升学择业以及生活和社会适应等方面的内容。

二、课程目标

（一）知识与能力

通过团体活动，促进全体学生身体机能的发展，从而促进体脑协调发展。

（二）过程与方法

1. 通过团体活动，让全体学生体验积极的情绪，掌握调节情绪的方法，能向身边人普及心理健康知识，促进身心健康。

2. 通过团体活动，训练学生注意力，发展学生创造性思维。

（三）情感态度与价值观

1. 培养学生团队成员之间的相互信任、相互协作、相互鼓励与支持的团队精神。

2. 通过团体活动，培养学生的合作意识，锻炼学生意志，让学生体验彼此信任、融洽沟通、群策群力、团体合作的成功与快乐，感受信任与被信任、爱与被爱的快乐，树立互助意识。

三、课程内容

(一) 课的类型及功能

通过团体拓展游戏、团体辅导、心理剧、心理电影赏析等活动形式组成具有心育功能的活动课程。

(二) 各年级段课程内容

小学低年级主要包括：帮助学生认识班级、学校、日常学习生活环境和基本规则；初步感受学习知识的乐趣，重点是学习习惯的培养与训练；培养学生礼貌友好的交往品质，乐于与老师、同学交往，在谦让、友善的交往中感受友情；使学生有安全感和归属感，初步学会自我控制；帮助学生适应新环境、新集体和新的学习生活，树立纪律意识、时间意识和规则意识。

小学中年级主要包括：帮助学生了解自我，认识自我；初步培养学生的学习能力，激发学习兴趣和探究精神，树立自信，乐于学习；树立集体意识，善于与老师、同学交往，培养自主参与各种活动的能力，以及开朗、合群、自立的健康人格；引导学生在学习生活中感受解决困难的快乐，学会体验情绪并表达自己的情绪；帮助学生建立正确的角色意识，培养学生对不同社会角色的适应性；增强时间管理意识，帮助学生正确处理学习与兴趣、娱乐之间的关系。

小学高年级主要包括：帮助学生正确认识自己的优缺点和兴趣爱好，在各种活动中悦纳自己；着力培养学生的学习兴趣和学习能力，端正学习动机，调整学习心态，正确对待成绩，体验学习成功的乐趣；开展初步的青春期教育，引导学生进行恰当的异性交往，建立和维持良好的异性同伴关系，扩大人际交往的范围；帮助学生克服学习困难，正确面对厌学等负面情绪，学会恰当地、正确地体验情绪和表达情绪；积极促进学生的亲社会行为，逐步认识自己与社会、国家和世界的关系；培养学生分析问题和解决问题的能力，为初中阶段学习生活做好准备。

(三) 课的设计基本要素

根据学生的年龄特点和实际情况，心理组教师设计相关活动方案。一个方案里包括游戏名称、适用对象、设计理念、活动目标、场地设计、游戏准备、游戏程序（其中包括热身导入活动、展开阶段活动、深入阶段活动、升华阶段活动）、活动反馈评价等。

四、课程实施

(一) 课室及课时安排

本课程以主题系列活动的形式进行实施，每周 2 课时。课程实施的地点可以在室内，也可以在室外，根据课程方案来确定。

（二）课程实施的基本原则

1. 主体性原则。

这是进行心理活动课程的一个基本出发点。积极的心理教育要充分体现人本主义的理念，看到每个学生积极向上和具有发展潜力的方面。以学生为主体，强调学生的整体性和主动性，尊重学生的自我价值和人格尊严，给学生以充分的理解和信任。把学生作为一种教育资源，以平等朋友的身份与学生交流、互动。对于学生提出的看法，多予以鼓励，并给予恰当的引导。

2. 发展性原则。

本课程的心理游戏活动要特别考虑到学生的心理成长性的特点，并牢牢把握促进学生心理健康发展这一目的。活动内容和形式要符合学生心理发展规律，符合学生心理发展的需要，符合社会发展对于人才素质的要求，要针对学生当前的心理问题和发展中的心理问题灵活地设计活动内容。

3. 活动性原则。

本课程的活动重应用而不是重知识，重感受而不是重理解，重过程而不是重结果。根据不同年龄段学生的心理特点，把有关内容设计为主题系列活动，让学生在活动中感受和体验。在活动中，努力引导学生参与活动和获得感受。

五、课程评价

（一）评价的注意事项

本课程是以提高学生的心理素质水平为目的的活动课程，评价应主要关注以下几方面。

1. 活动课程要符合教育对象的心理发展水平、规律、特征和心理需求。教育目标符合学生的心理发展水平、规律、特征和心理需求是心理健康教育取得成功的关键所在。不同年龄段的学生有不同的心理年龄特征，针对不同年级的学生，教师应把握他们在成长中所遇到的实际心理问题，确定适应的教学内容，安排活动，训练重点，使学生在原有心理水平基础上得到健康发展。

2. 活动课程要调动学生的积极性。心理健康教育课程提倡的是以学生为主体的原则，整个过程应让学生多想多动，多参与，多感悟。即使是在教给学生掌握问题解决的方法和技巧时，也应充分让学生自己去思考、去总结、去想办法。教师只做点拨。这种让学生自得自悟的方式，有助于学生主动地、自觉地去调整自己的某些观念和价值取向，进而调整自己的心态和行为方式。

3. 活动课程要避免学科化倾向。心理健康教育课程不同于其他的认知学科课程，它不主张直接向学生传授系统的心理学课程的学科知识，而是以相关心理学理论基础为背景知识，把经过处理了的比较通俗化、生活化的而且具有心理教育内涵的场景提供给学生，引起学生自我体验、自我发展、自我超越、自我实现。

因此，本课程体现的是以学生的情意活动为主的，以学生体验为主的一种教育，需要学生的参与、感悟。通过参与和感悟，提高学生的心理健康水平。

(二) 评价的方法

1. 教学活动的评价。

课程设计要符合中小学生心理成长的基本方向：题目鲜明、主题突出、通俗易懂、大小适当；目标明确具体、可操作。

（1）注重学生的反馈与活动记录。在每节课结束后，教师多与学生交流。如，让学生谈谈："这次活动，你心里有什么感受？""心里感觉舒服吗？你觉得还可以怎样改进会让你感觉更舒服更有意义呢？""你想对自己的伙伴说些什么？有什么可以跟大家分享的？"教师做好每次活动记录，及时发现问题，以便调整活动内容，改变教学方法。

（2）及时反思改进。在每节课结束后，教师可以针对活动过程中出现的问题进行自我分析，思考改进的措施，并写下来。也可以请其他教师来现场观察，课后进行研讨，提出建议，来帮助自己改进活动设计。

2. 学生活动评价。

（1）写随笔。学生平时上完本课后，可以写随笔，传到网上与教师、同学进行分享，不仅可以促进学生与学生、学生与教师之间的交流和沟通，也可使学生学会自主性评价，同时促进学生自我教育能力的形成。

（2）课程期末评价表。为了能使评价更客观、更全面、更有可感性，我们制定了一份"心理学小课堂"配方课程期末评价表（学生评价），见下表。

表47 "心理学小课堂"配方课程期末评价表

项目	内容	评价指数（0—10）
1	我喜欢这门课程	
2	我能在这门课程中向别人表达我的看法	
3	我觉得通过这门课程我学会了关怀他人	
4	参加这门课程让我感到对自己越来越有信心	
5	在活动中，我乐意与他人进行合作	
6	在课堂活动中，我能与他人分享自己的经验	
7	我觉得通过这门课，大家更加坦诚和相互信任	
8	我觉得通过这门课程，我的表达能力越来越好	
9	我喜欢老师对待我们的态度和方式	
小计	累加以上评价指数的和	
我的建议	我认为这门课可以改进的是：	

《周易》小讲堂

课程类型： 内省存在智能
开发教师： 叶素珊　陈桂茹
学习对象： 小学 5—6 年级学生
学习时间： 每周 2 课时

一、课程背景

《周易》是中华文化的根，是中国进入文明社会的重要标志。它不但是最早的文明典籍，同时也对中国的道教、儒家、中医、文字、数术、哲学、民俗、军事、武术等产生了重要影响，是世界上传承非常完整、绵延不绝的文化活化石。由于坪洲小学的校训来源于《周易》，学校的文化建设中也包含了"八卦图"，这些资源对学生亲近、了解《周易》有先天的优势，因此把《周易》引入课堂也变成了顺理成章的事。在小学阶段学习《周易》，并非揠苗助长学习高深莫测的哲学，而是将《周易》与生活、大自然及社会打通，让学生体察《周易》的无处不在与价值，并在中华博大精深的文化熏陶下，走向破除蒙昧、精神丰盈、三观正确的圆满人生。

二、课程目标

本课程的目标设置如下。

1. 学生通过学习《周易》起源与象征物的知识，促进他们对生活、大自然与社会的观察，引导他们感悟万物变化的规律，以科学与人文的方法探索宇宙万物，从中学习人与自然、人与社会、人与自我的相处之道。

2. 学习体会《周易》卦辞、爻辞的核心价值观，使学生养成自省的习惯，树立正确的世界观、人生观、价值观以及交友观。

3. 通过"周易与风水""周易与占卜""周易与排列""周易与中医"几个专题的学习与生活、自然相连接，提高学生的联想能力、反思能力、概括能力、搜集信息的能力与创新能力。

4. 以学习《周易》为契机，了解中华文明的发展史，建立完善的历史观。

三、课程内容

（一）课的类型及功能

如何定义"《周易》小讲堂"呢？"讲"是引子，"用"是目的。因此，本课程既包含了《周易》基础知识的讲解，又包含了《周易》在生活不同方面的呈现与运用。是"讲"与"玩"结合的趣味国学课程。

（二）各阶段具体内容

表48　"《周易》小讲堂"课程知识学习与自习

时间	内容	框架基础	教师活动	学生活动
第一周	基础知识学习与自习	介绍《周易》起源与演变及其历史文化意义	PPT讲解	观看，聆听
第二周		介绍《周易》及入门知识，观看《傅佩荣解〈周易〉》视频	PPT讲解与播放视频	观看，聆听
第三周		认识八卦及其象征物，介绍《说卦传》	列表分类现场观摩	理解，背诵
第四周		学习卦例，比如卦象、卦辞、彖辞、象辞、爻辞等	以乾卦为例讲解	学习，默写
第五周		背诵卦序歌，了解卦与卦之间的关系，比如"互卦""覆卦""变卦"等	PPT讲解	观看，聆听
第六周		图解上经三十卦，了解卦的基本含义。重点结合校训理解"蒙卦""同人卦"	PPT讲解	观看，聆听
第七周		图解下经三十四卦，重点学习"困卦"，了解如何面对逆境	PPT讲解	观看，聆听
第八周		自习其中一卦，并尝试借注释解读	聆听，指导	自学，讲解
第九周	周易与风水	了解六大风水之城的建筑秘密（上），如新疆伊犁八卦城——特克斯等	讨论	讨论
第十周		了解六大风水之城的建筑秘密（下），如北京、深圳等	讨论	讨论
第十一周		了解建筑学的易经文化，如《故宫》	观看纪录片	观看，聆听

时间	内容	框架基础	教师活动	学生活动
第十二周	周易与排列	学习古代军事中易经思想的运用原理，如诸葛亮的八卦阵等	展示原文，图文解读	观看，聆听
第十三周		了解围棋中易经思想的运用	下棋	下棋
第十四周		学习武术中易经思想的运用，如八卦掌、太极拳	演习太极拳	学习，模仿
第十五周		学习数学"数独"游戏中易经思想的运用	数独游戏	数独游戏
第十六周	周易与占卜	学习铜钱占卜及画卦	铜钱占卜	铜钱占卜
第十七周		学习解卦，说卦	铜钱占卜	铜钱占卜
第十八周		借助日晷学习五行、天干、地支等与八卦的关联及其变化规律	观看日晷	观摩
第十九周		学习八字测算方法	测算八字	测算八字
第二十周	周易与中医	了解《黄帝内经》片段，介绍易经思想在中医中的运用	PPT讲解	观看，聆听
第二十一周		认识脸部、手掌、身体中各器脏对应的五行位置及功能	现场观看	现场观看
第二十二周		学习判别病理的基本方法及处理措施，认识常用中草药的功能	请中医讲解	聆听

（三）课程设计基本要素

根据学生的年龄特点和实际情况，教师设计讲学方案。一个方案里包括框架结构、课题名称、适用对象、设计理念、教学目标、场地设计、课前准备、展示工具、课堂反馈等。

四、课程实施

（一）充分利用教师资源

授课人员以语文老师为主，也可邀请家长群体中的军事学家、建筑学家、棋艺大家以及中医参与，使课程更加专业、深刻；教学形式可以是观看视频、PPT，也可以是学生自己探索、展示以及通过活动（下棋、数独游戏、占卜等）进行；教学地点可以是办公室、八卦园、家里、中医馆等室内、室外、校外等场地。

（二）注意事项

本课程集讲解与活动为一体，在德、智、体、美、劳等方面均有涉及，因此实施过程中要注意以下事项。

1. 讲解要简明，框架要清晰。

《周易》的原文对于小学生而言，艰深而晦涩。在前期基本知识讲解时，要梳理出清晰的脉络，从关键词或者重点句入手，由浅入深，环环相扣。宁愿讲得浅一点，也不要故弄玄虚。

2. 生活运用广，资源利用好。

结合《周易》在道教、儒家、中医、文字、数术、哲学、民俗、军事、武术等方面的广泛运用，最大限度地开发与学生生活相近的文化资源。必要时，可以邀请相关的专家做特邀嘉宾，甚至去相关的场地实地考察。

3. 教师做主导，学生做主体。

《周易》入门知识主要靠教师做主导，但在生活运用方面以及活动方面，可大胆交给学生。如果学生接受水平较高，那么可以进一步调动起他们探究《周易》的积极性，编撰一本《小学生读〈周易〉》的读本。

五、课程评价

《周易》课程的评价功能与一般学科课程评价的功能是有一定区别的。

（一）评价原则

1. 以促进健全人格发展为重点。

这一原则是指评价要以促进学生健全人格的发展为宗旨。在评价中，要以人为中心，要挖掘积极因素促进学生个性的完善和成熟。

2. 注重体验分享。

这一原则是指在评价中，通过引导学生广泛交流彼此在活动中的感受和经验，交换相互的意见和看法，将每一个人的收获变为大家共同的精神财富。

3. 以学生自我评价为主。

这一原则是指在评价过程中，教师应引导学生自主地开展评价，培养其自我认识的自觉性，并提高其独立的分析能力。

4. 采取模糊评价。

这一原则要求对学生应以鼓励为主，激发每个学生的上进心，调动其自我教育的积极性。以模糊评价为主，不宜采用精确记分的方法去评价学生。

5. 尊重学生差异性。

这一原则是指根据学生的年龄特点和个人发展水平来加以把握，从实际出发，讲究实效。

（二）评价方法

1. 教学活动的评价。

配方课程是根据孩子的天性与特长以及期待进行"配方"。因此，教师要注重学生反馈，经常与其他教师交流，善于总结反思，不断改进与提高。

（1）注重学生的反馈与活动记录。在每节课后，教师多与学生交流，如让学生谈谈："这次活动（这节课）你听懂了多少？还存有哪些疑惑？""你还想知道什么？""你最想研究哪一方面的内容？"教师做好每次活动记录，及时发现问题，以便调整活动内容，改变教学方法。

（2）及时反思，及时改进。课后，教师可以针对活动过程中出现的问题进行自我分析，思考改进的措施，并写下来。也可以请其他教师来现场讲解，或者旁听、观察，课后进行研讨，提出建议，来帮助自己改进课程设计。

2. 学生活动评价。

（1）整理笔记，画思维导图。在基础知识讲解部分，有许多需要做笔记的地方。整理笔记，是对知识的再次梳理。化繁为简，画成思维导图有利于学生形成结构化记忆。

（2）写随笔。学生平时上完课后，可以写随笔，传到网上与教师、同学进行分享，这样不仅可以促进学生与学生、学生与教师之间的交流和沟通，也可使学生学会自主性评价，同时促进学生自我教育能力的形成。

（3）做活动资料集《小学生读〈周易〉》。学生有不少自学、搜集资料及展示的环节，也有亲身活动的部分。将每次展示的课件以及活动的照片收集起来，做成活动资料集，有利于体现学生学习的质量与真实水平。

（4）课程期末评价表。我们制定了一份期末评价表（学生评价），使评价更客观、更全面、更有可感性。

附

"开放" 的力量
——一所特区小学的"开放式教育"研究与实践

张云鹰

当代社会是开放的,深圳更是以"开放"而引人注目。开放有助于尊重差异,使人变得宽容;开放可以使人消除偏见,学会鉴别。在面对时代变革与教育转型的今天,面对传统与现代、本土与国际、大众与精英等文化冲突,我们如何以开放的心态,辩证吸收古今中外优秀教育思想,重新自觉思考教育与社会、教育与个人等一系列重要命题?"开放"地办教育,办"开放式教育",是我在广东省深圳市宝安区坪洲小学做校长这些年来着力思考和实践的。

一、打开学校"围墙",构筑立体多元的教育生态

1. 建立开放格局,以"开放式"教育理念润泽生命

学校教育是一个开放的系统,它不应该也不可能在完全封闭的状态中寻求自我发展。因此,我们基于"为了孩子心灵的解放"的理念,提出了"开放式教育"的基本思路,并从多个维度进行潜心探索和研究。我们提出,学校要向四面八方打开,建立起各种有效联系沟通和协调统筹的机制,进行立体式教育,让学校没有"围墙",课程没有"边界",儿童就是"儿童",让学生在良好的教育生态中健康成长。

这就要求学校改变孤岛式封闭性的办学方式,探索全社会共同关心教育的运作机制,即学校、社会、家庭全面参与教育的开放格局;在教育教学中要重视师生之间、生生之间、教师与教师之间的多向互动与合作交流;要为学生提供多元的、开放的知识世界,创造多元的信息渠道,让学生能够进行自主选择式的开放学习,使每个学生都充分彰显自主性和独特性。

2. 拓展教育资源,以"开放式"管理共同体发展学校

在研习《周易》文化的过程中,其蒙卦和同人卦给了我诸多启示。我分别截取两卦的"蒙以养正,文明以健"这两个爻辞作为我们的校训。"蒙以养正"促使我们在启蒙教育阶段就采用正确的方法培养学生走正道,养正气,做正人君子。"文明以健"象征大家同心同德,和同于人,既回应了以"正"治校,追求光明磊落的境界,又在管理上体现"同人之道",即以求同

存异为原则，实现"开放式"管理的大融合。

为了建立适应现代学校变革发展的新章程、新制度和新秩序，我们尝试让社会丰富的物质资源、人力资源、信息资源进入学校，加强学校教育与社会教育的衔接和沟通，建立了多渠道的学校管理共同体。比如，学校创设条件让家长参与学校管理，建立各级家委会，利用校长信箱、个别访谈听取家长建议，课堂教学向家长随机开放，我们还在教工大会上请家长畅谈"我们理想的好学校、好教师"，参与师德标准的讨论，专题教育活动中的主题词征集、校园文化建设咨询等系列活动也让家长融入其中。学校成立了"开放式教育督导委员会"，请中学名师进入小学课堂听评课；请学生家长进入学校决策层；请社会名流、企事业单位负责人、离退休教师进入学校，把社会资源引入校内，转化为教育资源。此外，我们还充分挖掘社区有教育意义的资源，建立社区基地教育共同体。如与街道共同建立开展环保教育的"雏鹰护绿队"等。

3. 延伸管理平台，以高效智慧的团队文化提升品质

一方面，我们着力培养有领袖气质、有开阔视界、有表率力量的管理者。为促进学校管理工作规范化、科学化，我们尝试让以往"形式单一、内容教条"的行政例会走向"开放"，使之成为激发管理团队的工作热情和创造潜能的重要载体，成为校务公开、校本研修、历练队伍、文化建设的重要途径。比如，我们的行政例会包括培训式例会（通过例会对干部进行管理观念、管理方法的培训）、论坛式例会（每月一次，致力于提高管理团队的学术研究能力和表达能力）、诊断式例会（每周固定时间，对各学科教师进行一次教学诊断例会）、分享式例会（除本校管理干部的交流分享外，不定期邀请兄弟学校管理层联合召开例会进行交流研讨）、多元式例会（重大决策时，邀请校内外各方面代表参与）。

另一方面，我们倡导"我的工作我负责，我的工作请放心"的教师文化，不断创新教师管理培养模式。一是引领共同的价值取向，形成共同的理想愿景。基于"以'正'治校，让智慧做主人生"的价值观，我们引领教师确立这样的价值取向：为自己的履历工作，为学生的未来贡献。教师要在国旗下庄严宣誓："我将依法履行教育职责，教起于思、开而弗达，用爱心去塑造，用真情去感化，用人格去熏陶……"二是搭建分层培养通道，实现全方位立体化发展。学校根据教师的不同学历、资历和教育能力，以新教师的"入格"培养、青年教师的"升格"培养、骨干教师的"风格"培养为基础，铺设了"历练教学基本功""锤炼教学策略""提炼教学思想"的"三环道路"，为教师专业发展架设了开放的学习、实践、展示空间。

二、打开校园空间，营造韵味丰厚的文化氛围

在我看来，校园的"形"在于前期建筑，已很难改变，而"韵"多体现

开放式配方课程

于细节，"色"就更为重要。因此，我们在校园环境建设中力求做到"三会"：会流动的色彩、会说话的空间、会让人留恋的细节，让校园成为无声的诗、立体的画，以学校独特的氛围滋养熏陶学生。

1. 关注每一处细节，设计雅致诗意的自然景观

在校园环境设计上，我们首先围绕办学思想，突出一个"正"字：正德楼、正言楼、正心楼、正健楼、正轩楼，以及正己台、正气门、正观亭、正居阁由此诞生，各有韵味。地理园中呈现一张八卦图，朝向东方的位置立着一个"智慧门"，帮助学生清楚学校的方位，同时也让他们明白八卦中的"乾、坤、震、巽、坎、离、艮、兑"，分别代表着"天、地、雷、风、水、火、山、泽"八种自然现象，以及由此衍生的五行"金、木、水、火、土"和四季的变换规律。

每天，我们步入校园，孔子、老子、韩非子的铜像与花木相映生辉；贝多芬、爱因斯坦、鲁迅等名人石像与假山遥相呼应；荷池游鱼，小桥流水，与孩子们的欢笑交织成动人的童谣；兰馨园、桂香园、竹节园、书韵园、雅趣园、乐憩园、幸福桥、智慧桥……诠释了"天人合一"的理想境界。尤其是学校东南角的百草园，婆娑的绿竹之间，种着150多种中草药，供学生识别、栽培、研究。

2. 打开每一个角落，构筑参与互动的人文空间

我们为每个走廊都改装出开放式书架，学生们随时可以取阅适合他们年龄段的图书；还专门隔出一间教室作为"英语村"，里面的"英语超市"中罗列着参加奥运会的各个国家代表团的队服、挂饰、学习用品等，超市外还立着英式电话亭、邮筒，与近处的"八卦阵"交相辉映，体现中西合璧的理念。正言楼每层的开放区域有着不同的功能，一至五楼分别是文化专区、书画专区、陶艺专区、艺术专区、科技专区。学校的各种活动都与各个功能区有效结合，让活动有场地，有依托，能深化。

每个班级的走廊处都有学生领养的盆栽，展示墙上张贴的，或者是学生与该盆栽之间的故事，或者是小组所做的主题海报，或者是学生妙趣横生的主题作文。高年级教室的门口，更多的是学生各有特色的才艺展示，如独创的励志格言、名胜古迹的游记见闻、自编的趣味故事等。

3. 调制每一缕色彩，涂抹丰富多元的童年底色

学校空间的色调搭配，直接影响着学校的品位。尤其是在小学，色彩的使用一定要顺应孩子的天性，符合孩子的年龄特点。比如，学校内楼装饰最初采用的是绿色主调，与建筑的整体色调不太协调，因此，我们对其进行了调整，将介于红色与绿色之间的咖啡色作为主体色。咖啡色富有现代气息，既代表着热情奔放，也代表着生机盎然，与深圳这座城市很搭配。此外，咖啡色还蕴含着安定、沉静、平和、亲切等意味。不同年级的空间则用不同的颜色加以点缀。例如，活动区多用紫色、橙色、黄色等鲜亮的色彩，代表着

生命的灵动；而图书馆、食堂、形体室则多用蓝色或深绿色等冷色调，让儿童在此处的情绪趋于内敛、安静与沉稳。

三、打开课程边界，丰润情智交融的多彩人生

1. 体现融合性：开发"配方课程"，贯通学习边界

"配方课程"既是为学生的课程"配方"，更是为学生的人生"配方"，它不仅体现了"对症下药"的课程开设宗旨，而且与学校"培养有德行、有智慧、有情趣、有气质的文明都市人"的育人目标相匹配。目前，我们已经开发了语言发展、数学逻辑、空间创意、运动健康、音乐艺术、生活交际、自然探究、内省存在八种类型的课程，包括"孔子小学堂""英语话剧""茶之韵""花艺讲堂""悦动健美""快乐拉丁""天籁和声""青花之韵""泥形我塑"等80多项具体课程，与国家课程相生相融，实现了教师课程主动开发率和学生自主参与率100%。我们采取课程项目评审制、五星级评价制（入格、合格、升格、出格、风格），有效推动课程实施。每一名从坪洲小学毕业的学生除了毕业证书，还会获得学校颁发的"配方课程学业证书"。

在课程教学中，我们不仅注重学科内部的贯通与开放、不同学科之间的融合与开放，以及学科教学向自然、向社会、向生活的延伸与开放，而且还鼓励教师创新教学内容，对教材进行有益整合。比如，对于语文教材，教师们探索由单一版本向多种版本开放，即由人教版向苏教版、北师大版、语文版开放，向经典作品、世界名著、民国教材开放。

2. 彰显多元性：实施多维评价，助力教学相长

开放的评价是多元的。在评价方法的探索中，我们注重自我评价与交互评价相结合，学习主体与学习环境相结合，简单性与系统性相结合；我们关注教师教学全过程，在关注学生学习成绩外，还关注其学习兴趣、习惯、动机等；我们不仅注重评价的导向功能，而且注重发挥其"诊断"的作用。比如，我们引导学生适时地参与评价，并且将重心放在课堂教学中，以学生对教师评价的反评价为突破口，培养学生求真知和多元求异思维能力。为此，我们建立了新型课堂教学十大评价标准，其中强调教学时间分配的合理性、教学过程学生参与的充分性、学生对事物判断的选择性、学生口头与动手能力培养的可见性，等等。

3. 注重体验性：拓宽活动平台，聚焦综合素养

我们通过具体的"日行七善""校园八节"等开放的开台和个性化的育人活动，让学生在真实情境中实现"知行一致"，培养能力，提升素养。

"日行七善，天天向善"教育活动的开展，旨在引导学生从小事做起，从自身做起，做一个有德行、懂感恩、乐助人的人。这"七善"分别是：颜善（每天和颜悦色，用微笑与同伴相处）、言善（讲文明话，说普通话）、眼善（以善意友好的眼光去看待他人，保持正确的读书、写字姿势，养成保护

视力的好习惯)、心善(敞开心扉,对人诚恳,尊重长辈,爱护弱小)、身善(树立"健康第一"的思想,善待自己的身体)、食善(不挑食,不偏食,懂得就餐的基本礼仪,文明就餐)、物善(保持家园、校园环境整洁,不乱扔垃圾,节约水电,爱护公物)。

"校园八节"则是发展学生综合素养的大舞台。这八个节日,既承载了不同的教育功能,又与一年中的时令节气相契合。它们分别为:阳春三月"踏青节"、活力四月"健美节"、梦幻五月"超人节"、炫丽六月"秀秀节"、优雅九月"雏鹰节"、智慧十月"观察节"、魅力十一月"悦读节"、缤纷十二月"狂欢节"。此外,学校还通过开展"阳光少年活动周""领袖训练营""潜在天才集训班""小院士推介""雏鹰展翅"等个性化活动,培养学生的开放性思维。

办学五年来,学校的开放式教育教学活动开展得有声有色,取得了显著的办学效益。"开放式教育"荣获 2016 年广东省特色学校评比一等奖,"开放式语文教学研究与实践"荣获教育部首届基础教育国家级教学成果奖二等奖、广东省第八届教育教学成果一等奖第一名。

(该文发表于《中小学管理》2017 年第 5 期)

主要参考文献

1. 陈杰琦，艾斯贝格，克瑞克维斯基. 多元智能理论与儿童的学习活动 [M]. 何敏，李季湄，译. 北京：北京师范大学出版社，2015.

2. 加德纳. 智能的结构 [M]. 沈致隆，译. 杭州：浙江人民出版社，2013.

3. 金生鈜. 教育研究的逻辑 [M]. 北京：教育科学出版社，2015.

4. 李政涛. 教育常识 [M]. 上海：华东师范大学出版社，2012.

5. 裴娣娜. 教育研究方法导论 [M]. 合肥：安徽教育出版社，2009.

6. 施良方. 课程理论：课程的基础、原理与问题 [M]. 北京：教育科学出版社，1996.

7. 叶澜. "新基础教育"论：关于当代中国学校变革的探究与认识 [M]. 北京：教育科学出版社，2006.

8. 博比特. 课程 [M]. 刘幸，译. 北京：教育科学出版社，2017.

9. 张云鹰. 教育智慧与学校创新：一名小学校长的教育践行 [M]. 北京：人民教育出版社，2008.

10. 张云鹰. 开放式教育 [M]. 2版. 北京：教育科学出版社，2016.

后　记

孔子说"五十而知天命"。当《开放式教育（第二版）》与读者见面后，我就想歇歇笔等等自己的灵魂。然而，自 2011 年我提出"配方课程"的概念并研究实践至今，太多的参与者：教师、家长、义工；太多感人的故事：为了一个选题、为了一个设计、为了一个场景，争议、琢磨、追寻；太多惊喜的成果：健美操、手风琴、青花线描、机器人、奥数、小学生语文能力竞赛，获得全国冠军或一等奖……对此，我感恩。而今天不得不重回轨迹，努力丰富开放式教育内容，以填补基础教育校本课程实践开发的一些空白。

学校层面的课程开发，不仅需要激情与信念，更需要理性思考。为什么开发，为谁而开发，理应成为学校课程设计逻辑和实施路径的理性原点。我们的校本课程从何而来？它绝不是凭空想象来的，更不是生搬硬套，它的背后一定要有教育思想的渗透、教育哲学的支撑。否则，那种课程就是缺乏生命力的，就是不能持续发展的。

六年前，"配方课程"概念诞生。一是基于我们确立的"学校有灵魂、教师有思想、学生有主见、家长有信心"的办学目标和"培养有德行、有智慧、有情趣、有气质的文明都市人"的育人目标。二是基于课程需要从体系的构建转向现实的需求，即满足学生个性的需要，使他们能够为自己的未来选择感兴趣的和有发展空间的课程。三是基于加德纳的多元智能理论，使课程"主人"与课程"配方"无缝衔接。

"配方"一词来源于中医对症下药。"方"就是我们开发设计的课程。这种课程是依据学生不同优质智能结构的需求而开设的"方"。毫不夸张地说，我们这种课程的"配方"不仅是为学生兴趣需求"配方"，与教师的特长爱好相匹配，更是为学生的幸福人生"配方"。我常常假想，以我们提供的"百草韵"课程为例，孩子们在学校种植了 150 多种中草药，知晓了中草药"灌木类、水生类、藤本类、乔木类、草本类、菌类"的严格分类，了解了不同类型中草药的药理知识、治疗作用及生长环境……如果全校 2600 多名学生，有几个哪怕只有一个因此而爱上中医、研究中医，最后中医成为他终身酷爱的职业直至沿着"一带一路"将这一中国优秀传统文化发扬光大，那就是我们给他播下的美好的种子，打上的人生底色。这，或许也是我 15 年来践行开放式教育的夙愿所在。

校本课程开发应是本轮课程改革的一大亮点。将课程开发的重心下移到每一位教师，建立与新课程改革相适应的真正体现以校为本的课程开发机制，是"配方"课程持续深化发展的重要保障，也是《开放式配方课程》一书得以出版的先决条件。如何实现教育理论与课程实践的互动发展？一线教师如何进行课程开发？如何落实课程目标？如何选择课程内容？如何融合实施策略？如何开展综合评价？这些问题都将随着配方课程的探索性实践得到直面的回答。

六年来，我从理论与实践相结合的角度带领我的团队，开展了一门又一门小课程的开发，形成了一个又一个小实验报告，积累了一份又一份经验反思。我将这些人文、科技、艺术、健体等课程内容按照多元智能理论重新构建成为八大课程体系，并成为学校推进校本课程改革的一大创举。

在此，首先要感谢参与配方课程开发和实施的所有教师，是你们的努力才能呈现这一厚重的课程内容。感谢张红华、叶素珊和梁敏瑜三位教师对本书出版所做的课程整理和修正工作，是你们的付出才使本书得以顺利出版。特别感谢南京师范大学课程与教学研究院张华教授和上海市教育科学研究院杨四耕教授在百忙中为本书精彩作序。特别感谢重庆市谢家湾小学刘希娅校长的真诚推荐。感谢教育科学出版社对本书出版的大力支持！感谢教育科学出版社工作人员对全书内容进行的仔细编审和校对。感谢在此书出版过程中给予我们支持和帮助的所有朋友！

作为学校开放式教育研究实践发展过程中的阶段性成果，本书很多地方还很不成熟，有待改进。希望得到学术界同仁的批评指正，得到基础教育领域校长和教师的理解支持，更多地起到抛砖引玉的作用。今后，我们将围绕"开放式教育"这一宏大课题继续进行课程探索与实践，推进新课程新一轮改革走向深入。

2017 年 8 月 28 日于深圳